KEWAIJIANGTANG

课外讲堂 专供版

成语典故大全

崔钟雷 主编

《成语典故大全》汇集成语产生、形成、流传的故事传说。成语有很大一部分是从古代祖承沿用下来的，它原代表了一个故事典故，又是一种现成的话，很多又有其他意义而被广泛引用。为了帮助读者学习和掌握好成语，我们从浩如烟海的历史成语中，精选出史性、故事性、艺术性、哲理性、趣味性的成语，编成《成语典故大全》，力求将精彩绝伦的成语。

成语，固定的说法，言简意赅，典故。成语数量多，广泛，带有鲜明的民族我国的传统文化，成语就成了必须学习和研究的部分。在日常文字表达中，恰当地使用成语，能够起到画龙点睛、言近旨远的效果。从语言形式上来说，成语多是四字结构，字面不可随意更换。

哈尔滨出版社
HARBIN PUBLISHING HOUSE

前言

　　古人云：开卷有益。阅读，尤其是经典阅读，是一种人生感悟，是一种历史回顾，是一种思想交流，是一种境界提升。经典名著凝结着古今人类的智慧，蕴藏着人类对真善美的追求，是人类思想的精华。作家将自己的人生感悟融入作品之中，而我们在阅读、在与名家大师对话的过程中，把作品还原到现实生活中，融入我们自己对人生、对社会的体验，贮存于我们的生命之中，经过时间的打磨，更加光彩照人，熠熠生辉。

　　书籍是人类进步的阶梯，人们需要不断从名著中汲取营养：从喜剧中获得前进的动力，从悲剧中看清社会的现实，从史书中借鉴历史的经验和教训，从寓言中体味人生的哲理和智慧，从诗歌中感悟心灵的丰富和个性的舒张……然而中国文献典籍浩如烟海，一个人穷尽一生的精力也难面面俱到。为此，我们精心编排了本套《课外讲堂》系列丛书。

　　本套丛书根据青少年学生的阅读特点，结合教育部颁布的语文课程标准，选取中华五千年以来在小说、散文、诗歌等方面具有代表性的作品、篇章，内容丰富全面，既与课内知识点紧密相连，又适当扩大了阅读范围。同时为了便于学生阅读，在忠实原著精髓的基础上，汲取精华，释疑解难，使之更为简明扼要、通俗易懂，力争为莘莘学子奉上一套编排精细、版本权威的课外读物。

目 录

Z

爱屋及乌

商末,纣王昏庸无道,挥霍无度,天下百姓怨声载道。姬昌是西方诸侯国的首领,他决定顺应民意,推翻纣王的残暴统治。可惜,他未能实现自己的愿望就去世了。他的儿子姬发继承了王位,就是周武王。

周武王聪明贤德,年轻有为。他在军师姜太公和两个弟弟周公旦、召公奭(shì)的帮助下,积极练兵,并联合其他诸侯国,共同伐商。双方在牧野展开大战,武王的军队越战越勇,而纣王的军队却毫无战斗力。将士们早就不愿为丧心病狂的纣王卖命了,他们掉转武器,投奔到周武王的一边。周武王的军队乘胜追击,很快攻克了商的都城朝歌,纣王走投无路,于是在鹿台点火自焚。商朝就此灭亡。

纣王死后,周武王并未感到轻松,因为要想尽快结束战乱、安定天下,必须首先安顿好纣王留下的军队。他征询姜太公的意见,太公说:"我听别人讲:喜欢一个人,就会连带喜欢他屋顶上丑陋的乌鸦,而憎恨一个人,就是看到他家的墙壁,也会深恶痛绝。这句话很明白,大王应该杀掉那些将士,斩草除根,不留祸患,只有这样,才可以稳住大局,统治天下。"

周武王不同意姜太公的意见,就问召公奭。召公奭说:"将士中有罪的杀掉,无罪的放掉,大王以为如何?"

武王仍觉得不满意。这时周公旦站出来说:"大王取得了天下,应该以仁德感化百姓,既不偏爱自己的亲友部下,又能尊重其他人,这样才能赢得民心。我看应该让纣王的部下回家务农,与家人团聚。这样既除去了敌对势力,又让他们各得其所,安居乐业,大王觉得怎样?"

武王听后非常高兴,认为自己得到了安邦治国的良策,于是他按周公旦的建议治理天下,使周朝不断强盛起来。

武王虽未采纳姜太公的建议,但"爱屋及乌"却成为千古流传的一句成语。

【释义】

本义是爱某个人就连他家屋顶上的乌鸦也喜爱。比喻喜爱某人,从而爱及与他有关的人与事物。

【出处】

《尚书大传·牧誓·大战》

安居乐业

老子是春秋时期著名的思想家、哲学家。老子崇尚自然,所以他反对当时社会的动荡变迁,认为物质的丰富和文化的繁荣发展会破坏人们安静平和的生活。老子推崇"小国寡民"的思想,赞成人们过那种"民至老死不相往来"的生活。

老子说:"甘其食,美其服,安其居,乐其俗。"这就是老子所描

绘的他心中的"理想国":

人们稀稀拉拉地居住在一个个小国家里，不使用那么多的器具，也不会因迁移而劳累丧命，车船无人坐，兵器没人用，记事还用古老的结绳方法；人们在这样一种环境中吃得香，穿得舒服，住得安适，满足于这种风气习俗；这一个个国家就像是邻居，抬眼望得见房舍，鸡鸣犬吠的声音彼此都听得见；人与人之间没有争吵，没有战争，各自悠然自得地生活，到死也不互相来往。

【释义】

本义是守旧，不思进取，在已有的生活环境中无忧无虑，和和美美地过日子。后来这种消极的思想在人们向美向善的愿望中变成了表示生活美满、安定的意思。

【出处】

《老子》

最高的山峰

珠穆朗玛峰高达 8844.43 米，是中国最高的山峰，也是世界第一高峰，享有"世界第三极"的美誉。珠穆朗玛峰巍峨磅礴，地形险峻，环境复杂。珠穆朗玛峰山体呈金字塔形，峰顶冰川覆盖。据统计，珠穆朗玛峰峰顶约有 548 条大陆型冰川，覆盖面积约为 1 457 平方千米，冰层厚度不一，最厚的地方约有 100 米。珠穆朗玛峰地理、气候多样，历来广受科学家关注。中国登山运动员于 1960 年 5 月 25 日首次登顶珠穆朗玛峰。2008 年 5 月 8 日，中国登山运动员成功将奥运火炬带上珠穆朗玛峰峰顶，创造了奥运历史上火炬传递的奇迹。

按兵不动

　　春秋末年，卫国是一个弱国，受晋国压迫。卫灵公不甘于这种受压迫的境遇，所以励精图治，与齐国交好，并与晋国断绝了关系。

　　晋国的执政官员赵鞅(yāng)不能容忍卫国的行为。他派大夫史默去卫国了解情况，希望他一个月内回来汇报情况。

　　谁知史默一个月后竟没有回来，许多人都建议赵鞅赶快出兵。他们认为，卫国是个小国，兵力不足，晋国一定能打败卫国。

　　赵鞅不想打无准备之仗。他打算等史默回来以后再作决定。

　　半年以后，史默终于回来了。他详细讲述了卫国的多项准备：

　　首先，卫国任命曾经受过陷害的贤臣蘧(qú)伯玉为相国，因为全国百姓都很佩服他。

　　其次，卫国想出各种方法调动国民反抗晋国的积极性。卫灵公派大夫王孙贾向国人宣布：晋国要卫国的人质，谁家有女儿、有姐妹的，每户都要抽一个女子去。消息传开后，卫国人民都痛骂晋国。

　　为了让大家对这个消息确信无疑，王孙贾真的挑选出一些大夫的女儿，准备送往晋国。卫国人都前去阻拦，大家纷纷表示，坚决和晋国奋战到底，决不当晋国的奴隶。

　　另外，孔子到了卫国，他的弟子子贡给卫灵公出谋划策。

　　史默最后说，卫国已经在方方面面都作好了与晋国打硬仗的准备。

　　赵鞅听了史默的介绍，认为应该等待时机，下令军队等候命令，作好充分准备再行动。

【释义】

原指军队暂不行动,以待时机。现多指接受任务后不愿行动,坐以观望。

【出处】

《吕氏春秋·恃君览·召类》

按图索骥

相传,春秋时期有个叫伯乐的人,他相马的本领无人能及,只要他绕着马走上一圈,就能根据马的长相判断出马的好坏。无论是饿得皮包骨头的良马,还是养得膘肥体壮的劣马,都骗不过他的眼睛。

伯乐年老的时候,根据自己多年积累的经验,写了一本书,叫《相马经》。他在这本书里详细地介绍了千里马的形体特征:额头应当怎么样,眼睛怎么样,骨架怎么样,蹄子怎么样,毛色怎么样……这些都写得清清楚楚。

他的儿子看了这本书,花了不少时间把千里马的额头、眼睛、骨架、蹄子、毛色等特点背得滚瓜烂熟,准备出去"按图索骥",寻找千里马。

几天以后,他的儿子高高兴兴地跑回来,连声说道:"我可找到千里马了,我可找到千里马了!"伯乐要他说说找到的马究竟长什么样。他的儿子说:"这匹千里马的长相和《相马经》上讲的差不多,就是蹄子有点儿毛病,不怎么像。"说完,从布袋里倒出一只癞蛤蟆来。

伯乐被弄得哭笑不得,他知道儿子笨,也没责怪儿子,只是苦笑着说:"你找来的这匹'马'确实是能蹦能跳,可它驾不了车呀!"

【释义】

按照图形寻找好马。比喻生搬硬套,拘泥成法。现多比喻按线索寻找事物。

【注释】

索:找。骥:好马。

【出处】

《汉书·梅福传》

最低的盆地

坐落于天山脚下的吐鲁番盆地是中国也是世界上海拔最低的盆地,盆地底部的艾丁湖底低于海平面155米。吐鲁番盆地面积1.5万平方千米,并有著名的"火焰山"。"火焰山"主要是红色砂岩结构,烈日映照,仿佛烈焰燃烧。吐鲁番盆地由于光照充足,热量丰富,早晚温差又比较大,十分利于瓜果糖分的积累,葡萄和哈密瓜备受游客欢迎。

暗度陈仓

　　项羽在秦朝灭亡之后，自封为西楚霸王，他还分封了十八个诸侯王。项羽担心刘邦将来会与自己争夺天下，就暗中与范增商量，决定将刘邦贬到地势险要的巴蜀地区。于是，刘邦被封为汉王，受命管辖巴、蜀、汉中一带，建都南郑。项羽又将汉中一分为三，封秦降将章邯等为王，让他们封锁汉中，牵制汉军的行动。

　　刘邦对此非常不满，但也没有办法，只好带了三万人马，取道杜南，经栈道入汉中。为了防备章邯等派兵袭击，同时麻痹(bì)项羽，让他认为汉军没有东还的打算，进入汉中后，刘邦就下令放火焚毁了栈道。

　　项羽的分封，也引起了一些握有重兵的将领的不满。公元前206年，也就是项羽分封不到半年后，田荣首先在齐地举兵反抗项羽，很快便占领了三齐，控制了梁、赵。项羽亲自领兵前去征讨，为汉军进入关中提供了很好的机会。

　　这时，刘邦已经接受丞相萧何的建议，拜韩信为大将。刘邦采用韩信的计策，公开派人去修复栈道。消息传到项羽军中，项羽不知是计，认为修复栈道的工程浩大，一年半载无法完成，等到平定三齐再去阻击汉军也不晚，于是，就放松了警戒。谁知刘邦趁机发动突然袭击，从西边的故道绕行北上，暗度陈仓，从汉中迅速进入关中。雍王章邯急忙率兵前往陈仓堵截，被占领有利地形的汉军打败。刘邦一举平定三秦，夺取函谷关及其以西地区。接着刘邦挥师东下，出武关，迫使塞王欣、翟王翳(yì)、河南王申阳投降，并俘虏了

殷王司马卬(áng),击败了韩王昌,从此汉军声威大震。

后来,刘邦公开宣布同项羽决战,揭开了长达四年之久的楚汉战争的序幕。

【释义】

原指从正面迷惑敌人而从侧面袭击的战略。后比喻暗中进行活动。

【注释】

度:越过。陈仓:古县名,在今陕西宝鸡市东,为关中、汉中交通要道。

【出处】

《史记·高祖本纪》

暗箭伤人

春秋时期,郑庄公谋伐许国。战前,郑庄公检阅部队时在前面立了一辆大兵车,宣布说,先得到兵车者将被立为全军统帅。老将军颍考叔一听此言,"刷"的一下越众而出,疾步如飞地冲上前去,拉起兵车就跑,将年轻将军公孙阏抛到了后面。公孙阏(yān)由此对老将军怀恨在心,总想伺机报复。很快,攻城大战开始了。老将军颍考叔白须飘飘,身披战甲,手执大旗,奋勇当先,威风凛凛地攻上城头。眼看颍考叔大功将立,公孙阏站在一旁充满嫉恨,抽出箭来,偷偷对准颍考叔的后心,猛地射出一箭,"啊!"颍考叔大叫一声,摔下城来,鲜血顿时染红了老将军的战甲,英勇的老将军就这样被公孙阏杀害了。

【释义】

比喻用阴险的手段,乘人不备,加害于人。

【出处】

《迩言》

八仙过海

传说中有八位神仙参加完王母娘娘的蟠桃盛会,喝得醉醺醺的,准备回蓬莱仙岛。

他们八人来到东海边,被浩浩海水挡住了去路。其中一位神仙说道:"咱们自成仙以来,谁也没见识过谁的法宝和法力。今日咱们就各用法宝渡海,不知大家意下如何?"其他几位神仙一致赞成。

铁拐李把自己的药葫芦往海中一抛,变成了一个大如渡船的葫芦,铁拐李跳上葫芦,稳稳当当地下海了。汉钟离则把手中的芭蕉扇往海中一扬,一面巨大的扇子便铺在了水面上。吕洞宾把自己的宝剑变成了可站立一人的巨剑。张果老的小毛驴在水中扑腾扑腾,像在平地上奔跑一样。韩湘子的玉笛也变成了渡海船具。何仙姑手中的荷花在水中变成了一艘巨大的莲花船。蓝采和的花篮到了水中,滴水不漏,轻飘飘地浮在海上。曹国舅的玉笏不但让他渡海无忧,而且五光十色,漂亮无比。

八位神仙各显神通,轻松地渡过了东海。

【释义】

原意指八位神仙各自施展奇能渡海。现形容各人有各自的办法或高明的本领。常与"各显神通"连用。

【出处】

《八仙过海》

拔苗助长

宋国有一个农夫,因禾苗长得慢,十分焦急。他在田边走来走去,自言自语地说:"有什么办法帮它们快点儿长高呢?"

有一天,他终于想出了一个"绝妙"的办法,就急忙跑到田里,把禾苗一棵一棵地往高拔。从太阳未露头,一直干到太阳落山,他累得气喘吁吁的。

回到家里,他一头栽在炕上,像立了大功似的对家人说:"今天可把我累坏了。力气总算没白费,禾苗都长高了一大截。"他的家人听了,感到莫名其妙,不知道他说的究竟是怎么一回事。

第二天,他的儿子跑到田里一看,禾苗都枯死了。

【释义】

原意是将禾苗拔起,帮助它生长。现比喻违反事物发展的客观规律,主观强求速成,急功冒进,结果适得其反。

【出处】

《孟子·公孙丑上》

百步穿杨

春秋时,在楚国都城的一个练武场上,好多壮士正聚集在这里比武射箭,围观的人特别多。一位名叫潘虎的射手,一连三箭都射中靶上的红心,引得人们齐声喝彩。

这时,一位身材魁梧的大汉站了出来,说:"这算不了什么,能百步穿杨才算有真本领。"大家一看,说话的人原来是射箭名手养由基。养由基叫人在百步以外的杨树上选定一片树叶,涂上红色做记号。这么远,人连树叶都看不清,何况风吹树枝,树叶还动个不停呢。壮士们你看我,我看你,谁都不敢射。养由基微微一笑,说:"那养某献丑了!"

养由基立定脚步,摆开架势,张弓搭箭,"嗖"的一箭射去,那支箭不偏不倚,正好穿过那片涂着红色记号的树叶。围观的人个个拍手叫好,欢声雷动。养由基见大家鼓掌助威,兴致更高了,一连射了一百箭,每箭都射中一片树叶,真是百发百中。

一次,楚晋两国交战,烟尘遮天,杀声动地。楚共王亲临阵前督战,指挥楚军冲杀。晋将魏锜见了,远远一箭射来,正中楚共王的眼睛,楚共王血流满面,疼痛难忍,心里恨透了魏锜(qí)。楚共王马上召来养由基,给他两支箭,要养由基为他报仇。养由基接箭在手,来到阵前,见魏锜正在那里耀武扬威。养由基弓弦一响,魏锜应声倒地,丢了性命。养由基把剩下的那支箭交还给楚共王复命。楚共

王高兴地说:"名不虚传,果真是'养一箭'呀!"从此,养由基威名远扬。

【释义】

能在百步之外射穿选定的一片杨树叶。形容射术非常高明。

【出处】

《史记·周本纪》

百闻不如一见

西汉时,西北羌族结成联盟,起兵攻汉。消息传到长安,汉宣帝召集群臣商议,询问谁愿领兵前去边关退敌。

话音刚落,一位七十六岁的老将挺身而出,自告奋勇要求前往。这位银须飘飘的老将就是曾经与羌人打过几十年交道的赵充国。

汉宣帝非常高兴,问他要带多少人马。赵充国说:"百闻不如一见,由于两地相距太远,一时难以计算,所以,我想亲自到那里看看,定下攻守方案,画好地图,再上奏。"

于是,赵充国带领一支侦察部队渡过汹涌澎湃的黄河,刺探敌情去了。路上,碰到了小股敌军,汉军奋勇冲杀,俘虏了不少羌兵。将士们准备乘胜追击,赵充国阻拦说:"我军长途跋涉,主要目的是探明敌人的情况,如果逞一时之勇,紧追不舍,孤军深入敌人腹地,难免要吃大亏。"将士们听了,都很佩服老将军的远见。

赵充国观察了地形,掌握了敌军的兵力部署,又从俘虏口中了解到许多敌人内部的情况,这才制定出驻兵屯守、整治边关、分化瓦解、各个击破的策略,上奏宣帝。不久,朝廷就派兵打败了来犯的羌人,恢复了西北边疆的安定。赵充国不信道听途说,亲临实地查看的作风,为后人所效仿。

【释义】

听一百次,还不如亲眼一见。指亲见比多闻更可靠。

【注释】

闻:听见。

【出处】

《汉书·赵充国传》

最高的高原

青藏高原仿佛一个童话王国,坐落于中国的西南边陲。青藏高原面积约250万平方千米,平均海拔4 000米以上,被称为"世界屋脊"。青藏高原四周高山环绕,北界昆仑山和祁连山,南到喜马拉雅山,东南至横断山脉。高原内部湖泊众多,青海湖、纳木错湖闻名中外。青藏高原还是长江、黄河、澜沧江、怒江、雅鲁藏布江等河流的发源地,水资源非常丰富。

百战百胜

春秋末期，齐国著名的军事家孙武曾从齐国出奔至南方的吴国，经吴王的重臣伍子胥推荐，他被吴王阖闾(hé lǘ)起用为将，同伍子胥一起辅佐吴王治国强军，打败了西面强大的楚国，攻入楚国都城郢，直接威胁着北面的齐、晋两国，名震各诸侯国。

孙武著有《孙子兵法》一书。他在书的"谋攻篇"中，讨论了指挥战争的法则。

他写道："使敌人举国屈服是上策，出兵攻破那个国家就略逊一筹；使敌人全军降服是上策，击破敌人一个军就略逊一筹；使敌军全旅降服是上策，击破敌人一个旅就略逊一筹；使敌人全卒官兵降服是上策，击破敌人一卒兵众就略逊一筹；使敌人全伍士卒降服是上策，击破敌人一伍士卒就略逊一筹。因此，百战百胜还不是最高明的；只有不通过战斗而使敌人屈服，才是最高明的。"其原文是："凡用兵之法，全国为上，破国次之；全军为上，破军次之；全旅为上，破旅次之；全卒为上，破卒次之；全伍为上，破伍次之。是故百战百胜，非善之善者也；不战而屈人之兵，善之善者也。"

【释义】

形容战斗力很强，每战必胜。

【出处】

《孙子兵法·谋攻》

百丈竿头

景岑(cén)是宋朝佛学造诣高深的僧人,法号招贤大师。

招贤大师讲经布道深入浅出,娓娓动听,深受广大僧人好评,每到一处佛寺讲经,佛堂都人满为患。一次讲经结束后,一个年轻的僧人向招贤大师请教。两人一问一答,气氛相当融洽。

最后,僧人提出一个问题:"十方世界究竟是怎么一回事?""十方世界是佛教的最高境界。""最高境界如何才能达到?"只见招贤大师当场拿出佛教记载唱词的本子,指着上面的一行文字高声念道:"百丈的竹竿并不算高,尚需更进一步,十方世界才算是真正的高峰。"

这里招贤大师并没有直接回答他的问题,而是用一个形象的比喻——"百丈竿头,更进一步"来说明"十方世界"就是需要一步一步攀登的高峰。从中我们可以看出,这不仅是佛法的最高境界,也是人生的最高境界。

【释义】

指百丈高竿的顶端。比喻不满足于已取得的成就,要继续努力,不断攀登高峰。

【出处】

《景德传灯录》

百折不挠

东汉灵帝时,司徒桥玄为官清廉,敢于同恶势力作斗争,受到人们的称赞。桥玄死后,东汉著名的文学家蔡邕(yōng)特意写文章纪念他,称颂他百折不挠的精神。

有一回,三个强盗绑架了桥玄十岁的小儿子,把他作为人质,向桥玄勒索银子。强盗威胁桥玄说,如果不答应,就要杀死孩子。桥玄当即愤怒地斥责强盗,理直气壮地说道:"我是朝廷命官,我的责任就是捉拿你们归案,你们拿孩子来威胁我,是痴心妄想!"

这时,官府派来缉捕强盗的士兵已经团团围住了桥玄府,但大家不敢贸然行动,害怕逼急了强盗会伤害人质。桥玄见大家犹豫不前,就在院内向外大声疾呼道:"你们快来捉拿强盗,不可因小孩放走贼人!"于是,士兵蜂拥而入,强盗终于被擒,但桥玄的小儿子却惨遭强盗毒手。

为了今后不再发生类似案件,桥玄强忍着失去爱子的悲痛,上书皇帝,建议制定一条新的法令,规定凡是被贼人绑架的人,一律不准用钱赎回,官府抓到这样的强盗也统统斩首示众。这条法令公布后,绑架人质的事件也逐渐减少了。

桥玄年轻时,在县里做功曹,虽然是个芝麻绿豆大的小官,可是他尽职尽责,一点也不马虎。那时,县里有个叫羊昌的人,是当朝大将军梁冀的好朋友。羊昌犯了罪,别人不敢奈何他,桥玄却不畏权势,大胆向上司检举羊昌的罪行。他当汉阳太守时,发现自己的属下皇甫祯贪赃枉法,在查实之后,立即将他捉来处死,使汉阳郡官民为之震动。

后来,桥玄担任了尚书令,他又直接向皇帝告发大夫盖升搜刮民脂民膏、横行乡里、鱼肉百姓的罪行,建议皇帝从严惩处。可是皇帝与盖升关系密切,不但没有降罪于他,反而升了他的官。桥玄很气愤,便以身体不好为借口,辞官回到乡下去了。

【释义】

形容意志坚强,不管经受多少挫折,绝不屈服退缩。

【注释】

折:挫折。挠:弯曲。

【出处】

《太尉桥公碑》

班门弄斧

鲁班被尊称为木匠的祖师爷。

"班门弄斧"这个成语,最早出现于柳宗元的"操斧于班、郢(yíng)之门,斯强颜耳"。意思是说在鲁班门前舞弄斧子,是在行家面前卖弄自己的本领,不知羞耻。

而"班门弄斧"得以流传,还得益于明代诗人梅之焕游采石矶的经历。采石矶之所以闻名天下,是因为在民间传说中,唐代著名诗人李白晚年游览采石矶时,探身去捉水中明月,不幸坠江而死,采石矶因此闻名天下。这里有李白墓、太白楼、捉月台等名胜古迹,

文人墨客争相来此地游览,并留下诗文。

话说梅之焕来到李白墓前,凭吊这位伟大的诗人。他看到李白墓上凡是能够写字的地方,都被那些喜欢舞文弄墨、附庸风雅之人刻上了拙劣的诗句。梅之焕觉得这些拙劣诗句是对李白墓的玷污。他越想心中越不是滋味,感慨之余,挥笔题诗一首,以此来讽刺那些自以为是的游人。

采石江边一堆土,李白之名高千古;

来来往往一首诗,鲁班门前弄大斧。

后人将此诗总结为四个字:"班门弄斧"。

【释义】

字面意思是在鲁班门前舞弄斧头。现比喻在行家面前卖弄本领,含有讽刺意味。

【出处】

《王氏伯仲唱和诗序》

半途而废

东汉时,河南乐羊子娶了一位通情达理的妻子。

一天,乐羊子在路边拾到一块别人遗失的金子,带回家交给妻子保管。

乐羊子以为妻子一定会很高兴,谁知妻子不仅丝毫不为所动,反而规劝乐羊子说:"我听说有志向的人不喝盗泉里的水,正直的人不接受不敬的施舍。把别人遗失的金子据为己有,不是大丈夫所为啊!"

听了妻子的话,乐羊子惭愧得满脸通红,他急忙把那块金子送回原处。然后到很远的地方,拜求名师钻研学问去了。

一年后,乐羊子突然跑回家来。妻子很惊讶,问他:"你求学读书才一年时间,怎么就回来了?"

乐羊子笑着说:"时间长了,很想念你,所以回家看看,没有别的事情。"

妻子听罢,拿出一把剪子,把他拉到织布机旁,指着织布机上的绸布说:"你看,这布的原料是蚕茧,用织布机一点一点地编织起来,日积月累才能织出一寸、一尺、一丈、一匹的绸布。如果我一剪子将它剪断了,就会前功尽弃。你读书也是这个道理,日积月累地刻苦学习,才能成功;如果半途而废,不就像剪断的绸布一样,白白浪费了时间吗?"

乐羊子深受感动,第二天一早便继续求学,经过长期的勤学苦读,终有所成。

【释义】

事未做完而终止。指做事有始无终。

【注释】

废:停止。

【出处】

《礼记·中庸》

杯弓蛇影

东汉时,有个叫应郴(chēn)的人,曾经在汲县当县令。有一次,应郴请县里的主簿杜宣到家里做客。他在客厅摆了一桌丰盛的宴席,请杜宣饮酒。当时,客厅的北墙上挂着一张红色的弓,弓的影子映在酒杯里,形状就好像一条游动的蛇。杜宣看见了,感到十分厌恶,但又不敢不喝。他勉强喝下去后,回到家就得了胸腹疼痛的病,吃不下饭,睡不好觉,因而身体渐渐地消瘦了。家里人很着急,请了许多有名的医生,采用多种方法治疗,也不见好转。

后来,应郴知道杜宣病了,就去看望他。应郴问起他患病的原因,杜宣才说:"酒杯里的蛇被我喝进肚里了。"

应郴回到自己家里,站在客厅里苦苦思索,心想:酒杯里怎么会有蛇呢?猛然回头看见挂在墙上的弓,才恍然大悟,猜想一定是这东西引起的。

于是,应郴就派县里的差役,用车把杜宣接来,还在上次请他饮酒的地方准备了酒,酒杯中果然又出现了蛇。应郴告诉杜宣说:"这是挂在墙上的弓的影子。"

杜宣知道酒杯中原来是弓影,就没有心理负担了,病也渐渐地痊愈了。

【释义】

将映在酒杯中的弓影误认为是蛇。比喻因疑神疑鬼而妄自惊慌。

【出处】

《风俗通义·怪神》

背井离乡

元朝著名剧作家马致远,在他的杂剧《汉宫秋》中讲述了一个凄婉的故事。

汉元帝下诏书,要各州郡选美女入宫,充当妃嫔。大批美女入宫,元帝又无暇一一挑选,便让画师毛延寿画美女图以供挑选。毛延寿是一个见利忘义、善于玩弄权术的卑鄙小人。他来到成都,成都郡便把秭(zǐ)归县香溪村的一位农家姑娘王昭君(名嫱)推荐给他。他一见王昭君,便知她是汉元帝所喜欢的那种类型的美人。于是他为王昭君画了一张美艳绝伦的画像,并向王昭君的家人索要一百两黄金,保证让王昭君排在百名美女的首位,使她很快就能得到皇帝的恩宠,给家人带来荣华富贵。王昭君一家人义正词严地拒绝了他的无理要求。因此,毛延寿在王昭君的画像上做了手脚。这样,汉元帝在观看美女的画像后,把王昭君打入了冷宫。

王昭君每日靠弹琵琶打发无聊的日子。一天傍晚,散步的元帝循着琵琶声发现了幽居冷宫的王昭君。

汉元帝将王昭君带出冷宫,宠爱有加,封王昭君为明妃。经过一番调查,元帝终于弄清了事实真相,龙颜大怒,下令追捕毛延寿。

毛延寿闻讯后如丧家之犬逃离了长安,投奔北番国。临走之前,还不忘带上王昭君的第一张画像。他将此画献给北番王,夸说

王昭君是光彩照人、不可多得的绝世美人，唆(suō)使北番王向汉元帝索要王昭君为妻，不惜动用武力。

北番王听信了毛延寿的谗言，果然如此行事。汉元帝迫于北番国的压力，答应了北番王的要求。王昭君听说此事后，十分体谅皇上的苦处，表示愿意前往北番国，她不愿意因为自己而使生灵涂炭，愿以此来报答元帝的厚爱。

数日之后，元帝在霸陵桥头设宴送别王昭君。大臣们一点也不理解皇帝的心情，频频催促王昭君同北番使者尽快起程。元帝本来就有一腔怒火无处发泄，此刻终于忍不住斥责地位尊贵的尚书："你是总揽朝政的大臣，理应能够安邦治国，保卫边疆。可是面对北番国的武力威胁，你却只能让一个弱女子前去和亲。假如我是汉高祖那样坚强的皇帝，我就派你去给昭君娘娘当侍从，让你也一起去尝一尝背井离乡，卧雪眠霜的滋味。要是你不留恋京城的生活而愿意去北番国住一辈子，我愿封你为王。"

在汉番国界的界河边上，王昭君向故乡、向元帝敬酒诀别后，突然纵身跃入波涛汹涌的江里，不见了。

北番王因为王昭君的壮烈自尽而清醒，意识到使用武力并不能得到美满的婚姻。他怀着崇敬之情为王昭君修建了坟墓，并将毛延寿逮捕送归汉朝处置，汉、番两国又恢复了和平友好的关系。

后人从汉元帝送别昭君时斥责大臣的话中，引出了"背井离乡"这个成语。

【释义】

背井离乡又称"离乡背井"，意思是离开家乡到外地。

【出处】

《汉宫秋》

背水一战

楚汉相争时,韩信率军在井陉(xing)口与赵军对峙。

驻守在井陉口的是赵军大将陈余,他手下的谋士李左车分析了当时的形势,主张一面堵住井陉口,一面派兵抄小路切断汉军的后勤供给,韩信没有后援,一定会败走。但是陈余自以为有兵力上的优势,坚持要与汉军正面作战。

韩信得知这一情况,亲自率领队伍在距井陉口三十余里的地方安营扎寨。尽管已经是深夜了,但他仍然在部署明天的作战方案。他派一万军队故意背靠河水,排成一字阵势引诱赵军;同时又派两千轻骑兵,每人拿一面汉军旗帜,连夜绕到井陉口山背后,待第二天汉军和赵军展开激战,乘赵军军营空虚的时候,让两千汉军突袭赵营,拔掉赵军旗帜,换上汉军的旗帜。

赵军探马探知汉军背水扎营,后退无路,马上禀报了赵王。赵王闻报,便嘲笑韩信犯了兵家大忌,竟将军队置于死地。

天亮以后,韩信布置完毕,开始从井陉口击鼓出击,赵王与陈余率领赵军全面出击,两军厮杀在一起。这边战斗正酣,那边两千轻骑兵看到赵军留下一座空营,就迅速闯入赵营,拔掉赵军的旗帜,全部插上了汉军的旗帜。

战场上,韩信见难以速战速决,便率领汉军佯装败退,一直退到河边的阵地,与河边的一万军队会合。

赵军追杀汉军来到河边,原想把汉军赶进河里。他们怎么也没有想到,此时的汉军后退无路,反而个个以一当十,奋勇拼杀,把赵

军打得大败。赵军一见汉军势不可当，就想撤回赵营，却发现营中到处飘扬着汉军的旗帜。他们以为汉军占了自己的大本营，顷刻间，赵军军心大乱，溃不成军。混乱之中，赵王被擒，赵军数员大将被杀，李左车也被汉军俘获。

韩信看到军士押着李左车向自己走来，快步向前，亲自为他松绑，奉为上宾。李左车问韩信："为什么要背水结阵？"韩信解释说："只有把汉军置于死地，他们才会为求生而拼命。兵书上说'置之死地而后生'就是这个道理。"

由此演化出"背水一战"这一成语。

【释义】

意思是背靠江河作战，没有退路。比喻处于绝境之中，为求生路而决一死战。

【出处】

《史记·淮阴侯列传》

最大的峡谷

雅鲁藏布大峡谷是世界上最大的峡谷，也是世界上最深、最长的峡谷。雅鲁藏布大峡谷北起米林县大渡卡村，南至墨脱县巴昔卡村，全长504.6千米，平均海拔在3 000米以上，两侧高峰与谷底相对高差达6 009米。峡谷里冰川、绝壁、陡坡和大河相互交错，环境恶劣，至今有很多地区人迹罕至。大峡谷从上到下有高山冰雪带、热带雨林带等九个垂直自然带，生物资源丰富。

闭门思过

西汉宣帝时,韩延寿被任命为京郊左冯翊(yì)(相当于郡太守),到任后的一年多时间内,他没有打扰过地方官员和百姓。一年春天,韩延寿到下属齐县鼓励春耕,来到高陵县时恰好遇到了两个兄弟因争夺田产,吵得不可开交,族人也无法解决兄弟两人之间的纠纷,他们把官司打到了高陵县县衙。

韩延寿听说了这件事,非常伤心,他神色黯然地说:"我身为太守,没有尽到宣传和教育百姓的责任,以致发生了亲兄弟之间为争夺田产打官司的事情,这不仅有伤风化,而且使各级官员蒙受了耻辱。我作为左冯翊,没有尽到责任,我应该停职反省。"

说罢,韩延寿立即停止了工作,独自走进了他临时居住的客房,不让任何随从入内,紧闭房门,开始反思。

一看左冯翊韩延寿都能严格要求自己,不推卸责任,真心思过。各级官员们也羞愧难当,也把自己绑缚起来,表示自己有罪等待惩罚,开始反思自己工作中的不足和失误。

看到这种情形,百姓非常感动。人们纷纷谴责打官司的两兄弟。这两兄弟也非常后悔,表示愿意互让田产,发誓不再有此类事情发生。

【释义】

关起门来反省自己的过失。

【出处】

《汉书·韩延寿传》

鞭长莫及

公元前595年，左司马申舟奉楚庄王之命到齐国办事，途经宋国。因为申舟事先没有办理向宋国借路的手续，不合礼节，被认为是鄙视宋国，于是宋文公一怒之下便杀死了申舟。消息传到楚国，楚庄王非常气愤，于是就发兵进攻宋国。

宋国被楚兵围困了半年，形势十分危急。宋文公无计可施，只好派大夫乐婴齐去面见晋景公，请晋国出兵帮助解围。

晋景公本想答应宋国的要求，可是晋大夫伯宗却坚决反对。他对晋景公说："我们怎么能为了帮助宋国而与楚国为敌呢？古人有一句话说：'即使鞭子很长，也不能打在马肚子上（鞭长莫及）'，今天的楚国就好比是马肚子，它的强大是老天赐予的，别人是无法跟它抗衡的。我们晋国再强大，也不能违抗天意啊！"

晋景公听了大夫伯宗的话，虽然觉得有理，但还是有些犹豫。他说："我们怎能只顾自己的利益，而拒绝别人的请求呢。这样做，我深感耻辱！"

"这没有什么。"大夫伯宗解释道，"俗话说：'处理事情想高想低，全由自己的心意。'河流湖泊的水中能容纳污浊，山川泽地上能藏匿(nì)毒蛇猛兽，美玉上面隐伏着瑕斑，所以一国的君主有时候也不免要含耻忍辱，这些都是很自然的现象。再说，有点小过失，也损害不了大德呀。"

大夫伯宗的这番话，说得晋景公连连点头。于是，晋景公就打消了援救宋国的念头。

【释义】

原指鞭子虽长,但不能打到马腹上。后借指力量达不到。

【注释】

及:到。

【出处】

《左传·宣公十五年》

宾至如归

子产是春秋时期郑国著名的政治家,在他执政期间,对外广结邻邦,周旋于各诸侯国之间。

公元前542年,子产奉郑简公之命出使晋国,可是晋平公迟迟不肯接见他。子产多次领教过大国的傲慢无礼,每次子产都用机智的方法既保全了郑国的利益和尊严,又不与大国发生正面的冲突。这次也不例外,气愤之余,子产平静下来,想出了一个对策。他命手下人把挡在他们面前的晋国的驿馆围墙拆掉,让郑国拉着贡品的马车安然入内,把车上的贡品摆放好,等着晋国的官员到来。

果然,晋平公得知这一消息,勃然大怒,立即派大夫士文伯到驿馆去见子产。士文伯怒气冲冲地来到子产面前,责问道:"我们为了保护各诸侯国的官吏和宾客的安全,才特意修建了驿馆的围墙。现在你把厚厚的围墙拆

了,你的安全可以由你的手下保护,可其他国家宾客的安全由谁来保护呢?我国的国君特意派我来询问,你拆墙的意图是什么?"

面对士文伯咄咄逼人的问题,子产镇定地回答说:"我们郑国是一个小国,需要向大国进献贡品,大国向我们索要贡物又没有固定的时间。所以我们不敢安居,赶紧从郑国各个地方搜罗财物,偏偏又遇上贵国国君没空,又不知何时才能接见我们。如果让这些财物受暴晒、受潮、发霉、被虫蛀蚀,那就太对不起郑国的子民,也对不起晋国的国君。同时,也加重了我们的罪过。这些物品如果不如数交上,我的心里会不安宁的。

"我听说过去晋文公做盟主的时候,自己住在低矮的小房子里,而接待宾客的房子却造得又高大又气派。诸侯宾客到达时,热情接待,从不怠慢。晋文公还常常帮助宾客解决困难,与宾客同喜同忧,宾客们每次来到这里,就像回到了自己家,从来不担心有盗贼。现在则正相反。

"如果能让我们奉上贡品,不让它们有一点儿损坏,我们愿意把围墙重新修好,我们不怕辛苦。"

士文伯听了子产一席话,气也消了,还不停地点头称是。士文伯把这件事如实向晋平公作了汇报,晋平公也感到理亏。忙又派士文伯去向子产道歉,并立即安排接见。礼仪也非常周到,并给了郑国使者丰富的赠品,然后送他们一行回国。

子产用他的机智和果敢,又一次维护了郑国的尊严。

【释义】

意思是客人到这里就像回到了自己的家里一样。多用于形容主人待客热情、周到。

【出处】

《左传·襄公三十一年》

兵不血刃

陶侃是东晋的一位著名将领,他通晓兵法,治军有道,体恤下属,深受官兵和百姓的爱戴。

一日,陶侃了解到这样一件事,令他非常愤慨。屯骑校尉郭默是一位勇将,曾大败后赵的建立者石勒。至今,石勒提起他来还胆战心惊的。因此,郭默自恃有功,飞扬跋扈,不把任何人放在眼里。他因一点私事,与平南将军刘胤(yīn)发生了口角。事后,郭默记恨在心,念念不忘报仇之事。后来他找机会就将平南将军刘胤杀了。事情发生以后,他怕东窗事发,竟伪造诏书,诬陷刘胤要谋反,称自己杀刘胤是为国除奸。郭默颠倒黑白,将自己粉饰一番,并向各州通报了这一消息。纸是包不住火的,宰相王导知道了这件事的真相,非常愤慨,但他怕朝廷无力惩处郭默,反而得罪了郭默而对自己不利,所以,他非但没向郭默问罪,反而给郭默加官晋爵。

陶侃越想越不平静,他提笔给朝廷写了奏章,请求派人去讨伐郭默。如果朝廷找不到更好的人选,他愿意亲自披挂上阵,去讨伐郭默。

他又写了封信给宰相王导,讲明利害,请求宰相立即采取果断的措施。信中有两句话写得非常有力:"郭默杀害了州官,朝廷就任命他当州官,难道他杀害了宰相,也要让他当宰相不成!此奸不除,将贻害无穷。"

王导看到这封信,马上任命陶侃作为主将,率兵去江州讨伐郭默。不等郭默南逃,陶侃的大军已将郭默在江州的部队团团包围。郭默也深知陶侃的厉害,便如一只丧家之犬,上天无路,入地无门。他的属下一看大势已去,立刻把郭默捆绑起来,押着他打开城门,宣布投降。

陶侃不战而胜,平定了这次叛乱。

【释义】

字面意思是兵器上没有沾血,即未经激烈的战斗就取得了胜利。多指善于用兵者能以德服人。

【出处】

《荀子·议兵》

兵不厌诈

东汉安帝时,由于官吏腐败,残酷剥削压迫少数民族,引起羌人起义,对中原地区构成严重威胁。

有一年,羌军大举围攻武都郡。在这危急时刻,安帝任命虞诩为武都太守,让他率兵驰援武都。虞诩(xǔ)的部队到达陈仓、崤谷一带时,遭到羌军的阻击。虞诩审时度势,考虑到羌军强大,不能硬拼,便命令部队停止前进,并派人四处扬言说已经奏请朝廷增调人马,等援兵到后再继续前进。羌人不知是计,便放松了警惕,放纵军队四处抢掠。这时,虞诩率军突然发起进攻,冲破了羌军的防线,每天行军一百多里,赶往武都。起先,羌军紧追不舍,虞诩就让士兵逐日增灶,羌兵见了,以为汉军每天都在增加兵力,因此不敢再追。汉军安全到达目的地后,将士们都不明白虞诩的战略,向他请教说:"从前孙膑行军作战,每天减灶,而您却要增灶,兵书上说,每天行军三十里,前后照应,就可以保证安全,而我们却要行百里,这是什么缘故呢?"虞诩答道:"羌兵人多,我军人少,难以与他们正面对抗,因此就应该以计克敌。我军迅速行动,目的是为了摆脱跟踪之敌;孙膑伪装弱小而减灶,我军伪装强大而增灶,这是在不同情况下采取的不同策略。这叫'兵不厌诈'呀!"

当时,武都守军不足三千人,而羌兵却有上万人马。两军对阵时,虞诩下令士兵先用弱弓射击,羌兵见汉军弓箭无力,就放心大胆地往前冲。等到羌兵逼近时,虞诩下令改用强弓硬弩集中射击,顿时箭如飞蝗,羌兵伤亡惨重。汉军乘胜追击,羌兵大败而逃。

虞诩不但善于用兵,而且很会治理地方。他在边境一带修建了许多营垒,把避乱逃亡的百姓招集回来,妥善安排他们的生活。这样,武都郡很快就恢复了安定的局面。

【释义】

指用兵打仗要尽量用计谋迷惑敌人,克敌制胜。

【出处】

《韩非子·难一》

病入膏肓

传说，春秋时晋景公卧病在床，久治不愈。秦桓公得到这个消息后，就向晋国推荐了一位名叫缓的医生，让他去给晋景公治病。

缓立即从秦国出发。当他还在途中赶路时，晋景公做了一个十分奇怪的梦。他梦见两个小人对话。一个小人忧心忡忡地说："缓是医术高超的良医，咱们要赶快找个地方躲避一下才好呢！"另一个小人却若无其事地说："不要紧，我们只要躲进膏和肓的中间，他就一点办法也没有了！"

缓赶到晋国后，马上去见晋景公，他观察了晋景公的脸色，看了他的舌苔，又仔细地切了脉，最后摇摇头说："这个病没法医了。病在肓的上面，膏的下面，膏肓之间是药力无法达到的（病入膏肓），因此，这个病没法医治！"

晋景公听了缓的话，想起梦中的情景，叹了一口气说："你的诊断很对，你真是个了不起的良医啊！"说完，赠给缓一份贵重的礼物，派人送他回秦国去了。

不久，晋景公就病死了。

【释义】

形容病势严重，无法医治。也比喻事态严重，无法挽救。

【注释】

膏肓：古人把心尖脂肪叫"膏"，心脏和膈膜之间叫"肓"。

【出处】

《左传·成公十年》

捕风捉影

汉成帝十几岁做皇帝,到了中年以后还没有子嗣(sì),这在中国封建社会算得上是一件大事。汉成帝非常焦虑,食不安,寝不眠。有人便大讲迷信,劝汉成帝求神拜祖。汉成帝逐渐热衷于搞祭祖活动,疏于朝政。而那些献策者和巫婆神汉就轻而易举地获得了高官厚禄。

长安郊外的上林苑成了汉成帝大搞祭祖活动的地方。每一次祭祖活动都搞得隆重而铺张,浪费了许多钱财不说,根本就不起作用。汉成帝却身陷其中,不能自拔。

朝中有一位叫谷永的光禄大夫,看到这种情况十分担心。他经过思考,冒着杀头的危险上书汉成帝,直言陈述自己的观点,奉劝汉成帝早点儿清醒过来。在奏章中,他这样写道:

"对于明了天地本性的人,神怪根本迷惑不了他;对于知晓万物道理的人,行为不正的人根本逃不过他的眼睛。现在有些人大肆宣扬祭祖的方法,大谈神仙鬼怪,仿佛世界上真有仙人,真的有长生不死之人,真的可以立刻满足所有人的愿望。可是,如果真的要去寻找它的时候,就会发现那些都是虚无缥缈的,好像要缚住风、捉住影子一样,根本不可能得到。所以,古代贤明的君主都不听这些话,而圣人也绝对不说这种话。

"周代史官想以鬼神之术帮助周灵王得到各路诸侯的朝圣,其

结果是周王室衰落得更快。楚怀王祭祖宗、拜鬼神,求神灵保佑他打败秦国的军队,不可谓不隆重、不虔诚,结果不但自己做了秦国的俘虏,而且连楚国的土地也全部被秦国吞并;秦始皇统一天下后,为寻求长生不老之药,特派徐福率童男童女下海求仙采药,结果也是一去不复返,而秦始皇遭到了天下人的怨恨。

"从古到今,所有依靠求仙访道来实现和满足自己愿望的帝王将相,根本就没有一个实现愿望的。希望大王您不要再让那些行为不正的人干预朝廷的事了。"

汉成帝看完这则奏章,沉思了良久,他为朝廷有这样的忠臣而感到欣慰,同时,也认为谷永说得很有道理,便采纳了他的意见。

【释义】

意思是逮住风,抓住影子。后指不可能做到的事。现比喻说话做事没有确切的事实根据,无事生非。

【出处】

《汉书·郊祀志下》

不耻下问

孔子时常教导他的学生"知之为知之,不知为不知,是知也",意思是说,知道就是知道,不知道就是不知道,有了这种踏踏实实的学习态度才可以学到真正的知识。

对于那些能够做到不以向比自己地位低下的人求教为耻的

人,孔子特别赞赏,认为那是好学的表现。孔子自己也时常这样做。

孔子第一次去鲁国国君的太庙参加祭祖典礼,对于许多礼仪,孔子都不明白,因此孔子不停地问身边明白的人,这是什么礼仪,它表示什么意思,下一步该做什么。这样,孔子把他不清楚的每一个礼节都问到了,弄清楚了。有的人不仅不为孔子的这种学习态度所感动,反而在背后嘲笑他:"还给别人当先生呢,连这些礼仪都不懂,什么都要问,真是不知羞耻。"孔子听了这些议论,坦然地说:"人应学会不耻下问,对于自己不懂、不明白的事情,一定要问明白、弄清楚,这才是求知的正确方法。"

孔子除了重视书本知识外,也注重吸收别人的经验。他主张多听别人的意见,并择善而从。另外,在通过直接经验获得知识的同时,孔子也注意汲取古代的知识,重视实际材料和证据。

孔子通过各种各样的途径学习,逐渐成为学识渊博的人,并开创了儒家学派,被后人尊称为圣人,成为我国伟大的思想家、教育家。

【释义】

意思是不以向地位、学问较自己低的人求教为耻,形容谦虚好学。

【出处】

《论语·公冶长》

不合时宜

苏东坡中了进士做了官之后,不为名誉所累,一心一意为国家

效力。无论是朝廷在治理国家时存在的弊端,还是皇帝本人的错误,苏东坡都直言不讳地指出来,时常惹得皇帝和官员们十分不高兴。

有一年的正月十五,京城中的百姓家家都买灯,挂在门口,为节日增添了不少气氛。许多卖灯的生意人一看买卖这么红火,也趁机多做些花灯出售。谁曾想,宋仁宗颁下一道圣旨,压低花灯的价格,宫中收购所有的花灯,这下可苦了这些小本经营的生意人,不但亏了血本,而且生了一肚子的气,没有地儿去诉说。

苏东坡了解到这一情况,连夜写奏章给皇帝,反映百姓的心声,批评皇帝的错误。

在此之前,王安石提出变法革新的主张时,苏东坡积极响应,陈述自己的主张。几件事凑到一起,可捅了马蜂窝了。皇帝开始找他的麻烦,一些大臣也趁机排挤他,使他在京城的日子更加难过了。为此,他整日闷闷不乐。

这天早晨,苏东坡吃完饭后,一边拍着自己的肚子,一边缓步走出了房门。走到门口,他随口问自己的侍童:

"你们猜猜,我这肚子里边都是什么东西?"

侍童蛮有情趣地回答说:"大人的文章名扬天下,当然是满肚子文章了。"

苏东坡听罢,摇了摇头。

另一个侍童接过话头说:"既然不是满腹文章,那就一定是满腹见识了。"

苏东坡听了,只是苦笑地摇摇头。这时,恰巧苏东坡的侍女走了过来。她悟性极高,跟随在东坡左右,也学到了不少的知识。她非常了解苏东坡这时的心情,于是风趣地回答道:"依我看,学士整天上书、进策,一心为朝廷,可人家连理睬也不理睬,四处碰壁,回家就发牢骚……所以我看哪,学士是一肚子不合时宜!"

苏东坡听后,拍着肚皮爽朗地笑了:"真让你说中了,我真是不合时宜啊!"

【释义】

不合时宜这则成语的意思是不符合时势的需要,与世情不相投合。

【出处】

《汉书·元帝纪》

不亢不卑

贾府建成大观园后的第二年,王熙凤因身体不适不能料理家政,王夫人便让李纨与探春二人临时掌管家政,并请宝钗协助她们二位。于是姐妹三人每天吃过早饭后,便聚集在大观园门内的小花厅里,认真地处理大观园中的大小事务。

一天中午,平儿按照凤姐的吩咐,来小花厅听候探春等人差遣。她刚一进屋,探春便让她坐在小凳上,和她谈利用大观园的条件进行生产的事。然后,她问平儿:"你们奶奶怎么没想到这一层呢?"

宝钗和李纨(wán)都夸探春想得周道而且可行。只有平儿说:"这件事须得姑娘说出来。我们奶奶虽有力,也未必好出口。此刻姑娘们在园里住着,不能多弄些玩意去陪衬,或叫人去监管修理,图

省钱,这话断不好出口。"

宝钗听了平儿的话忙走过来,摸着她的脸笑道:"你张开嘴,让我瞧瞧你这副灵牙巧舌是怎么长的。""你们听听她这一番话说得多周到,既顺着三姑娘的意思,又不贬低她们;而且还要透出她们奶奶关心园子里姑娘们的心意。她这远愁近虑,不亢(kàng)不卑,各方面都照顾到。她奶奶便不是和我们好,听了她这一番话,也一定自愧的变好了,不和也变和了。"

就这样,三人边议论,边做决定,边去做,三人还真管理起大观园的家政了。

【释义】

不亢不卑这则成语用来形容态度得体:既不高傲,又不自卑。

【出处】

《红楼梦》第五十六回

最大的皇宫

故宫是目前世界上现存最大、保存最完整的宫殿建筑群。明清两朝,曾有25位皇帝在此生活和处理政务。由于其地位的特殊性,故宫规模宏大,建筑宏伟。故宫建于明朝永乐年间,至今约有590年的历史。故宫南北长约960米,东西宽约750米,占地面积约为72万平方米,建筑面积约为15万平方米。故宫中轴线长约八千米,南北取直,东西对称。故宫有三大殿四大门,三大殿分别为太和殿、中和殿、保和殿,四大门有午门、东华门、西华门和神武门。

不可救药

周厉王姬胡在位时,统治十分残暴。不仅百姓怨声载道,就连大臣们也是满腔怨愤。

有强烈责任感的大臣,向周厉王进谏,告诫皇上要以国事和百姓为重。周厉王根本听不进去,反而派出密探偷听人们的议论,他根本不听人们谈论的是什么内容,对江山社稷是否有益,有哪些好的建议,有哪些需要改正的错误,只要拿到参与议论的人的名单,就把他们统统杀掉。

周厉王的高压政策,使得举国上下没有人再敢议论朝政。更有甚者,连朋友或熟人相见,都不敢打声招呼,只能互相间用眼神表示问候。周厉王看到这种情形,非常得意,私下沾沾自喜地想,这种政策可真有效。

耿直、忠诚的大臣仍然冒着生命危险劝谏周厉王:"防民之口,甚于防川。"

周厉王依然胡作非为,甚至变本加厉地残害百姓。老臣凡伯看到朝政紊乱,百姓的怨气蓄势待发,痛心疾首地再次向周厉王提出忠告:百姓是国之根本,也是为君的根本,做事不能不想到他们。

周厉王顾及到凡伯是老臣,没有治他的罪,但把他说的话依然当成耳旁风。

第二天早朝时,周厉王的亲信们看到周厉王对凡伯的态度,更加嚣张地嘲笑和讥讽凡伯。凡伯忍无可忍,写下一首诗,严厉地谴责周厉王和他的亲信们。诗的大意是说:"我虽然年纪大了,但绝没有老到说昏话的程度,你们不该嘲笑我,要知道,你们的坏事做得太多了,已经无法挽救了。"

【释义】

意思是表示病重到不能用药救活的地步。用来比喻人或事物坏到无法挽救的地步。

【出处】

《诗经·大雅·板》

才高八斗

谢灵运是我国历史上著名的山水诗人。他生于南朝时期,自幼便好读诗书,聪明过人。成年以后,谢灵运不仅诗文出色,在书法上更是造诣极深。当朝皇帝对谢灵运十分宠信,常将谢灵运的诗文和书法作品小心收藏起来,称之为"二宝",但在一些国家大事上却没有倚重于他。后来,谢灵运索性辞官回乡,寄情于山水之间,沉醉于自然之中。方巾布衣,脚着木屐,率性而为,随兴而作,写下了大量绝妙的好诗。谢灵运性近自然,诗风清新,每有新诗写出,便被人四处传抄,争相诵读,从乡间直至京城。有人当面称赞他说:"谢公,您才华盖世,卓然不群,真是让人羡慕啊!"谢灵运哈哈大笑,一挥袍袖说:"哪里,天下的才华如果有一石的话,子建(曹植)就占得八斗,我自己占一斗,其余的一斗只能由天下文人共分了!"

【释义】

现用来比喻人才华横溢。

【注释】

才：才华。八斗：指其量多。

【出处】

《释常谈·八斗之才》

沧海桑田

晋代葛洪编写的《神仙传·王远》中有这样一则故事：从前，天上有两个仙人，一个叫王远，一个叫麻姑。有一天，他们约好到一个叫蔡经的人家里去饮酒。

席间，麻姑对王远说："自从我得道成仙、受了天命以来，已经三次看到东海变成桑田。刚才在蓬莱巡视的时候，我发现海水比前一时期少了一半，难道东海又要变成陆地了吗？"王远说："是啊。圣人们都说，东海的水位正在下降。过不了多久，那里又会尘土飞扬了。"

麻姑的这一席话本来是告诉席间的人们，她的年纪很大了，曾经三次看见东海变成了桑田。后来人们就用"沧海桑田"来形容世事变迁。

【释义】

原意是大海变成桑田,桑田变成大海,后来比喻事物变化极大、极快。

【出处】

《神仙传·王远》

草船借箭

三国时期,实力最强的曹操率大军攻打东吴,江东之主孙权被迫与刘备联合起来,共同抗曹。刘备的军师诸葛亮被派往东吴,共商大计。周瑜十分嫉妒诸葛亮的才华和名声,想借这次机会置他于死地。周瑜借口水上交战需要用箭,命令诸葛亮在十天之内造出十万支箭,否则按军法处置。不料诸葛亮却说他只需要三天即可,并当场立下军令状,如完不成任务甘愿受罚。周瑜暗自高兴,庆幸诸葛亮自投罗网,同时又不免感到疑惑,不知道诸葛亮葫芦里卖的是什么药。他一面吩咐工匠们不要准备造箭的材料,一面派鲁肃前去探听诸葛亮的消息。

鲁肃与诸葛亮颇有交情,他看出了周瑜的险恶用心,不禁暗暗为诸葛亮捏了一把汗。鲁肃怪诸葛亮不该上了周瑜的当,把自己推上了绝路。不料,诸葛亮却胸有成竹地说:"没事。"他请鲁肃借给他二十只船和一千多个草人,每只船上三十个士兵,船要用青色的布幔(màn)遮盖住,草人平均排在每只船的两边。最后,诸葛亮一再叮嘱鲁肃,借船的事千万不能让周瑜知道。

鲁肃非常疑惑,但仍按诸葛亮的吩咐把东西都准备好了。两天过去了,不见什么动静。第三天的四更时分,诸葛亮派人把鲁肃请到船上,说要去取箭。

江上大雾弥漫,面对面都看不见人。诸葛亮命人用绳索把船连起来,朝对岸的曹军水寨开去。船在靠近曹军水寨的地方一字排开,诸葛亮又令士兵们擂鼓呐喊。鲁肃十分惊慌,诸葛亮却毫不在意,只劝他放心饮酒。

曹操以为是东吴的军队来进攻,因为雾大怕中埋伏,于是他命令六千名弓箭手朝江中放箭。箭如雨点般射到船上的草人上。一会儿工夫,船一边的草人上插满了箭,诸葛亮又下令把船掉过头来,让另一边受箭。

船两边的草人上密密麻麻地插满了箭,每只船上至少有五六千支,总数超过了十万支。这时,太阳出来了,雾也要散了,诸葛亮下令赶快往回开船。

诸葛亮按时完成了任务,周瑜又惊又气。鲁肃向周瑜讲述了借箭的经过,周瑜不由得感叹道:"诸葛亮神机妙算,我不如他。"

【释义】

意思是运用智谋,凭借他人的人力或财力达到自己的目的。

【出处】

《三国演义》

草木皆兵

建元十九年(383年),前秦国君苻坚亲自率领八十七万大军攻

打东晋。东晋朝廷派谢石为大将,谢玄为先锋,率八万精兵全力迎战。

前秦军前锋很快抵达淝水岸边的寿阳,攻下了此座城池,苻坚随后带八千骑兵赶到。苻坚弟苻融认为,晋军根本不堪一击,于是派一个叫朱序的人去劝降。

朱序原来是东晋的官员,他向谢石详细地报告了前秦军的布置情况,并分析了当前的形势,建议谢石趁前秦军后续部队未到,派兵袭击洛涧。谢石采纳了朱序的建议,出兵偷袭秦营,结果大获全胜。晋兵乘胜向寿阳进军,驻扎在寿阳城对岸的八公山下。

苻坚听说晋军攻占了洛涧后又向寿阳而来,大惊失色,立即登上寿阳城头,亲自观看淝水对岸晋军的动静。当时正值隆冬时节,又恰好是个阴天,远远望去,河上桅杆林立,战船密布,晋兵持刀执戟,阵容十分严整。八公山连绵起伏,地势十分险要。山上的草木随风而动,仿佛有无数个东晋士兵正在操练。苻坚顿时吓得面如土色,惊恐地对一旁的苻融说:"晋军哪里是一支弱旅?分明是一支劲旅啊!"

不久,谢玄要求苻坚把军队稍向后退,以便晋军渡过淝水决战。苻坚果然中计,结果前秦军在后退时遭到晋军的突然袭击,伤亡惨重,大败而归。

这就是历史上以少胜多、以弱胜强的著名战役——淝水之战。

【释义】

指把草和树木都当成了敌兵,形容在极度恐慌状态下的多疑心理。

【出处】

《晋书·苻坚载记下》

沉鱼落雁

　　春秋时期,吴越之争后,越国战败。越王勾践被俘后,忍辱负重,一心想洗雪耻辱,一方面卧薪尝胆激励自己,一方面物色美女,想用美人计磨光吴王的志气。越国苎(zhù)罗村的美女西施,每日在溪边浣纱。溪中的鱼,见到西施的美丽,也觉得羞惭,不敢浮上水面,都沉到水底去了。后来范蠡找到她,把她献给吴王,西施果然迷惑了吴王,使吴王无心料理国政。于是越王勾践养精蓄锐,终于一举攻陷吴国。

　　汉元帝时,挑选天下的美女入宫,当时美女王昭君被选为第一。但画工毛延寿因没有得到贿赂,故意把王昭君画得很丑,使她得不到皇帝的宠爱。夜深人静,王昭君弹琵琶遣兴,被元帝听见循声而来,见面之后惊为天人,元帝将王昭君封为明妃,问其缘故,下旨将毛延寿斩首。竟宁元年(公元前33年),匈奴呼韩邪单于入朝求和亲,王昭君深明大义,以国事苍生为重,自请嫁匈奴。临行前元帝亲送至霸桥上,此时正好有一群大雁在空中飞过,见到王昭君美如天仙,赶紧躲到森林里去了。

　　后来人们便用"沉鱼落雁"这个成语来形容女子容貌美丽。

【释义】

　　形容美貌的女子可使鱼下沉,雁落下来,无人敢与之比美。

【出处】

　　《庄子·齐物论》

程门立雪

传说禅宗二祖慧可是南北朝人，俗姓姬，名光。他从小精通《诗》、《易经》，喜欢游山玩水。一个偶然的机会，姬光接触到佛教典籍，并产生了浓厚的兴趣，于是就潜心学佛，出家当了和尚，改名叫神光。

神光四十岁左右时，来到嵩山少林寺，参拜禅宗祖师菩提达摩。传说菩提达摩是南印度人，南朝宋末航海来到广州，经金陵前往洛阳，到达嵩山少林寺后，对着墙壁盘膝打坐已有九年。神光恭恭敬敬地要拜他为师，然而，菩提达摩却一言不发。当夜风雪交加，神光求师心切，不为风雪动摇，一直站在达摩门前。到第二天时，地面上的积雪已经没过了他的膝盖。神光的行为终于感动了菩提达摩。菩提达摩替神光改名为"慧可"，向他传授"安心"法门。九年后，菩提达摩临终前传给慧可《楞伽经》四卷和袈裟、衣钵。慧可还得到了达摩的心法，于是禅宗得以传承。

除了这个佛家立雪拜师的故事以外，还有一个儒家立雪求教的故事，由于我国古代尊儒，因而这个故事广为流传。

北宋学者杨时精通史学，能文善诗，人称龟山先生。他年轻时就考中了进士，为了继续求学，放弃了做官的机会，奔赴河南颍昌拜大学者程颢(hào)为师，钻研学问。当他三十二岁时，程颢死去，四十岁时他又来到洛阳，拜程颢的弟弟程颐做老师。

有一天，杨时与同学游酢(cù)一起去拜访程颐，正好程颐坐在书房闭目打盹。这时，天上飘起了雪花，他俩不愿惊动老师，又不肯放弃求教的机会,于是就站在旁边等候。程颐一觉醒来,门外积雪已有一尺多厚,而杨时和游酢仍然恭恭敬敬地站在那里等候。

【释义】

指学生恭敬求教。形容尊师重道的可贵精神。

【出处】

《宋史·杨时传》

城门失火,殃及池鱼

从前有座城门,城门附近有个池塘,池塘连接着一条小水沟,通向远处的大河。这个池塘是鱼的乐园,鱼儿互相追逐着,嬉戏着,日子过得又舒服又快活。

有一天,城门上冒起了滚滚的浓烟,池塘里的鱼儿们都看到了,大家七嘴八舌地议论起来。

鲤鱼说:"不好了,城门失火了!"

鲫鱼说:"城门失火了,快来瞧热闹呀!"

鲤鱼说:"我们离城门太近了,赶快逃命吧!"

鲫鱼说:"失火与我们有什么关系,何必大惊小怪呢?"

鱼儿们嘻嘻哈哈地看着热闹,谁也不把鲤鱼的话放在心上,反而责怪它胆小怕事,鲤鱼只好自己顺着水沟游走了。这时,城门上的火越烧越猛,

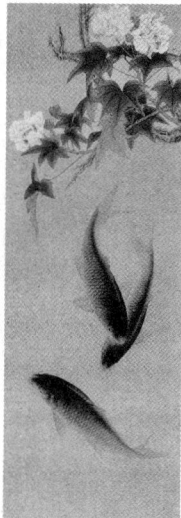

救火的人越来越多。人们挑着水桶,端着木盆,舀起池塘里的水到城门去救火。池水变得浑了。鱼儿们开始后悔没有听鲤鱼的话。它们在浑水中乱跳着,就像人在大雾中一样,迷失了方向,怎么也找不到那条救命的水沟了。

当城门上的火被扑灭时,池塘的水已经全部被舀干了。留在池里的鱼儿有的被泼到火上烤焦了,有的被救火的人们踩死了,还有的被人们捡去做成了美味的佳肴。

这就叫:城门失火,殃及池鱼。

【释义】

指无端受累遭灾。

【注释】

殃:灾祸。池鱼:池中之鱼。

【出处】

《檄(xí)梁文》

海拔最高的宫殿

布达拉宫位于雪域高原上的明珠拉萨市的中心,是世界上海拔最高、气势最雄伟的宫殿。布达拉宫占地十多万平方米,高117.19米,东西长400多米,是中国及世界上著名的宫堡式建筑群。布达拉宫主体建筑由红宫和白宫组成,红宫居中,白宫两侧辅翼。布达拉宫共13层,壁画林列,具有很高的艺术和学术价值。布达拉宫曾居住过九个藏王和十个达赖喇嘛,是西藏宝贵的宗教文化宝库,也是人类文明的瑰宝。

乘人之危

　　东汉时,有个长史官叫盖勋,他为人正直,讲信义。他所在的郡属凉州,刺史梁鹄(hú)既是他的上司,又是他的好朋友。

　　当时凉州境内有个武威太守,他勾结权贵,横行霸道,常常置国法于不顾,作威作福,危害一方。老百姓对这个武威太守恨之入骨,当地的官员因慑于武威太守的势力强大,敢怒而不敢言。

　　凉州的辖区内还有一个官员,叫苏正和。他性格刚直,为官清廉,但和盖勋关系不好,两人素来有些嫌怨。苏正和对武威太守的所作所为十分不满,他不顾强权势力的威胁,决心将武威太守依法严惩,为老百姓讨个公道。

　　梁鹄担心武威太守势力太大,苏正和扳不倒他反而会累及自己,所以梁鹄左右为难,想找盖勋商量。

　　盖勋虽然与苏正和有矛盾,但他很欣赏苏正和敢于打击恶势力的勇气。有人悄悄向盖勋透露了梁鹄的想法,并建议他趁此机会劝梁鹄杀了苏正和,来个公报私仇。盖勋断然拒绝他说:"为了个人的私怨而杀害一个好的官员,这是不忠的行为;在别人处于危难的时候加害人,这是不义的行为。"

　　不久,梁鹄果然来与盖勋商议处置苏正和的事。盖勋对梁鹄说:"喂养鹰鸢(yuān),就是要让它凶猛,这样它才能为您捕获猎物。如今它真的很凶猛了,您却要杀了它。如果是这样的话,您养了它又有什么用呢?"

【释义】

形容趁别人有危难时去要挟或打击,以达到自己的目的。

【出处】

《后汉书·盖勋传》

乘虚而入

自安史之乱后,唐朝国力衰弱,政局动荡,经常有藩镇造反作乱,割据一方。814年,淮西节度使吴少阳死了,他的儿子吴元济拥兵自立,与中央政权分庭抗礼。唐宪宗几次发兵征讨,都没有成功。

817年,唐宪宗任命智勇双全的大将李愬(sù)为唐河等三州节度使,统领大军进攻吴元济盘踞的老巢蔡州城。

李愬到任后,有一次,唐兵在巡逻时与淮西兵遭遇,经过激烈战斗,唐军活捉了淮西军将领丁士良。丁士良是吴元济手下的猛将,曾经杀死过不少唐军将士。大家请求李愬杀了丁士良,为阵亡将士报仇。李愬却吩咐士兵给丁士良松绑,并好言劝降。丁士良见李愬如此宽待自己,就心甘情愿地投降了。

后来,李愬在丁士良的帮助下,利用敌兵骄傲轻敌的弱点,攻下了文城栅和兴桥栅,收服了李祐、李忠义两员将领。李愬对李祐、李忠义非常信任,让他们担任军职,可以带着武器出入大营,还与他们秘密讨论进攻蔡州的计划,李祐很感动,于是向李愬献计说:"吴元济的精兵驻扎在洄曲和边境上,守蔡州的不过是些老弱残兵,我们可以乘虚而入,直取蔡州。这样,等到守卫外围的兵马赶来救援时,吴元济早已被我们活捉了。"

李愬采纳了李祐的建议。这一年冬天,在一个大雪纷飞的夜里,李愬率领九千精兵,分三路向蔡州出发,长途行军一百多里,出其不意地一举攻破了蔡州,活捉了吴元济,平定了叛乱。

【释义】

趁着敌方空虚不备之时而进入。

【注释】

乘:趁。

【出处】

《去笈七签》

成也萧何,败也萧何

传说有人曾在韩信墓前的祠庙上写过一副对联:"生死一知己,存亡两妇人"。上联"一知己"指的就是萧何。这是因为韩信被刘邦重用是出自萧何的推荐,被吕后杀害也是出自萧何的计谋,可见韩信的成功和失败是与萧何有着密切关系的。

韩信是我国古代杰出的军事家,他从小就胸怀大志,刻苦研究兵法,准备将来干一番大事业。

公元前209年,陈胜、吴广领导的秦末农民大起义爆发了。同年九月,项梁和项羽叔侄在会(kuài)稽(今江苏苏州市)响应陈胜起义。韩信得到消息后,便去投奔项梁,参加反秦起义军,当了一名小兵。

后来项梁阵亡,他又归属到项羽的部下,当了一名小小的侍卫官。他借着接近项羽的机会,经常给项羽献计献策,但都未得到重视。韩信觉得自己的才干难以发挥,就想另谋出路。

秦朝灭亡后,项羽自封为西楚霸王,封刘邦为汉王,逼迫他去南郑(今陕西南郑县)就职。就在这时,韩信离开了项羽,投奔到刘邦麾下,随他到了南郑。刘邦因为对韩信不了解,就让他当了一个管理粮饷的小官,韩信对此感到很失望。

后来,韩信认识了刘邦的重要谋士萧何。经过几次交谈,萧何很赏识他,认为他是一个不可多得的人才,便多次向刘邦推荐,但都没能引起刘邦的重视。当时,刘邦的部下大多数是江苏人,士兵们由于思念家乡,不习惯南郑的生活,经常有人开小差逃走。韩信见得不到重用,也找了一个机会逃离了南郑。

萧何得知韩信逃走的消息,急得直跺脚,他来不及向刘邦打招呼,立即骑上快马,连夜去追赶韩信。

刘邦听说萧何也逃走了,非常生气。但是两天以后,萧何又突然回来了。当刘邦听说堂堂的丞相去追赶一个管理粮饷的小官时,忍不住斥责他说:"逃亡的将领已经有几十个,你都没有去追赶,现在你却说去追赶韩信,这不是骗人吗?谁能相信呢?"萧何解释说:"一般将领容易得到,可是韩信,却是难得的奇才。你如果满足于当汉王,用不用韩信没有关系;如果要争夺天下,就离不开韩信这样极有智谋的人。希望你决定今后的志向。"萧何的话正中刘邦的要害,他赶紧表白说:"我当然想向东发展,怎么能长期在这里当汉王呢?"萧何见刘邦心动,乘机推荐韩信说:"大王决定向东发展,若能重用韩信,他就会留下为你出谋划策;如果没有远大抱负,不重用韩信,他终究还是会逃走的。"刘邦终于听取了萧何的意见,封韩信为大将军,还挑了个黄道吉日,举行了隆重的拜将仪式。

后来,韩信为刘邦东征西战,屡建奇功,帮刘邦统一了天下,建立了汉朝。

刘邦当了皇帝后,封韩信为楚王,没过多久,便借故解除了他的兵权。韩信知道刘邦嫉恨他的才能,觉得在刘邦手下不会有所作为了,就暗中与陈豨(xī)结成同盟,密谋造反。

公元前197年,陈豨举兵反叛刘邦,刘邦亲自率兵讨伐。韩信见时机成熟,便与家臣密谋,企图趁刘邦不在京都,假传圣旨,释放狱中的犯人,把他们组织起来袭击吕后和太子刘盈。吕后得知韩信谋反的消息,立即把萧何找来商量。韩信本是萧何极力向刘邦推荐的,这时他听说韩信谋反,害怕受到牵连,就又向吕后献了一条消灭韩信的妙计。他们假称陈豨已经被打死,要大家进宫祝贺。萧何怕韩信不去,就亲自对他说:"你虽然有病,不过这样的大事也应去庆贺一下。"韩信不知是圈套,就到了长乐宫,当即就被武士捆了起来,拉出长乐宫斩首了。

【释义】

成事由于萧何,败事也由于萧何。比喻事情的成败、好坏都是由一人造成的。

【注释】

萧何:汉高祖刘邦的丞相。

【出处】

《客斋续笔·萧何给韩信》

踌躇满志

战国时期,有个有名的厨师庖丁善于宰牛。

有一次,这个厨师给梁惠王宰牛,不一会儿就把牛宰好了。梁惠王见了,感到十分惊奇,他问厨师说:"你怎么练就了这么高超的本领呢?"

厨师回答说:"我刚开始学宰牛的时候,只看到一整头牛在那里,不知道该从哪里下手才好。后来经过一段时间的训练和摸索,我逐渐了解了牛的身体结构,知道了哪里有筋脉,哪里有肌肉,哪里有骨头,哪里有骨头接缝……这样,当我再宰牛的时候,我看到的就不再是一整头牛,而是连接在一起的许多骨头。我能准确地找到骨节间的缝隙,然后把刀顺着骨缝插进去,慢慢地旋转刀刃,使骨头的连接断开。因为骨节之间的连接比较好断,所以我宰牛的时候并不太费力气,刀子的磨损也就小多了。当然,在筋脉和骨头交错的地方就没那么简单了,我必须集中精力,加倍小心。宰牛是有些辛苦,不过当我宰完一头牛时,我就会感到十分轻松愉快。我提着刀子,四下里看看,那种感觉真是痛快,心满意足啊!"

梁惠王听了,连连称赞说:"你的话非常有道理,我听了很受启发。"

【释义】

形容心满意足,十分得意的样子。

【出处】

《庄子·养生主》

重蹈覆辙

东汉初期,外戚专权,把持朝政,排除异己,迫害忠良。汉桓帝试图铲除外戚的势力,无奈朝中官员敢怒不敢言,汉桓帝只好转而求助于身边的宦官。159年,汉桓帝在宦官单超等人的帮助下把以大将军梁冀为首的外戚集团一网打尽,朝廷暂时恢复了正常的秩序。

可是,这些宦官因为帮助汉桓帝夺回了政权,自恃有功,竟开始干预政事。他们的权力越来越大,很快便发展成了政治集团,其势力与外戚集团相比有过之而无不及。他们广泛地笼络党羽,把持着朝政,对忠良的大臣进行残酷的打击和排挤。就这样,外戚专权变成了宦官专政。

宦官集团的行为引起了许多官员和文人,尤其是世家豪族的反对。司隶校尉李膺(yīng)和太学生首领郭泰等人私下密谋,要推翻宦官专权。166年,宦官诬陷李膺等人暗中结党,诽谤朝廷,并把他们逮捕入狱。当时受到株连的有几百人之多,称之为"党人"。

汉桓帝的国丈窦(dòu)武十分不满宦官的行为,他上书汉桓帝,怒斥了宦官的种种罪行,请求皇帝放了李膺等人。窦武写道:"如果今天不吸取过去宦官专权颠覆国家的教训,重蹈覆辙,恐怕秦二世胡亥的灾难又要重现了,就像那时赵高发动政变一样,这些宦官早晚也会这么做的。"

在窦武的请求下,汉桓帝终于释放了李膺等人,但不许他们再做官。

【释义】

原意是指再走翻过车的老路。比喻不吸取教训,重犯过去的错误。

【出处】

《后汉书·窦武传》

出尔反尔

战国时期,邹国和鲁国发生了战争。结果邹国打了败仗,损失惨重。邹国当时的君主邹穆公十分不悦,有一次,他对孟子说:"在这次和鲁国的交战中,邹国损失惨重,而老百姓们却无动于衷,没有一个人愿意为了国家的官员去拼命,可恨至极。您说我该怎么办呢?"

孟子说:"记得有一年邹国发生了一场大灾荒,老百姓们陷入了衣食无着的困境中,生活得十分悲惨。青壮年外出逃荒的有一千多人,老弱残疾者时常饿死在山沟荒野中,那情景真是令人惨不忍睹。那时候,大王的粮仓里堆满粮食,国库也很充足,可是掌管钱和粮的官员却没有把这么严重的灾情上报给大王您,只任凭老百姓们挨饿受苦,求助无门。这些官吏拿着国家的俸禄,受着老百姓的供养,却不为老百姓做事。他们丝毫不关心老百姓的疾苦,只知道贪图享乐,在老百姓头上作威作福,祸国殃民。老百姓怎么能愿意为这样的官吏拼命呢？

"您记得孔子的学生曾子说过的话吗？他告诫人们说：要警惕啊！你用什么方式对待别人，别人也将会用什么方式对待你。如今那些官吏陷入了困境，老百姓当然也会用同样的手段来对待他们了。"

孟子又对邹穆公说："因此，我劝您不要惩罚您的百姓。如果您施行仁政，让官员们多爱护百姓，百姓也自然会爱护他们的长官，愿意为他们献出生命了。"

【释义】

原意是说你怎样对待别人，别人也会怎样对待你。现在用来形容一个人言行反复无常，言而无信。

【出处】

《孟子·梁惠王下》

海拔最高的大湖

纳木错位于青藏高原，海拔4 718米，是世界上海拔最高的内陆湖，也是中国第二大咸水湖。纳木错东西长70多千米，南北宽30多千米，面积约为1 940平方千米。湖水补给主要来自天然降水和冰雪融水。纳木错源自于地壳运动和冰川活动，在藏语里"纳木错"是天湖、神湖或灵湖的意思。纳木错中有五个岛屿，佛教徒把这五个岛屿看作是五方佛的化身，广受佛教徒的顶礼膜拜。

出奇制胜

公元前314年,齐国趁燕国内乱,攻破了燕的都城,杀死了燕王哙(kuài)。燕昭王继位后,决心报仇雪恨。公元前284年,燕昭王派大将乐毅攻齐。五年间,燕军接连攻下齐国七十余城,最后只剩下莒和即墨还在齐人手中。

齐国人田单精通兵法,足智多谋。开始的时候他在齐国的临淄当一名小吏,没有引起人们的注意。当乐毅率燕军攻入齐国时,他逃往安平。不久,安平被燕军攻破,田单又跑到了即墨城。这时,乐毅又将即墨团团围住,即墨大夫战死,守军就推举田单为将军,领导即墨的抗燕斗争。

公元前279年,燕昭王去世,惠王继位。燕惠王当太子的时候,与乐毅曾有过隔阂(hé),彼此成见很深。田单了解到这个情况后,就暗地里派人到燕国去散布流言,说:"乐毅迟迟不攻打即墨是想收买人心,以便将来在齐国称王。齐国人最担心的就是怕另换一个主帅,那样,即墨就会被攻破。"燕惠王对流言竟信以为真,立即派大将骑劫接替乐毅的职务,并调乐毅回国。

乐毅被无故撤职后,燕军士气低落。田单又派人混进燕军内部,散布谣言说:"齐军最怕的是被燕军割去俘虏的鼻子,如果燕军进攻时,把割去鼻子的齐兵俘虏摆在队前,即墨城一定不攻自破。"骑劫听了,不知是计,就照着做了。守城的齐兵看见自己的同胞被割去鼻子,生怕也被燕军俘虏,守城的意志更加坚定了。接着,田单又派人散布谣言说:"我们最怕燕国人挖掘我们城外的祖坟,凌辱我们的祖先。"燕国人信以为真,把城外所有的坟墓都挖开,把尸骨堆在一起焚烧。即墨军民目睹燕军的暴行,无不咬牙切齿,一致要求与燕军决一死战。

田单看到齐兵的士气高昂,就抓紧进行反攻燕军的准备工作。他先派使者到燕营请求投降,并且与骑劫约定投降的日期。接着,又把百姓手中的金子集中起来,让城里的商人携带出城,秘密地送给燕军将领,假意乞求说:"我们即墨就要投降了,请你们进城后不要掳掠我们的妻儿。"燕军将领收下礼物,满口答应,战备更加松懈了。

这天夜里,齐军开始向燕军发动进攻。田单把城里的一千多头老牛集中起来,给它们披上大红色的衣裳,上面画着五颜六色的图案,又在牛角上捆上锋利的尖刀,尾巴上绑上浇满了油的芦苇,然后点着火,将牛从暗中凿穿的几十个城墙洞口赶出去,并派五千精兵跟在牛群后面。很快,牛的尾巴烧着了,牛被灼痛,就吼叫着朝前面燕营冲去。睡梦中的燕军被这突如其来的怪物吓得手足无措,四散逃亡,被牛撞死、踩死的士兵不计其数。跟随牛群的五千齐兵,一声不响地冲入燕营,大刀阔斧地勇猛冲杀。齐军又在城上擂起战鼓,喊杀声惊天动地。燕军毫无思想准备,突然遭到这么猛烈的袭击,一下子溃不成军。齐兵趁乱杀死燕将骑劫,燕军没有了主帅,四处奔逃。田单率兵奋力追击,终于收复了被燕军占领的七十多座城池。接着,田单又拥立襄王为齐君,恢复了齐国政权。田单因此被齐襄王封为安平君。

司马迁在记述了田单用火牛破燕军的事迹后,高度评价了他"出奇制胜"的战术,称赞说:"先出兵可以阻挠敌人,出奇兵可以攻其不备。兵不厌诈,善战的人出其不意、机智多变,使敌人不可预知。开始时显得软弱,敌人不加戒备,可是到了该进攻的时候,却像逃脱的兔子一样急速,使敌人来不及阻挡。这说的正是田单啊!"

【释义】

用奇兵、奇计制伏敌人，取得胜利。比喻用出人意料的办法取胜。

【注释】

奇：奇兵、奇计。制：制伏。

【出处】

《孙子兵法·势篇》

初出茅庐

东汉末年，天下三分，成鼎足之势。

刘备在三股势力中最弱，为了求得生存和发展，他迫切需要招纳有才能的人。刘备的手下徐庶和名士司马徽向刘备推荐了一个人，此人复姓诸葛，名亮，字孔明，他上知天文下晓地理，博古通今，善用谋略，是个十分难得的人才。刘备听了十分高兴，亲自前往诸葛亮当时隐居的南阳卧龙冈，请他出山共商大计。诸葛亮不了解刘备的为人，想考验一下他的诚意，便躲着不肯相见。刘备不死心，一连三次前去求见，最终诸葛亮被刘备的诚意所打动，答应辅佐他打天下。

过了不久，曹操派大将夏侯惇(dūn)率十万大军攻

打刘备驻扎在新野的大本营。刘备得到消息后,把宝剑和帅印交给诸葛亮,要他全权调动兵力,迎战曹军。

诸葛亮料到夏侯惇将于第二天傍晚到达一个叫博望坡的地方,于是命令赵云率兵在博望坡诱敌深入;刘封和关平率兵候在城后,一见曹军进入阵地就立刻放火做信号;刘备率兵在博望山下安营,曹军一来立刻后撤,见到信号后马上回头反击;关羽率一千人马埋伏在博望坡左边的豫山上,见到信号后才许出击,只攻击曹军的运粮部队;张飞则另率一千人马埋伏在博望坡右边的山谷中,见到信号后立刻冲入城中,烧毁曹军储存在城中的粮草。

第二天傍晚,曹军果然到达博望坡,夏侯惇见到赵云,不禁哈哈大笑,以为诸葛亮不过如此。赵云佯装败走,夏侯惇率军紧追不舍。刘备出来接应赵云,也假装败走,夏侯惇见状更是毫不在意,只管猛追。

很快,曹军进入一个一面是山、一面是林的狭长地带。这时,乌云遮住了月光,狂风吹过,沙尘飞扬。夏侯惇猛然意识到可能有诈,可是已经晚了,他刚下令停止前进,身后就已经火光冲天,火势借助风力迅速蔓延,顿时成了一片火海。曹军顿时大乱,士兵们争相逃命,惨叫声响彻山谷。

这时,刘备和赵云的军队掉头回来攻击。夏侯惇不敢恋战,只好率残部慌忙逃窜,途中又和关羽、张飞相遇。一场厮杀后,曹军死伤无数,损失惨重,只好撤回许昌。

刘备的军队获得了胜利,士气大振,众人对诸葛亮的才能佩服得五体投地。后来有人写了一首诗,称赞诸葛亮第一次出山就立了一大功,诗是这样写的:"博望相持用火攻,指挥如意笑谈中。直须惊破曹公胆,初出茅庐第一功。"

【释义】

　　原意是指诸葛亮刚刚离开他隐居的茅草屋，后用来比喻刚踏入社会，缺乏经验；也有时单指刚进入社会或刚参加某种工作，而不包含缺乏经验的意思。

【出处】

《三国演义》第三十九回

初生牛犊不畏虎

　　东汉末年，刘备占领汉中，自称汉中王，准备进军中原。那时，由于曹操与孙权之间发生了冲突，于是刘备命令镇守荆州的关羽乘机率兵北上，进攻襄阳与樊(fán)城。曹操部将曹仁领兵抵抗，被关羽部将廖化、关平打败。曹操接到战报，立即派大将于禁和先锋庞德统领七队人马，前去增援。

　　庞德率领先锋部队来到樊城后，为了表示与关羽决一死战的决心，他让士兵抬着一口棺材，走在队伍前面。两军对阵时，庞德耀武扬威，指名点姓要关羽出战。关羽出阵，与庞德大战百余回合，不分胜负。

　　关羽回到营寨，对众将说："'初生之犊不畏虎'，我看庞德年轻气盛，只可用计降服他，不可凭武力取胜啊！"

　　这时正是秋季，樊城地区秋雨连绵，汉水漫上堤岸，樊城被围在大水中。关羽派人堵住水口，等到江水暴涨，再掘开水口。这样一来，洪水铺天盖地，汹涌而下，淹没了于禁率领的七支部队。关羽命令将士登上预先造好的船筏，向曹军发起猛攻。庞德率领部下奋勇抵抗,从早晨一直战斗到中午,最后落水被俘。

关羽爱惜庞德勇猛过人,劝他投降,庞德坚决不肯,关羽只好将他杀了。

【释义】

刚生下的小牛不害怕老虎。现比喻青年大胆勇敢,敢于创新。

【注释】

犊:小牛。

【出处】

《三国演义》

唇亡齿寒

公元前655年,晋国打算攻打虢(guó)国。但是他们两国中间隔着虞国,于是晋献公派大夫荀息去向虞国借道。

昏庸无能的虞公被荀息的言辞迷惑,看不透敌人的野心,加之贪图晋国的厚礼,就答应了晋国借路伐虢的要求。

这时,有个叫宫之奇的虞国大夫,站出来极力反对,他规劝虞公说:"虢国是虞国的屏障,如果虢国灭亡了,虞国也将随之灭亡。俗话说:'唇亡齿寒',说的正是我们两国之间这种唇齿相依的关系。如果我们借路给晋国,势必会助长晋国的野心,虢国早晨被消灭掉,那么虞国在当天晚上也就会跟着被灭掉。我们怎能做自取灭亡的事呢?"

可是,固执的虞公不听宫之奇的劝告,还是借路给晋国。当荀息率领晋国的大军经过虞国时,宫之奇立即率领全家逃离了虞国。他预言说:"虞国来不及举行年终的腊祭了,晋国将在这次军事行动中一举灭掉虞国。"

果然,这年冬天,晋国先消灭了虢国,然后又在得胜回国的途中,背信弃义地灭掉了虞国,并且抓住了虞公。

【释义】

没有了嘴唇,牙齿就会感到寒冷。比喻双方利害关系密切,休戚与共。

【出处】

《左传·僖公五年》

打草惊蛇

唐朝时,当涂县的县令名叫王鲁。王鲁这个人很贪心,大肆搜刮民财,干了不少贪赃枉法的事。同时,他也很狡猾,收受贿赂的事都是让部下出面,自己却装出一副很清白的样子。他的手下人见他贪图钱财,也纷纷效仿,敲诈勒索,无恶不作,当涂县的老百姓恨透了他们。

有一次,一个年轻人为了房基地和邻人张三起了纠纷,两家争吵不休,闹到县衙门。谁知,守衙门的士卒不让他们进去,说是要进门钱。年轻人只好拿出几文钱,才进了衙门。进门没走多远,又遇到一个人拦住他们,喝道:"你们私闯公堂,胆子不小,还不快出去!"

年轻人连忙分辩道:"老爷,我是来请王县令公断的。张三霸占了我的房基地,却反诬我占了他的地,请老爷明鉴。"张三认出拦住他们的人是县衙门的主簿,连忙把他拉到一边,悄悄递过去一锭银子,说道:"主簿大人,是他占了我的房基地,请你为我做主。"主簿见了亮闪闪的银子,眉开眼笑,转脸恶狠狠地对那个年轻人叱道:"一点儿小事,也来惊动王大人。出去出去!"不由分说,就把他们推出门去。

年轻人回到家越想越气,就去联合那些受过主簿敲诈的人,写了状子,递到县衙门。

这天,王鲁正坐在县衙里批阅案卷。他翻开一张状纸,"状告主簿"几个字跃入他的眼帘,他不觉一惊,赶紧往下看,越看越慌,因为状纸中对主簿的违法乱纪行为描述得清清楚楚。这些事情,大部分都是他暗地指使主簿干的。他想:"如果这些事追究起来,必然要把自己牵扯进去,这可不妙啊。幸亏这件公文落在我手里,以后可要多加小心啊。"想到这里,就随手批了八个字:"汝虽打草,吾已蛇惊。"意思是说:你们虽然告发的是我的下属,但我已经感到事态严重了,就像打草的时候惊动了草里的蛇一样啊!批完后,王鲁就把这个状子压了下来。

【释义】

打草惊动了草中的蛇。比喻行动不谨慎,使对方有所察觉,有所准备。

【出处】

《南唐近事》

大材小用

辛弃疾是南宋时期著名的抗金英雄。南宋时期，金兵入侵中原，辛弃疾由于主张抵抗、反对投降而遭到罢官，后来朝廷又任命他为浙东安抚使兼绍兴知府。辛弃疾平时爱好诗词，因此与住在绍兴的诗人陆游成为好朋友。过了一段时间，宋宁宗赵扩召辛弃疾回京城临安，商谈北伐抗金的大事。陆游知道这个消息后，为辛弃疾有出头之日和能实现自己的抱负而高兴，特意为辛弃疾写了首诗，诗中写道：你现在做个浙东安抚使，真是"大材料当做小材料使用"，令人叹惜。由此产生了"大材小用"这则成语。

【释义】

原意是把大的材料当做小的材料来用。现常用来比喻对人的使用不当，埋没才能，没能为之提供足够的发展空间，使人才不能充分发挥作用。

【出处】

《送辛幼安殿撰(zhuàn)造朝》

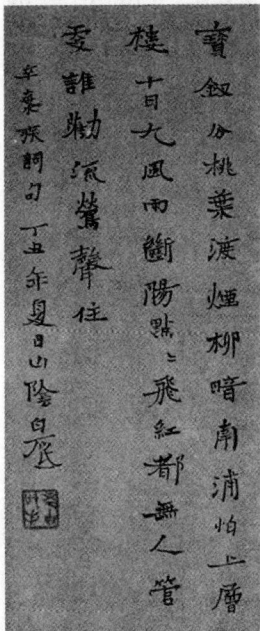

大公无私

　　春秋时，晋悼公问祁(qí)黄羊："南阳县缺一位官，你看谁去合适？"祁黄羊想了想后推荐了仇人解狐。看见晋悼公很奇怪的表情，祁黄羊解释道："您只问我谁适合这个职位，并没问解狐是不是我的仇人呀！"解狐上任以后果然很有作为。又有一天，晋悼公问祁黄羊："朝中缺少一位法官，你看谁能胜任？"祁黄羊毫不犹豫地推荐了自己的儿子祁午，结果祁午也非常称职。时人因而有"外举不弃仇，内举不失亲"之誉。可见，祁黄羊是一个大公无私的人。

【释义】

　　秉公办事，毫无私心。

【出处】

　　《论私》

大器晚成

　　东汉末年，有个名叫崔琰(yǎn)的人，自幼练得好剑法。他性格豪爽，特别喜欢交朋友。可是，一些很有才华的人却不愿与他交往，

认为他不学无术，除了舞刀弄棒，学问上一窍不通。一次，他去拜访一个很有学问的人，主人却不肯让他进门，让管家出来告诉他说："主人正在潜心读书，无暇闲谈，壮士请改日再来。"崔琰知道人家是嫌他没知识，不愿见他，感到很羞愧，暗自下了决心，一定要好好读书，成为一个能文能武的人。

从此，崔琰虚心拜师求学，闭门一心读书。当时独霸北方的袁绍听说了他的事情，就把他招到自己身边，为自己出谋划策。

袁绍手下的士兵非常残暴，常成群结伙地到老百姓家中抢夺钱财，甚至掘开坟墓搜寻陪葬的珠宝，把尸骨到处乱抛。崔琰知道后，对袁绍说："得民心者得天下。我听说主公的士兵到处抢人钱财，掘人坟墓，弄得怨声载道。如此下去，百姓都要起来反对主公了。"袁绍认为他说得对，立即下令，严禁抢劫，并封崔琰为骑都尉。

后来，曹操在官渡之战中，以少胜多，大败袁绍。从此袁绍一蹶不振，最终被曹操消灭。曹操久闻崔琰有才干，多次劝崔琰归顺自己。崔琰见曹操真诚待己，就同意了。

在曹营中，崔琰为曹操出了不少计策，很受曹操器重。有一次，曹操和他商量，想立小儿子曹植为世子。崔琰说："自古以来，都是立长子为世子。您立曹植，曹丕心里不服，大臣们也不服，这就种下了祸根。纵观古今，因为废长立幼引起的骨肉相残的事还少吗？请主公三思而行！"其实曹植还是崔琰的侄女婿，但崔琰毫无偏袒(tǎn)之心。曹操因此十分佩服崔琰的公正。

崔琰有个堂弟叫崔林，年轻时一事无成，亲友们都看不起他，可是崔琰却很器重他，常对人说："才能大的人需要长时间的磨炼才能成器(大器晚成)，崔林将来一定会成器的。"后来，崔林果然当上了大官。

【释义】

原意为大才之人需经过长期磨炼方能有所成就。现指成名较晚的人。

【注释】

大器：比喻大才之人。

【出处】

《老子》

大义灭亲

春秋时期,卫桓公被其弟州吁所杀,州吁自立为国君。他不仅大兴土木,为自己修建宫殿,而且四处征兵,使本来就已不堪重负的卫国百姓,更是雪上加霜。卫国朝野怨声载道,政局不稳。

有几位正直的大臣暗中商议,准备到周天子那里去揭露州吁杀君篡位的罪行。州吁很快得知了这个消息,他十分恐慌,担心周天子会出面干预。

于是,州吁马上找来石厚商讨对策。石厚对州吁说:"我父亲石碏(que)很有谋略,在国内也有极高的威望,如果我们能得到他的帮助,那么事情就会好办多了。"

州吁说:"你立刻回家,请你父亲帮忙。如果他能帮我们渡过难关,日后我一定报答他。"

石厚的父亲石碏是个非常正直的人。他对州吁的行径早已十分痛恨,但自己又无法加以制止,一气之下只好辞官回家,但他每天都在考虑对付州吁的办法,伺机行动。

这一天,石厚奉州吁命回到家中,转告了州吁的想法。石碏头脑一转,马上想出了惩处州吁的办法。他对石厚说:"现在国人对州吁都非常不满,那是因为他没有得到周天子的承认和支持。如果得到周天子的承认和支持,事情就好办了。现在我们可以这样办,陈桓公很得周天子的信任,他的意见能对周天子产生极大的影响。你不妨与州吁一道去请陈桓公帮忙,只要他肯出面,问题就可以解决了。"

石厚听了父亲的话,认为这是个非常稳妥的办法,赶紧回宫把这一情况告诉州吁。州吁听后十分高兴,立刻备下厚礼,准备前往陈国。

再说石碏,他等石厚走后,立即给陈桓公写了一封信,派人连夜送去。他在信中揭露了州吁和石厚狼狈为奸,杀君作乱的滔天罪行,并列举州吁当权后的种种不义行径。最后建议陈桓公,在州吁和石厚去陈国时,将他们逮捕,并处以极刑,为卫国除害。

州吁和石厚带着丰厚的礼品来到陈国,刚一入境便被陈桓公捉了起来,陈桓公派人通知卫国。

卫国派大夫宰丑赶到陈国,把州吁处死。宰丑考虑到石厚是石碏的儿子,准备从宽处理。可石碏却坚决不同意,他说:"州吁做的许多事情,都是石厚主谋,像石厚这样大逆不道的人,留在世上永远是个祸患。"

于是,石碏便命令家臣去陈国,把石厚杀死。

因此,有人称赞石碏这种大公无私的精神为"大义灭亲"。

【释义】

指为了维护正义,对犯罪的亲人不循私情,使其受到应得的惩罚。

【出处】

《左传·隐公四年》

呆若木鸡

春秋时期,有一个训练斗鸡的行家为齐王训练斗鸡,训练了十天以后,齐王便问:"斗鸡训练得怎么样了?"那人回答说:"鸡的性情骄矜(jīn),高昂着头,瞧不起别人,这还不行啊!"又过了十天,齐王又来问:"这回斗鸡该训练好了吧?"那人又说:"不行,别的鸡走动或叫唤,它还受到影响,这样不算成功。"一个月过去了,齐王很着急,那人还说不行,需要再训练一些日子。四十天后,那人告诉齐王:"斗鸡训练成功了,它既不骄矜,也不慌乱,虽然有别的鸡叫唤,它也不害怕,看上去它好像一只木头做的鸡,不惊不动,别的鸡见到它都被它吓跑了,谁也不敢同它争斗,这只斗鸡已经天下无敌了。"齐王听了他的话,非常高兴。

【释义】

比喻人们因为恐惧或者惊讶而发愣的样子。

【出处】

《庄子·达生》

当局者迷

唐玄宗时代,大臣魏光上书要求把唐初名相魏征修订的《类

礼》列为儒家经书,因为《类礼》是修订整理古代经书《礼记》而成的,也是儒家的经典著作。玄宗看后,认为有理,便同意了,并委派元澹(dàn)等人仔细校阅,再为它加上注释说明。

元澹得命,开始校阅《类礼》。不料,右丞相张说了解此事后,也上书皇上,陈述自己的不同见解。奏本中写道:"现在的《礼记》是西汉戴圣编纂的,使用到现在已经近千年了,并且经过东汉郑玄加注后,成为经书,现在改用魏征整理修订的版本,有这种必要吗?"

玄宗一看,觉得他说得也有道理,便有些拿不定主意,不知究竟该怎么办。

元澹听说了这件事,专门写了一篇文章表明自己的观点,题目就叫《释疑》,文章以对话的形式写就。客人问:"《礼记》这部经典著作,究竟是戴圣编纂、郑玄加注的版本好,还是魏征修订的版本好?"主人回答道:"戴圣编纂的版本从西汉起到现在经过了许多代人的修订、注解,多处有相互矛盾的地方,前后不一致。为了修正这些错误,魏征花了大量时间重新修订和整理了《礼记》,使之焕然一新,弥补了戴圣编纂和郑玄作注中的不足。而现在有些墨守成规的人,只认古训,却反对进步。"

客人听后,赞同地点点头,说:"是啊,这就像下棋一样,下棋的人非常糊涂,观棋的人却看得一清二楚。"

【释义】

多与"旁观者清"连用。意思是下棋的人往往容易被迷惑,旁观者往往能看清棋路。比喻当事人往往因对利害得失的考虑太多,认识不客观,反而不及旁观人看得清楚。

【出处】

《旧唐书·元行冲传》

党同伐异

从汉高祖刘邦开始，汉朝的前几代统治者都吸收秦朝灭亡的教训，德法兼施，文武并用，并推黄老之术，继而奉行儒家学说，经过汉初的休养生息之后，汉朝迅速恢复和发展。到了汉武帝时代，经过"文景之治"，积累了大量的物力、财力和军事力量，疆土得到了扩展，巩固了中央集权的封建大一统的局面。

汉武帝当政的第二年，下诏书向天下广纳贤才。各地诸侯王、郡守、大臣短时间内推荐了一百多人，名单送至汉武帝那里。汉武帝亲自命题，要他们写一篇治理国家的文章。汉武帝亲自批阅，董仲舒的文章名列前茅。皇上非常赏识他的观点和文笔。董仲舒被皇上亲自召见了两次，回答了皇帝的许多提问。回去后，董仲舒根据皇上所问，写就了两篇文章。与前一篇文章，合称《天人三策》，又称《举贤良对策》。

在这三篇文章中，董仲舒提出了影响中国，特别是汉代意识形态演变的著名理论——"罢黜百家，独尊儒术"。这一主张被汉武帝采用并颁布天下。从此，诸子百家的学说被看成邪说而遭禁止，儒学成了统一思想的指导。

汉武帝还采纳了董仲舒提出的设立传授儒家经典的最高学府的建议，特别设立了五经博士，形成了以读经、通经为仕途的时尚。学者以儒经为教条，争相"皓首穷经"。因为只要学通一经，就可以做官，如考试成绩好，还可以做大官。以至形成了博士弟子不断增加的局面，最多时，弟子达三千人。

经过汉武帝的一番统治,到刘询当政时,也就是汉宣帝时代,儒家学说更加盛行。但是当时儒生对五经有不同的见解,为统一认识,公元前51年,汉宣帝责成名儒、时任太子老师的萧望之主持,在皇家藏书楼兼讲经处的石渠阁,进行了一次大规模的讨论。

在这次讨论中,没有真正平等地进行讨论,而是形成了儒生们把和自己观点一样的人作为同党,互相纠合起来,一起攻击和讨伐与自己观点不一样人的派系斗争局面。

【释义】

党同伐异这则成语的意思是意见相同的人结成同党,互相偏袒,共同攻击与自己观点不同的人。

【出处】

《后汉书·党锢(gù)传序》

亚洲最大的城市广场

1997 年 6 月 30 日,亚洲最大的城市广场——中国大连星海广场竣工。星海广场建筑风格集古典与现代为一体,占地总面积达 176 万平方米,广场中心由 999 块红色大理石铺成,大理石表面刻有中国传统的天干地支、二十四节气和十二生肖图案。星海广场内圆直径 199.9 米,外圆直径 239.9 米。广场内九鼎、百年城雕、书形广场、足迹浮雕以及环绕星海广场的大型音乐喷泉等都备受游客喜爱。

倒屣(xǐ)相迎

东汉末年的著名诗人王粲(càn)，在少年时就已显露出极高的文学天赋。当时的大臣蔡邕很赏识他。蔡邕也是个大学问家，很得皇帝器重。蔡邕喜欢结交朋友，家里常常是高朋满座，来往的车辆把门前的那条巷子都挤满了。

一天，蔡邕正和来访者高谈阔论，家人来报告说，门外来了一位名叫王粲的客人，问蔡邕要不要让他进来。蔡邕一听王粲来了，急忙起身，匆匆对客人们说了声："老夫失陪了"，反穿着鞋子就跑出去迎接(倒屣相迎)他。客人们面面相觑，不知道这王粲是什么人，竟得到蔡大人如此尊重。

一会儿，蔡邕领着客人进来了，大家一看，这王粲竟是个又矮又瘦的少年，不禁惊呆了。大家感到疑惑：蔡邕这么大的官，对一个小孩子为什么如此敬重，还要亲自去迎接他呢？

蔡邕看到大家惊愕的神色，连忙介绍说："这位是王粲，他才华横溢，智力超群，我不如他呀。我家里的全部书籍和文章，都应该赠送给他。"

王粲不仅智力超群，而且过目不忘。一次，他与朋友外出游玩，见到路旁有一块石碑。两人看了一遍碑文，朋友忽然问他："你能将这碑文背下来吗？"王粲说："这有何难。"于是便从头到尾背了一遍，竟然一字不差。

还有一次，王粲看人下棋。忽然棋盘被人碰了一下，棋子乱了，无法再下了。王粲说："我来为你们按原样摆好。"说着，就动手把乱

了的棋子按原样摆好。一个棋手不相信他的记忆力会那么好，有心试他一下，就用手帕将棋盘盖了起来，要他另外摆一局，结果两盘棋的布局完全相同。众人这才信服。

【释义】

意思是倒穿着鞋子去迎接客人。形容迎客的急迫心情，表示对来客热情欢迎。

【注释】

倒：倒过来。屣：鞋子。

【出处】

《三国志·魏书·王粲传》

道不拾遗

商鞅，原名公孙鞅，他是战国时期的政治家。商鞅原来是卫国人，当时公叔痤是魏国的宰相，曾不避亲疏，力荐他接替自己的宰相之位，认为他会使魏国更加强盛。但魏惠王不喜欢以法治国的人，公叔痤(cuó)出于对魏惠王的忠心，便说："既然大王不用他，就把他杀了吧。千万别让他跑到别国去，让别国重用他。否则，魏国就要遭殃了。"商鞅听到这个消息后，立即化名逃离了魏国，来到了秦国。

商鞅来到秦国以后，很快就得到了秦孝公的赏识。商鞅对秦孝公说出了自己的想法："国家要富强，必须要重视农业生产，奖励将士；治国必须有赏有罚，奖惩分明。只有这样，才能使朝廷有威信，才能使改革容易进行。"秦孝公听后,高兴地对商鞅说:"从今天起,改革制度的事就由你全权负责吧!"

商鞅不负秦孝公的厚望,夜以继日地伏案奋笔疾书,一部革新法令产生了。

商鞅设法取得秦国百姓的信任后,非常自信地在南门贴出了他的新法令,废除了维护贵族特权的旧法令。新法令主张法律面前人人平等,奖惩分明;鼓励耕织,减免徭役;废除了贵族世袭的特权等。

商鞅变法,使秦国的老百姓的生产积极性大大提高了,农业生产有了很大的发展。百姓安居乐业,民风也变得淳朴了。社会安定,人们不担心强盗、盗贼的侵扰,所以夜不闭户,道不拾遗。

【释义】

意思是道路上有被人遗落的东西,无人拾捡将它据为己有。常用它来形容人民生活富裕,社会风气良好。

【出处】

《韩非子·外储说左上》

得过且过

传说,五台山上有一种奇特的动物,名叫寒号鸟。它有四只脚,两只肉翅,也许是蝙蝠一类的动物,但它不会飞。

盛夏季节是寒号鸟最快乐的日子。它全身长着五彩的羽毛,鲜艳夺目,令百鸟羡慕。寒号鸟得意扬扬,整天走来走去,得意地唱道:"凤凰不如我,凤凰不如我!"

可是好景不长,秋天来到了。怕冷的鸟儿开始向南方迁移,留下来的鸟儿也整天辛勤忙碌,造窝储粮,作过冬的准备。只有寒号鸟仍然游游逛逛,到处炫耀它那身五光十色的羽毛。秋去冬来,寒风呼啸,雪花飘飞。别的鸟都躲在温暖的窝中,靠着秋天储存的食物度过漫长的冬季。可寒号鸟没有窝,也没有食物,更不幸的是,它那一身漂亮的羽毛也落得光光的,一根也不剩,就好像是还没长毛的雏鸟一样。黑夜降临了,全身光秃秃的寒号鸟只好蜷缩在石缝里睡觉。刺骨的寒风阵阵向它袭来,冻得它瑟瑟发抖。它真后悔秋天里只顾游荡,没有垒个窝,嘴里不断叫道:"寒风冻死我,明天就垒窝!寒风冻死我,明天就垒窝!"第二天,太阳升起来了,太阳晒得寒号鸟浑身暖洋洋的。它很快忘记了夜里挨冻的痛苦,不再想垒窝的事了。它宽慰自己说:"得过且过!得过且过!"就这样,寒号鸟始终没垒窝,混一天是一天,在一个大雪纷飞的寒夜,寒号鸟冻死在五台山的石缝里。

【释义】

过一天算一天。现在也指对工作敷衍了事,不负责任。

【出处】

《辍耕录·寒号虫》

得陇望蜀

岑(cén)彭是东汉初年棘(jí)阳人。王莽篡权时,他在家乡当县官。当刘秀领导的起义军攻克棘阳时,他就参加了刘秀的起义军。岑彭不仅作战勇敢,而且颇有谋略,每战必胜,攻占了很多地方,为刘秀立下了汗马功劳,颇受刘秀赏识。

刘秀在控制了东部地区以后,就封岑彭为大将军,跟他一起率军向西进发。当时,占据西部的是隗嚣(wěi xiāo)的军队。隗嚣在王莽在位时曾占据陇西,后来投降了刘秀,并立过战功。但是,他不甘心屈居刘秀之下,就与盘踞蜀地的公孙述暗中勾结,不久公开背叛了刘秀。刘秀这次西进的目的,就是要平定陇、蜀二地,完成统一全国的大业。刘秀和岑彭率大军攻克了天水后,在西城把隗嚣的军队围住了。刘秀见已经胜券在握,就打算留下岑彭完成平定陇、蜀的任务,自己先回洛阳去。因为他担心洛阳有人趁他不在时篡夺大权。刘秀回洛阳后,又恐岑彭不积极进攻,就下了一道诏书给他,命令他:"西城攻克后,你可派兵去攻打蜀地。人都是不知足的,既已平定了陇地,还想得到蜀地。"

岑彭得到刘秀的诏书后,就加紧攻城。西城城墙高大坚固,难攻易守。岑彭就用灌水的方法攻城。可是水深还不到一丈时,蜀地的援兵就赶到这里,将隗嚣救走了。岑彭的军队因粮草不足,只好撤回洛阳。

后来,岑彭再一次率兵西进,终于平定了陇、蜀两地。

【释义】

得到了陇这个地方,还想要蜀那个地方。比喻贪心不足。

【注释】

陇:古地名,今甘肃省东部。蜀:古地名,今四川省中西部。

【出处】

《后汉书·岑彭传》

中国最早的水雷

明朝时诞生了我国最早的水雷。当时,明朝海军频繁使用一种叫"水底雷"的火器攻击敌方舰船。"水底雷"首次出现于1549年,这也是世界上最早的水雷。这种水雷用木箱做壳,油灰粘缝,由人工操作起爆时间和起爆位置。1590年,明朝发明了世界上第一颗定时爆炸水雷"水底龙王炮"。明朝末年又发明了触发式水雷"混江龙",这种水雷只有在与船体接触时才会引爆。明朝曾用发明的这些水雷击沉过日本的大型船舰。

得心应手

一次，齐桓公问管仲：“你办事从容不迫，并且很有见地，是如何学到的？”管仲回答说：“大王，其实我任何窍门都没有，只有一样，那就是读书。”齐桓公听后，从此也抓紧一切时间读书。

一天，齐桓公正在津津有味地读书，琅琅的读书声传到堂下。这读书声扰得在堂下制造车轮的老工匠轮扁心烦意乱。于是，他放下手中的工作，走到堂上来，问齐桓公：“请问大王，什么书使你读得如此入神？”

齐桓公见状，有些生气，但还是回答说：“我读的都是圣人的书。”轮扁问：“圣人还活在世上吗？”齐桓公说：“他们有的早就死了。”轮扁说：“人已经死了，那书上说的不全是废话吗？”

齐桓公听后勃然大怒，说道：“本大王在读书，你这个工匠胆子也太大了，竟敢说我读的书都是废话，今天你给我讲出道理，否则我就取下你的人头！”

轮扁见齐桓公发怒，不慌不忙地说：“大王息怒。我轮扁是制作车轮的，就拿加工车轮的事来说说吧。车轮的轴孔做大了，容易松动，如果做小了就会发涩，难以装配。只有宽紧合适，恰到好处，这才行。我做活时，得心应手，这里有技术的奥妙，但却说不清其中的道理，所以也无法把它传授给我的儿子，儿子也无法继承我的手艺。大王你看我现在已七十多岁了，我还得亲自动手做车轮。否则，我不做了，别人也就无法制作车轮了。古代圣人的那些精妙的东西是无法用语言传给后世的，所以那些东西随着他们的死亡而失传，

因而留下的都是废话。"

齐桓公被这番话弄得哭笑不得，但他认为轮扁受环境及知识的限制，说出这话也不足为奇，便原谅了他。

【释义】

原意是心里想的与手中做的能保持一致。现指技艺纯熟，心里怎么想，手里就能怎么做出来。也形容使用器具非常顺手。

【出处】

《庄子·天道》

滴水石穿

张乘崖被任命为大宋朝崇阳县县令，走马上任已经有一段时间了。可是最近他总是闷闷不乐的，因为崇阳县的盗窃之风盛行，这使他坐卧不安。

有一天，张乘崖亲自带领下属，在衙门周围巡逻。走到县衙的钱库附近，忽然看见一个管理县衙钱库的小官吏，从钱库里慌慌张张地走出来，迎面碰到了张乘崖一行，掉头就往另外一条路上走去。这引起了张乘崖的怀疑，他赶紧把库吏叫住，严厉地问道："喂，你这么慌慌张张干什么？"那库吏结结巴巴地说："没……没什么。"

张乘崖见此情景，联想到县衙钱库经常被盗，每次的数目都不大。他恍然大悟，会不会是库吏监守自盗呢？想到这，他命令手下随从对库吏进行了彻底的搜查,最后在库吏的头巾里搜出了一枚铜钱。

张乖崖希望以此为线索查出钱库被盗的真相,下令将库吏带回大堂认真审问。张乖崖坐在大堂之上,厉声问道:"你一共从钱库里偷了多少钱,如实招来。"

库吏已从刚才的惊慌中回过神来了,并明白了此问题的严重性。他直视着张乖崖,回答道:"我以前从来没有偷过钱,这是第一次。"

县令看他嘴硬,下令"打他二十大板"。库吏哪里受过这种苦,他被打得皮开肉绽、怨气冲天,高声叫道:"偷了一枚铜钱有什么了不起,你竟然敢严刑逼供。钱库失盗,大人无能,查不出真凶,您也只能打打我,出出气而已。难道大人还能杀了我不成?"

张乖崖看到库吏偷了钱,不仅不认错,反而理直气壮地顶撞自己,不配合自己查案,便气不打一处来,毫不犹豫地拿起笔,写下了判决书:

"一日一钱,千日千钱,绳锯木断,水滴石穿。"

库吏一听判决书,顿时瘫在了地上,再也没有刚才的神气劲儿了。

张乖崖吩咐衙役把库吏押上刑场,立即斩首示众。崇阳县所有的人都由此看出了新县令惩治窃贼的决心,不正之风从此得到了有效遏(è)制。

【释义】

意思是水滴不停地滴,滴久了就能把石头磨穿。现在用它来比喻只要坚持不懈,用细微的力量也能成就大事业。

【出处】

《鹤林玉露》

雕虫小技

公元前53年,扬雄出生于蜀郡成都一户贫苦人家,他自幼勤奋好学,博采众长,文采出众。

年轻时,扬雄思想还很不成熟,他追求时尚,崇拜名家,模仿著名的辞赋家司马相如写作的风格技巧,开始写赋。后来,他把自己写的《甘泉》等几篇赋献给汉成帝,博得了汉成帝的赏识,汉成帝授予他给事黄门郎的官职。

当扬雄进入宫廷后,他在思想上发生了巨大的变化。他最初热衷于写赋,是因为赋不仅词藻华丽,而且能直接递交圣上,他想通过赋把自己治国安邦的思想传递上去。然而,事与愿违,皇上对赋,只是欣赏其中歌功颂德和游山玩水的地方,对于其他的内容都无动于衷。这无疑给雄心大志的扬雄以很大的打击。

从此以后,扬雄放弃了赋的写作,开始专心致志地研究《易经》、《论语》等经典著作。这使他后来在学术研究上颇有成就,比如他的哲学著作《太玄》、《法言》都值得后人研究学习。

后来有人问扬雄,为什么不写赋而从事学术研究。扬雄回答:"我年轻时喜欢写赋,就像我年轻时喜欢雕刻古代的虫书篆字一样,而现在随着年龄的增长,我对这些微不足道的技能丝毫不感兴趣了。"

【释义】

比喻微不足道的技能。

【出处】

《隋书·李德林传》

东窗事发

秦桧(huì)是南宋时臭名昭著的奸臣。他老奸巨猾,心狠手辣,谁敢反对他,他就捏造罪名,轻则将其逮捕下狱,重则将其杀头处死,被他陷害的忠臣良将不知有多少。抗金英雄岳飞就是被他用"莫须有"的罪名害死的。

北宋时期,朝廷日益衰落。北方的金兀术趁机大举进攻中原,侵占了宋朝不少领地。在这危急的时刻,岳飞率领岳家军对金兵进行了顽强的抵抗。岳家军英勇善战,连连取胜,有一次差点活捉金兀术。可是秦桧却不同意抵抗金兵,而主张议和。他抓住宋高宗懦弱胆小、优柔寡断的弱点,竭力宣扬议和的好处。宋高宗终于同意议和了,可是许多大臣和将领都不同意,岳飞也多次上书,要求抵抗金兵。秦桧要想议和,就要把岳飞除掉。可是岳飞在百姓中威望很高,手中又有兵权,怎样才能把他除掉呢?

这天,秦桧坐在东窗下,正为无法除掉岳飞发愁。夫人王氏走进来问明原因后,对他说:"这有何难,你找几个罪名安在岳飞头上不就行了。"秦桧说:"罪名不难找,难找的是告发岳飞的人,这个人必须是岳飞的部下,这样才能使天下人信服。"王氏想了想,说:"我听说岳飞手下的都统制王贵,在一次战斗中胆小怕死,岳飞要将他斩首示众,后经众将求情岳飞才免他一死。他肯定怀恨在心,你何不让他告发呢?"秦桧听了不禁大喜,称赞道:"还是夫人高见。"

秦桧派人找到王贵，要他诬告岳飞"谋反"，可王贵不愿意。秦桧一伙就严刑拷打他，并以杀他全家相威胁，王贵只好屈从。秦桧终于找到罪名把岳飞杀了。

后来，秦桧也病死了。他死后七日，王氏请来道士超度他的亡灵。道士恨秦桧杀害忠良，就装模作样地做了一会儿法事，然后对王氏说，他看见秦桧正在地狱里受苦，阎王小鬼正在拷问他。道士还说："秦大人对我说：'麻烦你告诉我的夫人，东窗事发了。'"

【释义】

在东窗下密谋的事败露了。后多用来形容密谋败露。

【出处】

《钱塘遗事·二·东窗事发》

东床快婿

晋朝的郗（xī）鉴是太子的老师。他非常钟爱自己的女儿。很想为自己的女儿找一位称心如意的女婿。因王导家是世家大族且书香门第，郗鉴欲与其结秦晋之好，就写了封信让门客送给王导。

王导也很欣赏郗鉴的才学，就吩咐家里人把子侄都召集到东厢房里，让郗鉴家来的人自己挑选。

听说太傅家来挑女婿，王导的子侄们都整理好衣服、冠带，端端正正地坐在屋里。只有一个人没有把这件事放在心上。当时是大夏天，屋子里人多，他就敞着衣襟，袒胸露腹地躺在床上休息。挑女婿的人来了,他也没有醒。

郗鉴派来的人回去对郗鉴说:"王家的公子们都很懂礼貌,天气很热也都冠带整齐地坐在那里。只有一个年轻人袒胸露腹地躺在东面的床上,很不雅观。"没想到郗鉴却说:"这个青年正是我想找的人。"

于是他就亲自到王家去,要求见一见那个在床上睡觉的青年。

原来那个青年叫王羲之,他每天起得很早练字,那天就趁练不了字的机会睡了一觉。郗鉴了解到这些情况后,更加高兴,马上就定下了这门亲事。

郗鉴确实眼力不凡,王羲之后来成为著名的书法家,获得了"书圣"的雅称。

【释义】

也写成:"乘龙快婿"、"东床袒腹"。意思是称心如意的女婿。

【出处】

《世说新语·雅量》

最大的陵墓

有这样一座陵墓,70多万民工耗时39年才竣工完成;有这样一座陵墓,墓室内底部注满了象征江河湖海的水银,顶部镶嵌着象征日月星辰的夜明珠,墓里堆满奇珍异宝;有这样一座陵墓,陵墓内机关重重,遍布防盗的利箭弓弩;有这样一座陵墓,陵墓仿若都城,城垣内城周长3 840米,外城周长6 210米,相互套合,建筑宏伟;有这样一座陵墓,里面遍布兵马俑,被称为"世界第八奇迹"。它就是——秦始皇陵。

东山再起

东晋时著名宰相谢安,天资聪颖,从小就才学过人,而且写得一手好字。谢安虽很有才学,但无意于做官。起先,他在司徒府里做著作郎,没多久便以有病为由辞官回到会稽。后来,扬州刺史庾冰慕名来找他,请他到扬州做事,他也不愿去。庾冰几次派人来催逼,他不得已,只好赴任。但只过了一个多月,他就找个借口回来了。不久,吏部尚书范汪举荐他为吏部郎,他也坚决拒绝了。

谢安隐居在会稽的东山,与当时的名士王羲之、孙绰等人交往甚密。他们一起游山玩水,写诗作文,很是悠闲。他常坐在山中的石窟中,面对着峡谷大川,悠然叹道:"我这样的生活离古代的隐士伯夷又有多远呢?"

这时,谢安的弟弟谢万当了西中郎将,很受朝廷重用。但他的名气还是没有谢安大,人们都认为谢安是治国平天下、辅佐君王的大才。谢安的妻子见谢万当了官后,家门富贵,而谢安却安于平淡的生活,就对他说:"大丈夫不求功名,不求富贵,还求什么呢?"谢安仍不为所动。

不久,谢万被罢官了,谢安为了挽回谢家日趋衰微的地位和名声,萌发仕进之意。那时,他已四十多岁了。恰好征西大将军桓温请他出任司马一职,他就接受了。

在他要上任的那天,许多朝廷命官都来为他送行。有个叫高崧(sōng)的官员和他开玩笑说:"你过去多次违背朝廷旨意,不肯出来做官,高卧东山,悠闲得很。今天你到底出山了。"谢安听了,感到很羞愧。

谢安官至宰相,在著名的淝水之战中,他指挥有方,以少胜多,打了胜仗。

【释义】

原指谢安辞官后在东山隐居,以后又出来做了大官。后指再度任职,也比喻失势之后又重新得势。

【出处】

《晋书·谢安传》

东施效颦(pín)

传说春秋末越国苎罗有个绝色的美女名叫西施。也许是青山绿水的灵气孕育了她,西施出落得如花似玉:不高不矮的个头,不胖不瘦的身材;肤如凝脂,貌比桃花。尤其是那双黑珍珠般的眼睛,顾盼生辉,仿佛会说话一样。西施不仅人长得美,而且勤劳善良,识大体,顾大局。据说,当年越国被吴国打败后,越王勾践被抓到吴王宫里给吴王当差。为了复兴自己的国家,西施自愿来到吴王身边,以自己的美貌迷惑吴王,使他每天沉湎于饮酒作乐之中,不再过问国家大事。后来越国终于打败了吴国,报仇雪恨。

在西施还没到吴王宫里之前,家乡的父老乡亲们就很喜欢她。每当她在街上走时,人们都要放下手里正在干着的活儿欣赏她:锄地的拄着锄头站着;挑担的扶着扁担站着;姑娘、媳妇手捏着缝针忘了往衣料里扎,羡慕地望着她;老奶奶、老爷爷看见她都要啧啧

称赞一声:"真美啊!"西施有心口疼的毛病,每次犯病,她都用手按住胸口,紧皱着眉头,慢慢往家走。人们见了,都说西施皱眉的样子也很好看。

离西施家不远,有个长得很丑的姑娘名叫东施。这东施长得又矮又胖,皮肤又黑又粗,暴牙凸眼塌鼻梁。可她却一天到晚涂脂抹粉、扭扭捏捏,人又懒,嘴又馋,乡亲们都很讨厌她。东施见大家总夸西施长得美,很羡慕,就想学西施的样子。看见西施捂着胸口皱着眉头从街上走过,她也做出眉头紧皱的病态表情(东施效颦),以为这样就美了。谁知,大家看到她那矫揉造作的模样,更加讨厌她了。

【释义】

比喻不知道人家的好处何在,胡乱模仿,结果适得其反。现泛指仿效者的愚蠢可笑。

【出处】

《庄子·天运》

徽墨

徽墨是我国墨中之魁,产自由古徽州府及其所辖歙县、黟县、祁门县、休宁县、绩溪县、婺源县等"一府六县"所组成的"古徽州"。徽墨色泽分焦、重、浓、淡、清五个层次,且入纸不晕、舔笔不胶、经久不褪、馨香防蛀,素有"香彻肌骨,渣不留砚"的美称。

阿谀奉承

东汉初年,有一位隐士名叫严光,他为人正直、仁慈。

严光是大司徒侯霸的老朋友。有一次,侯霸派人带着他的亲笔书信去请严光到家里做客。不料,严光不但不去,而且也不写回信,只是口头告诉来人说:"请转告君房先生(侯霸字君房),他的官位已经够高了,这很好。他侍奉皇上,如果以仁义为本,那是天下人所高兴看到的事;如果他对皇上一味阿谀奉承,将来必定会有杀身之祸。"

送信人回去将严光的话转告给大司徒侯霸。侯霸听了,感叹不已。

【释义】

用好听的恭维话向人讨好。

【出处】

《醉醒石》

恶贯满盈

商的最后一个君主纣王,荒淫残暴,拼命搜刮民脂民膏,不体察民情,是一个十足的暴君。

纣王终日寻欢作乐,饮酒听歌,对于忠臣贤士的规劝不屑一

顾,反而对劝谏的大臣施以重罚,甚至残忍杀戮。传说黄飞虎为打倒荒淫无度的暴君,拯救人民于水火,首举义旗讨伐纣王。

纣王听信奸佞,宠爱美女妲(dá)己,妲己以美色迷惑纣王,她诬陷姬昌的大儿子伯邑考谋反,纣王偏信妲己,派人将伯邑考处死,还令人将死尸剁成肉泥,做成包子。纣王把姬昌召来,逼迫他当面"品尝"用他亲生儿子的肉做的肉包子。姬昌无奈,他不吃包子便会遭到不测,背上叛逆之名而被杀。于是,他不得不忍痛吃了几个肉包子。

纣王的荒淫残忍,终于激起了广大人民和诸侯们的极大不满。后来,姬昌的儿子姬发继承周王位,便联合诸侯起兵讨伐纣王。

姬发在领兵讨伐纣王之前,对全军将士发表了一个声明,他在声明中列举了商纣王的种种罪行,说商纣王做的坏事就像串钱一样,穿满了一根绳子。商纣王罪大恶极,理应受到惩罚,因此,天下所有人都可以起来反对他。最后,他号召大家齐心协力,为民除害,推翻商纣王的残暴统治。

由于讨伐纣军得到了广大人民的支持,周王的军队很快便打到商都,纣王见大势已去,自焚而死,商朝就此灭亡。

【释义】

原指罪恶极多,就像串钱一样,已经穿满了一根绳子。形容作恶极多,已到末日。

【出处】

《尚书·泰誓上》

尔虞我诈

春秋时期,楚国自恃强大,派兵攻打弱小的宋国。很快,楚国的军队就包围了宋国的都城,宋国国君见形势危急,就派人到晋国去求援。晋国的国君暂时不想发兵,说要等一段时间,但又恐宋国人失望,就派使臣解扬到宋国去,告诉宋国不要投降,晋国的军队很快就会去救他们了。

谁知,解扬路过郑国时被抓了起来。郑人又把他献给了楚国。楚王给了他许多钱,要他对宋国人讲相反的话,解扬不答应。楚王再三逼迫,解扬就假装同意了。

于是,楚王令人把解扬带到宋国都城前,要他向宋人喊话。解扬趁机把晋君的命令传达给了宋国。

楚王见解扬欺骗了自己,大怒,下令把解扬杀了。在刑场上,楚王的使者宣布了解扬的罪状:"你既已答应了楚王,之后又反悔,是你不讲信用,快接受你应受的刑罚吧!"

解扬毫无惧色,从容不迫地答道:"我接受了我们国君的命令,如果不执行才是不讲信用。我答应楚王,是为了完成我的使命,即使死了我也无悔。"楚王很钦佩解扬的忠贞不屈,就把他放了。

宋国坚决不降,楚国久攻不下,粮草也快用完了。楚王准备撤退,大臣申叔时献计说:"听说宋国人已用人骨当柴烧,把死掉的孩子当饭吃了。我们只要让士兵盖房子,种粮食,装成要长期住在这里的样子,宋军的军心就会涣散,还怕他们不投降吗?"楚王觉得很有道理,就采纳了他的意见。

这天夜里，宋军将领华元悄悄潜入楚营，摸到楚将子反的床前，把他叫起来，说："我们现在已经到了吃人肉、烧人骨的境地。但是，我们宁可让国家灭亡，也不投降。如果你们退兵三十里，我们可以讲和。"子反在华元的威逼下，只好答应退兵。子反将此事报告楚王，楚王也同意了。第二天，楚军后退三十里。华元又到楚营和楚国签了盟约，盟约上写道："我无尔诈，尔无我虞。"

【释义】

意为彼此互相欺骗，互不信任。

【注释】

尔：你。虞、诈：欺骗。

【出处】

《左传·宣公十五年》

二桃杀三士

春秋时期，齐景公手下有三个勇士：公孙接、田开疆、古冶子。他们都能赤手空拳和老虎搏斗，异常勇猛。

这三人自恃勇猛，又深受齐景公赏识，便骄横跋扈，就连齐相晏婴都不放在眼里。对此，晏婴很是不满，便向齐景公进言："圣王贤主蓄养的儒士，对君王恭敬，对臣下礼让，内可防暴，外可拒敌，是国家的栋梁，百姓的靠山。他们居功不傲，凡事谨慎，绝不会飞扬跋扈，以强凌弱。可是，现在您蓄养的勇士，上不讲君臣之礼，下无长幼伦常,君命不从,朋谏不听,扰乱朝纲,蛊惑民心,实为大患,宜早铲除。"齐景公说:"此事我早有思量,但此三人力大无比,苦无办法啊。若一刺不中,反激起兽性,恐引发大乱。"晏婴说:"力斗不如巧斗,抓到他们的弱点,事情就好办。这三个勇士不讲伦常,可以从这里找突破口。"于是他向齐景公建议:赏赐给三人两只桃子,让他们分吃。

　　齐景公命人把桃子送到三勇士住处后,公孙接便拿过一个桃子,说:"我打败过野猪又打败过老虎。像我这样的功劳,可以独自吃一个桃子而不用和别人共吃一个了。"接着田开疆也拿过一个桃子,说:"我手拿兵器,接连两次击退敌军。像我这样的功劳,也可以独自吃一个桃子了。"这时,古冶子说:"我曾助国君横渡黄河,杀死挡驾的大鳖。像我这样的功劳,也能独自吃一个桃子!你们两个快把桃子拿出来吧!"说罢,便抽出宝剑,欲作拼杀。公孙接、田开疆叹了一口气,说:"我们的勇敢不如您,功劳也不及您,拿桃子也不谦让,这就是贪婪啊。如此活着,还有什么勇敢可言!"于是,他们二人都交出了桃子,刎颈自杀了。古冶子看到这一情形,说:"你们两个都死了,唯独我自己活着,这是不仁;羞辱别人,吹捧自己,这是不义;悔恨自己的言行,却又不敢去死,这是不勇。不仁不义不勇让我一人都占全了,还活在世上怎能说得过去呢?"古冶子感到异常羞愧,放下桃子,也刎颈自杀了。事后,齐景公厚葬了他们三人。

【释义】

　　原意指用两个桃子就杀死了三个勇士。后来用以比喻施展阴谋手段、借刀杀人。

【出处】

《晏子春秋·谏下》

反客为主

三国时，为了收复汉中失地，刘备、诸葛亮派老将黄忠带三千人马去攻打定军山，由于定军山地势险要，易守难攻，诸葛亮又让谋士法正随同出谋划策，并让赵云随时准备增援。

魏国守将夏侯渊最初采取的是坚守不战的方法，使蜀军没有作战机会。后来，夏侯渊听说曹操率四十万大军前来增援，马上改变了策略，命夏侯尚领一小部分兵力去挑战，自己领大队人马埋伏在山路两侧。

由于布置严密，这一次夏侯渊大获全胜，消灭了一千蜀兵，而且生擒了蜀将陈式。

面对这种局面，谋士法正说："夏侯渊为人比较轻率并且脾气暴躁，勇猛而缺少智谋。我们要鼓舞士气逐渐缩小包围圈，稳扎稳打，步步为营，只有这样才能迫使夏侯渊出战，然后再找机会擒住他，这才是变被动为主动的做法。"

黄忠按照法正的策略，先是犒赏三军，然后步步为营，逐渐接近魏军地盘，并夜袭定军山对面的一座高山，以便观察定军山的军情，激怒夏侯渊。

夏侯渊闻讯果然大怒，不顾谋士的劝告，贸然出击，结果被老将黄忠砍为两段，主将一死，魏军失去了抵御能力，

黄忠乘胜追击,拿下了定军山。

反客为主是一种变被动为主动的战术,用作成语,意思略有变化。

【释义】

原意是客人反过来成为主人,常比喻因形势或身份地位的变化,变被动为主动。

【出处】

《三国演义》第七十一回

防民之口,甚于防川

周厉王是西周时的一个暴君。他独断专横、残忍凶狠,谁稍不如他的意,不是遭受酷刑,落得终身残疾,就是被流放到穷乡僻壤,弄得妻离子散。老百姓对他恨透了,大家碰到一起就讲他的暴行,不满的情绪日益高涨。

有一个大臣叫召公,见人民对周厉王越来越不满,很忧虑,担心这样下去终将酿成大乱,就劝周厉王说:"大王,你这样做实在太过分了,老百姓快受不了了,到处都在议论你。"

周厉王一听,拍着桌子吼道:"谁敢议论我,立即处死。"

为了防止老百姓说自己的坏话,周厉王从卫国找来了一个巫师,让他每天在街上转悠,听到谁说自己的坏话就让巫师立即来报告。不知有多少人因为说了对周厉王不满的话而被送上了断头台。这样一来,老百姓都不敢议论国君了,甚至连在一起讲话也不敢

了,怕被误认为在议论朝政而做了冤死鬼。两个熟人在街上偶尔遇见,也只能互相递个眼色,擦肩而过,谁也不敢张口。从此,再也没有怨恨之声传到周厉王耳朵里了。他高兴极了,觉得自己的办法真灵,得意扬扬地对召公说:"你看,现在没人敢说我坏话了吧?"

召公叹了口气,说:"你这是用强制的办法禁止百姓讲话啊!防民之口,甚于防川。治理河流的办法是疏导,治理国家的办法是让老百姓说话。所以古代圣贤的君主为政,总要让公卿甚至士大夫发表自己的意见,还要广开言路,让天下百姓都有议论政治得失的机会。老百姓嘴里讲的都是心里所想的话,怎么可以不让他们说出来呢?"可是周厉王根本不听召公的劝导,更加变本加厉地压榨百姓。公元前841年,百姓发难,他逃奔到彘(今山西霍州),十四年后死于此。

【释义】

原指不让老百姓说话,造成的灾祸比河水泛滥还可怕。现用来比喻压制言论造成的危害。

【出处】

《国语·周语上》

放虎归山

三国时期,群雄逐鹿,经过赤壁大战,曹操大败而回,刘备的实力得到空前增强,但还不够雄厚。刘备和孙权都把眼睛盯住四川,因为那里地理位置优越,资源丰富,足可以成就一番大业。但是,曹操早就想统一中原,便牵制住了孙权的力量。刘备、孙权一时都无法对四川下手。211年,曹操进攻汉中,张鲁降曹,益州刘璋形势危急。这时,刘璋集团内部争权夺利,分崩离析。刘璋深怕曹操进攻四川,心想,不如请刘备来帮助自己,共同抵御曹操,于是就派法正去迎接刘备。但他手下的谋士刘巴规劝他:"刘备是个英雄,如果让他入蜀必然会危害到您的利益。因此,您不能让他入蜀。"刘璋不听他的劝告,仍派法正前往。刘备得讯,喜不自胜,正中下怀,这不正是他进军四川的大好时机吗?他派关羽留守荆州,亲自率步卒万人进入益州。这时,刘巴又劝刘璋说:"如果您让刘备去讨伐张鲁,那无异于放虎归山。"但刘璋仍然没有听从他的规劝,推举刘备为大司马,领司隶校尉,刘备也推举刘璋为镇西大将军,领益州牧,刘璋自以为与刘备相安无事,可以高枕无忧了。

一日,刘备接到荆州来信,说曹操兴兵攻打孙权。刘备请刘璋派一万精兵及军粮前去助战。刘璋怕削弱了自己的力量,只同意派四千老兵出川。刘备正想找个出兵的接口,就乘机大骂刘璋:"我为你抵御曹操,你却吝惜钱财,我怎能和你这种人成就大业。"于是向刘璋宣战,乘胜直取成都,完成了占领四川的计划。至此,刘备扩充了实力,占据了四川,为蜀国的基业打下了基础。

【释义】

放走敌人,后患无穷,就像把老虎放归山林一样危险。

【出处】

《零陵先贤传》

飞扬跋扈

侯景原是北魏时定州刺史,后高欢篡权,他又依附高欢做了大丞相府长史兼定州刺史,侯景为人极其残暴,又依仗手下有十万精兵,在河南十三州横行了十四年。

高欢死后,高澄执政,要剥夺侯景的兵权,侯景便率兵归降南朝梁武帝萧衍。萧衍任命他为河南王。但不久侯景发动叛乱,攻陷了梁都建康,后废梁帝自立,改国号为汉。每逢出兵作战,侯景总命令领兵的将领攻破城池后,把城里的无辜百姓杀光,让天下人都知道他的厉害。他又禁止两人以上交谈,如有人违犯,株连九族。他命人制造了一个大舂(chōng)碓,把对他不满的人都投入碓内捣死。但是梁朝的老百姓支持梁武帝萧衍的第七个儿子——湘东王萧绎。不久湘东王击败了侯景,侯景在逃跑途中被杀,结束了他飞扬跋扈的一生。

【释义】

原指举动超越常规不受约束。后形容骄傲放肆,不受法度制约。

【注释】

飞扬:放纵。跋扈:蛮横,肆意妄为。

【出处】

《北史·齐纪上·高祖神武帝》

废寝忘食

孔子为了宣传他的儒家学说和治国方略，在年老时开始周游列国，四处游说。有一年，孔子来到了楚国的叶县。

叶邑大夫沈诸梁热情地接待了孔子。在此之前，沈诸梁只是仰慕孔子的大名，并不了解孔子的为人。于是他便向孔子的学生子路打听孔子的情况。

子路跟随孔子学习多年，是孔子的学生中比较有名的一个。但是当沈诸梁向他问及孔子时，他竟不知从何说起，便沉默不语。

后来，孔子知道了这件事，就对子路说："你应该这样告诉他：'孔老夫子嘛，努力学习，专心读书而不厌倦，甚至连吃饭睡觉都忘了；他传道授业津津乐道，从不为受贫受苦而担忧；他自强不息，甚至忘记了自己的年纪。'"

孔子的这番话，不仅概括了他自己的学习情况和生活面貌，还让我们深刻地体会了他孜孜不倦的学习态度和自强不息的人生态度，令后人景仰。

【释义】

原意指不去睡觉，忘记了吃饭。后世多用来比喻对某一件事情专心致志，以致连睡觉、吃饭都顾不上了。形容工作和学习专心、努力。

【出处】

《曲水诗序》

分道扬镳 (biāo)

元志是南北朝时期北魏的大臣,他聪明过人,才华横溢,但是清高孤傲。

元志恃才傲物,他看不起某些才疏学浅的达官贵人,常常对其出言不逊,但又合情合理。有一次,元志外出游玩,正巧御史中尉李彪的马车迎面而来。元志的官职比李彪的官职小,按理应该给李彪让路,但是他一向看不起李彪,偏偏不给他让路。李彪见他这样妄自尊大,便怒火中烧,当众责问元志:"我乃堂堂的御史中尉,官职比你大很多,你为什么不给我让路?"

元志不但不认错,反而振振有词:"我是这儿的地方官,你在我眼中,只不过是洛阳的一个住户而已,哪有地方官给住户让路的道理。"

他们两个互不相让,争吵不休,最后找魏孝文帝评理。

魏孝文帝听了他们的话,觉得两人都有道理,也不好作评判,便笑着说:"洛阳是我的京城,你们说的也都有道理。我看不如这样吧,你们俩分开走,各走各的,在自己的道上扬鞭催马不就行了吗?"

【释义】

原意指把道路按直行线一分为二,各走属于自己的路,分路前进。后来用以比喻各人志趣、目标不同,互不相干。

【出处】

《魏书·河间公齐传》

风声鹤唳(lì),草木皆兵

东晋时期,北方的大部分地区都被前秦王朝统治。前秦的国王符坚野心很大,企图统治整个中国。383年,他亲自率领几十万大军,浩浩荡荡大举南下。

一开始,符坚的部队进展很顺利。由大将符融率领的先头部队很快攻克了寿春(今安徽省寿县),由另一大将梁成率领的五万秦兵在洛涧摆下了阵势,准备阻挡晋军的反击。

形势对东晋很不利,但以宰相谢安为首的主战派临危不惧,决定运用计谋,战胜比自己人数多几倍的敌人。谢安先让人到处散布晋军兵少、粮草将尽的消息,符融果然上当了。他派人告诉符坚说:"敌人兵少又不善战,很容易取胜,我只是怕他们要逃跑,所以我们应快速进军,一举抓住他们的统帅,那样的话,晋军就会不攻自溃了。"符坚一听大喜,立即把大部队留在项城,自己只带了八千精兵,日夜兼程,赶到寿春。

与此同时,晋军的龙骧(xiāng)将军刘牢之率领五千英勇善战的士兵,趁着夜幕掩护,突袭驻守在洛涧的秦军。根本没把晋军放在眼里的秦军,做梦也没想到晋军会从天而降,他们立刻慌作一团,许多人还在睡梦之中就做了刀下鬼。这一仗秦军损失一万五千多人,大将梁

成也被杀死。

晋军旗开得胜，立刻乘胜向寿春进军。苻坚在寿春听说秦军在洛涧失利的消息，大吃一惊，急忙和苻融登上城楼，观察晋军情形。只见晋军布阵整齐，壁垒森严，不禁大吃一惊，又望见远处八公山上草木摇动，好像也藏了不少兵。苻坚恼怒地对苻融说："满山遍野都是晋军强兵，怎么说他们兵少呢？"

不过，前秦虽然打了败仗，兵力仍比东晋强大得多。苻坚想以自己兵多胁迫东晋军队投降，就派了尚书朱序到晋军中传达自己的意思。

这个朱序原是东晋的官吏，后来被俘投降，当了前秦的官。朱序见到了晋军统帅谢石，悄悄地对他说："如果秦国百万大军一齐到来，那你们肯定是抵挡不了的。幸好现在他们尚未赶到，将军应该当机立断，速战速决，击溃他们的先头部队，挫掉他们的锐气，秦军自然就会溃退的。"谢石采纳了他的意见。

这时，前秦的部队在淝水对岸，沿河列开阵势。东晋的部队在淝水的另一边，两军隔水相望。晋军无法渡河进攻，谢石就要了一个花招，派人去对苻融说："将军孤军深入，沿河布阵，这是长期防御战的打法，难道您不想抓紧时机速战速决吗？如果您让部队稍微后退那么几里，让我军渡过河去和贵军拼杀肉搏，我和您骑在马上观战，不是更有意思吗？请将军考虑我的建议。"

苻坚一听，正中下怀。他想趁晋军渡河立足未稳时，一举把他们消灭掉，就同意后撤。可是，他没想到，秦军刚在洛涧吃了败仗，军心不稳，他刚下达了后撤的命令，士兵们就争先恐后奔逃，队伍大乱。苻融骑着马前后奔跑，拼命制止也没用，反而被乱兵冲倒了马，混乱之中被人杀死。秦军没了主帅，立刻溃不成军。晋军乘胜追击，一路上，到处是秦军士兵的尸体。失魂落魄的秦兵，听到风声和鹤鸣声(风声鹤唳),都以为是晋军的追兵来了。

这一仗,就是历史上有名的淝水之战,东晋军队出人意料地以少胜多,打了大胜仗。

【释义】

形容人在非常恐慌的时候,稍有一点风吹草动,就十分紧张、害怕。

【注释】

唳:鹤鸣。

【出处】

《晋书·谢玄传》

风吹草动

春秋时期,楚平王杀害了伍奢及其长子伍尚之后,又下令追捕他的二儿子伍员(即伍子胥)。伍员得到消息之后,乔装打扮,准备逃到吴国去。他来到一条大河边,为了防备追兵,他在白天不敢行走,也不敢进村庄找吃的。他在芦苇丛中藏了起来,但是心中却十分紧张,一看到被风吹动的芦苇,就担心是追兵来了。伍员看见一只渔船从远处划了过来,连忙请渔翁渡自己过河。渔翁了解了伍员的身世之后十分同情他,不仅帮他过河,还拿来饭菜让他充饥。后人为此写了一篇文章,形容伍员逃亡的情形是"风吹草动,即便藏形"。

【释义】

比喻一点点轻微的动静或变故。

【出处】

《敦煌变文集·伍子胥变文》

奉公守法

赵奢是春秋战国时期赵国著名的军事家。他英勇善战,屡建奇功。赵惠文王对他十分敬重,封他为马服君,官拜上卿。

赵奢出身卑微,原本只是个普通的收取田税的官吏。他收税时不畏强权,一视同仁,敢于同有权有势的闹事者作斗争。

有一回,赵奢来到惠文王之弟平原君赵胜的家中收取田税。赵胜的管家仗势欺人,愚弄赵奢,拒绝按章缴税。赵奢并未因此退缩,他毫不客气地依照赵国法令杀了那些无事生非的闹事者。赵胜听说后,十分恼怒,认为这是赵奢对他权威的触犯,扬言要赵奢偿命。

赵奢并未因此而躲藏,而是主动去找赵胜,诚恳地对他说:"您是赵国的栋梁,是朝廷重臣。照理说,您更应该遵守国家法令法规,给天下百姓做好榜样。您的管家依仗您的权势,公然违反国家法令,这是对您声望的破坏。如果天下的百姓都拒不付税,那么天下还会安定,国家还会富足吗?如果您能够以公事为重,严格遵守法律,那么百姓就会向您学习,主动交税,国家也可长治久安了。"

赵胜听了这番入情入理的话,自感惭愧。他抛弃前嫌,将赵奢举荐给赵惠文王。赵王封赵奢做了掌管整个赵国税收的官。赵奢上任后,一如既往,秉公办事,深得百姓信赖。后来,赵奢又被任命为大将,建立了显赫战功。

【释义】

原意指奉行公章,遵照政规法令行事。后来用以形容官吏办事公正无私。

【出处】

《史记·廉颇蔺相如列传》

负荆请罪

战国时,赵国有一文一武两个得力的大臣。武将叫廉颇,他多次领兵战胜齐、魏等国,以英勇善战闻名于诸侯。文臣叫蔺(lìn)相如,他曾两次出使强大的秦国,面对骄横的秦王,他临危不惧,有勇有谋,顺利地完成了使命,维护了国家的尊严。因此,赵王封他为上卿,官位在廉颇之上。

廉颇见蔺相如本来是一个默默无闻的家臣,一下子官位比自己还高,很不服气。他到处对人说:"我攻城略地,立了不少大功,而蔺相如只不过是动动口舌,地位就在我之上。何况他本是个下等人,官职在他的下面让我感到羞耻。如果我遇到他,一定要当面羞辱他。"

蔺相如听说后,从此出门格外小心,听说廉颇来了,就远远地避开。每逢上朝时,他也常常托病不去,避免与廉颇见面。他的手下人见了,很不痛快,对他说:"我们之所以离开父母兄弟跟着您,是

仰慕你的勇气。现在您的职位比廉颇高,可廉颇羞辱您,您却躲着他,如此胆小怕事。老百姓尚且有羞耻之心,何况您是一个大臣呢。我们忍不下这口气,请让我们离开您吧!"

蔺相如坚决不让他们离去,问道:"你们看廉将军和秦王哪个厉害?"他的部下说:"当然是秦王了。"蔺相如笑道:"秦王是一个强国的国君,我都敢当面叱责他,难道会怕廉将军吗?我只是觉得,强大的秦国之所以不敢侵犯赵国,是因为有我和廉将军两人在。如果我和他两虎相斗,必然是要伤害其中一个,这样对国家不利。我之所以让他,是为国家着想。个人恩怨是小事,不该计较。"

这话传到了廉颇耳朵里,他感到很羞愧,便光着上身,背着荆条,到蔺相如的家里请罪。从此,两人结为生死之交,共同为赵国出力。

【释义】

原意是背着荆条向对方请罪。现比喻完全承认错误,诚心请求对方责罚。

【出处】

《史记·廉颇蔺相如列传》

最古老的文字

19世纪末,河南安阳小屯村的村民在农耕时,发现许多龟甲和兽骨。他们认为这些骨头是一种药材,并称其为"龙骨"。后来,金石学家王懿荣偶然发现这些骨头上刻有文字。于是,他对甲骨进行收集。经过反复研究和确认,王懿荣断定刻在甲骨上的符号是商代通行的文字。从此,这些破烂骨头摇身一变成了珍贵的古代文化研究资料。而刻在甲骨上的这些奇形怪状的文字就成了中国最古老的文字——甲骨文。

覆水难收

姜太公名尚,他足智多谋,辅佐周文王、武王,并帮助武王灭掉商朝建立大周,立下卓越功勋。

姜太公曾在商朝当过官,因为不满纣王的残暴统治,弃官而走,隐居在陕西渭水河边一个比较偏僻的地方。为了得到周族的领袖姬昌(即周文王)的重用,他经常在小河边用不挂鱼饵的直钩,装模作样地钓鱼。

姜太公整天钓鱼,家里的生计发生了问题,他的妻子马氏嫌他穷,没有出息,不愿再和他共同生活,要离去。姜太公一再劝说她别这样做,并说有朝一日他定会得到富贵。但马氏认为他在说空话骗自己,无论如何不相信,姜太公无可奈何,只好让她离去。

后来,姜太公终于取得周文王的信任和重用,又帮助周武王联合各诸侯攻灭商朝,建立西周王朝,马氏见他又富贵又有地位,懊悔当初离开了他,便找到姜太公请求与他恢复夫妻关系。姜太公已看透了马氏的为人,不想和她恢复夫妻关系,便把一壶水倒在地上,叫马氏把水收起来。

马氏赶紧趴到地上去取水,但只能收到一些泥浆。于是姜太公冷冷地对她说:"你已离我而去,就不能再合到一起。这好比倒在地上的水,难以再收回来了(若言离更合,覆水定难收)。"

【释义】

指泼出去的水,无法收回。表示事已成定局,不可挽回。

【出处】

《野容丛书·心坚石穿覆水难收》

赴汤蹈火

东汉末年,皇室衰微,军阀割据,社会动荡不安。担任荆州刺史的皇族刘表,对当时的军阀混战采取观望的态度。

公元199年,袁绍与曹操在官渡争战。袁绍派人请求刘表支援。刘表口头答应,实际上按兵不动,对曹操也采取同样的态度。

从事中郎韩嵩认为刘表采取这种态度不妥,对他说:"曹、袁两公相持不下,将军的行动举足轻重,应慎重选择一方。若是继续犹豫,后果必然得罪两方。"

韩嵩向刘表分析了天下的形势,认为胜利必在曹操一方,建议刘表归附曹操,才是万全之策,其他将领也赞同韩嵩的建议。刘表还是犹豫不决,他考虑再三,对韩嵩说:"目前,曹公已经迎天子到了许都,请先生到那里为我去观察一下实情如何?"韩嵩严肃地说:"我是您的部下,自然应该听从将军的命令,就是要我赴汤蹈火,也会奋不顾身,死也不推辞。不过要请将军郑重考虑,如果此番能作出上顺天子、下归曹公的决策,那么我去京都是正确的;如果将军主意还未定下来,就派我进京,若天子封了我的官,我就成了天子之臣,不能再为将军效力了。望将军到时不要使我为难。"刘表对此没有明确地表态,就让韩嵩去京都了。果然不出韩嵩所料,他到京都见到受曹操控制的汉献帝后,马上被任命为零陵太守。韩嵩赴任前,去向刘表辞别。刘表知道韩嵩已接受汉献帝的任命一事后,勃然大怒,认为这是对自己的背叛,当场要将韩嵩处死。文武官员都非常震惊,纷纷为韩嵩求情。韩嵩却神色自若地对刘表说,他进许都前有言在先,因此刘表现在这样处置他,是刘表负了他,而不是他负了刘表。接着,他把先前对刘表说的话重说了一遍。刘表只好不杀韩嵩,而将他囚禁起来。

【释义】

原指敢于面对沸水和大火。现指为了忠于他人,甘愿不避艰险,奋勇向前。

【出处】

《三国志·魏书·刘表传》

高山流水

古时候,有一对好朋友,一个叫伯牙,一个叫钟子期。伯牙弹得一手好琴,他能把心里所想的用琴声完美地表达出来。钟子期是个樵夫,但却是个懂音乐的行家,无论伯牙用琴声表达什么内容,他都能听出来。

有一次,伯牙和钟子期在一起弹琴娱乐。伯牙手抚琴弦,轻轻拨动,先弹了一首抒情的曲子,接着又弹了一首欢快的曲子。弹着弹着,伯牙一抬头,看见了南窗外远处的一座高山,不禁想起了曾经和钟子期登山的情景,心里一走神,指尖弹出的乐曲突然变得雄壮高峻。钟子期微闭着双眼,正沉浸在欢快的音乐声中,忽然听得琴声变得高昂激越,不由得睁开双眼,高声喝彩道:"好啊,高峻得

像泰山一样！"

伯牙见钟子期立刻听出了自己琴声表达的意思，会心一笑，故意又变了个调子，转眼间琴声变得宏大壮阔，好像江水一泻千里。钟子期又喝彩道："好啊，浩荡得像江河奔流一样！"

伯牙又接连变了几个曲调，钟子期都能准确地判断出来。

后来，两人又携琴同游泰山，他们走到泰山的北面时，突然遇到了暴雨。两人赶紧躲到岩石下面避雨。狂风裹挟着雨点儿抽打着山石、劲松，泰山的一切都隐没在雨幕中，耳边只听见暴雨的喧嚣声。伯牙被这大自然的伟力所震撼，情不自禁地拿出琴，弹了起来。他先弹了一首反映大雨倾盆的曲子，接着，又演奏了山崩的音乐。他刚弹完，钟子期就开玩笑说："我们的处境很危险啊！不仅面对狂风暴雨，还有山崩地裂呢！"

伯牙放下琴，赞叹道："好啊，好啊！您听音的功夫实在太高明了，您听出的正是我心里所想的、琴上所表达的意思，我的琴声怎能逃过您的耳朵，您真是我的知音啊！"

成语"高山流水"就是从伯牙和钟子期的故事而来的。

【释义】

比喻遇到知音或知己。也比喻乐曲高雅精妙。

【出处】

《列子·汤问》

改过自新

汉朝初年,临淄(zī)有个名叫淳于意的人,他从小就喜欢钻研医术,曾向名医公乘阳庆学习。公乘阳庆那时已七十多岁,他没有儿子,就把自己珍藏多年的秘方和黄帝、扁鹊的脉书都传给了淳于意。淳于意经过名师指点,医术越来越高明。三年后,他为人治病,几乎每次都药到病除,许多人都慕名前来求医。但淳于意却不尽心尽力地为穷人治病,他喜欢在达官贵人中间周旋,常常不在家,病人很难找到他,有时找到他,他也不愿为穷人治病,所以许多病人都对他有意见。

后来,淳于意被人告了。他被官府抓了起来,押解到长安。他的五个女儿见父亲被抓,就跟在后面号啕大哭。淳于意又急又恼,骂道:"我只有女儿,没有儿子,现在遇到急事,也没有人能救我。"

淳于意的小女儿缇萦(tí yíng)听到父亲的话非常伤心,决心去救父亲。她一直跟着父亲来到长安,写了封奏书让人转交给汉文帝,书中说:"我的父亲做官的时候,当地人都称赞他为人正直、公正廉洁。现在他犯了法要受刑,我痛苦地想到,一个人死了再也不能复活,因受刑而伤残的身体也再不可能复原,即使想要改过自新,也无济于事了。为了使父亲有改过自新的机会,我宁愿进官府当奴婢,替父亲赎罪。"

汉文帝看了缇萦的上书,被她的一片孝心所感动,就下令赦免了淳于意。

【释义】

改正错误，重新做人。

【注释】

自新：使自己重新做人。

【出处】

《史记·吴王濞(bì)列传》

肝脑涂地

刘邦建立汉朝后，欲定都于洛阳。

高祖刘邦正在紧锣密鼓地筹划建都洛阳之时，一位叫娄敬的人求见刘邦。

一见面，娄敬就开门见山，直截了当地问刘邦："陛下，您想在洛阳建立国都，是不是想和周王朝一比高下呢？"

刘邦点了点头，说："我正有此想法。怎么，我不能和周王朝相比吗？"

"我不是这个意思，"娄敬恭敬地答道，"但是，汉朝与周朝可是两朝。周朝以德行治理天下，而您是从马上得天下。您自从起兵以来，经历大小战斗百余场。如此长期而又频繁的战争，使

得大批百姓死于战事而肝脑涂地,他们的尸骨暴露在荒山野外,国内哭声未断,受伤的人也没有复原,您要在洛阳建都,恐怕百姓不堪重负。"

"我认为,还是应当把国都建立在秦地长安为好。那里依山傍水,地势险要,易守难攻,可是一块战略宝地呀! 将都城建在长安,都城可真是固若金汤啊! 陛下您也可以高枕无忧了。"刘邦听了这番话,觉得很有道理,脸上也露出了喜色。于是他便采纳了娄敬的建议,把国都建在了长安。

【释义】

原意指肝胆脑浆涂抹在地上,形容死得很惨。后来用以表示竭尽忠诚、甘愿牺牲。

【出处】

《史记·刘敬叔孙通列传》

修女

修女是天主教、东正教中离家入修会的女教徒,她们主要从事祈祷和传教工作。在中国,修女有时也被称作"嬷嬷"。特雷莎修女是修女中最为人所熟悉的一位,因她一生都致力于为穷人服务,消除贫困,而获得1979年诺贝尔和平奖。十八世纪法国著名作家狄德罗曾撰写出著名哲理小说《修女》。

功败垂成

谢玄是大诗人谢安的侄子。由于东晋受到日益强大的前秦的进攻，国家需要文武双全的将士，谢安就把谢玄推荐给孝武帝，孝武帝封谢玄为将军，镇守广陵，掌管江北各路人马，人称谢玄的军队为"北府兵"。

383年，前秦皇帝苻坚率九十万大军南下，企图一举消灭东晋。前秦的军队一直打到淝水。谢玄等将领只率领八万军队迎战，他们致信苻坚，要求前秦略向后移，空出一片场地，以便晋军渡河、摆开阵势。虽然有些犹豫，苻坚还是同意后撤。没想到后退行动非常混乱，许多士兵不肯为苻坚卖命，竟然把后退当做了逃跑。晋军趁势大喊"秦军败了"，前秦士兵们跑得更快了，结果谢玄率军乘胜追击，大获全胜。

不久，谢玄收复了北方大片领土，就在这时，孝武帝的同母弟弟司马道子命令他撤回军队，坐镇淮阴。谢玄痛惜已取得的成果都将付诸东流，在南下途中忧愤交加，不幸病倒。孝武帝在京城请了名医为他治病。可是心病无法用药治，两年后，年仅四十六岁的谢玄不幸病逝。

【释义】

指事情在将要成功的时候失败了，多含惋惜的意思。

【出处】

《晋书·谢安传论》

孤注一掷

宋元之际,元军中有一员大将名叫伯颜。他善于用兵,率领元军攻克了宋朝许多城邑,一直打到汉口附近。

当时,宋将夏贵率领万余艘战舰据守在长江南岸的各个要害处,他们拥有长江天堑之利,元军无法渡江。伯颜接受了部将的建议,打算避开汉口,经沙芜入江。他先派部队围住驻守在汉阳的宋军,声称要攻下汉阳,由汉口渡江。夏贵果然中计,派兵增援汉阳。见宋军上当,伯颜立刻派兵占领沙芜口,同时派人挖开汉口大坝,元军的船队浩浩荡荡经沙芜口进入长江,直逼军事要塞阳逻堡。伯颜派人到阳逻堡去招降宋军,阳逻堡的宋军将士们对元军使者说:"我们受大宋厚恩,应当拼死保卫大宋江山,怎么能当叛徒投降呢?我们已经准备好了,要和你们决一死战。大宋的天下,究竟归谁,就看今日了。就像赌徒把全部赌注都押上,输赢就看这最后一次了(孤注一掷)。"

伯颜见宋军守将坚决不肯投降,就下令向阳逻堡进攻,可是连攻三日,一点儿进展也没有。伯颜就与部下密谋说:"宋人以为我们一定要攻克阳逻堡才能渡江,可是此堡很坚固,强攻是徒劳的,你带三千铁骑乘船往上游渡江,从南岸抄宋军的后路。"

第二天,伯颜领兵继续进攻阳逻堡,而他的部将阿术趁机率军逆流而上四十里,趁着夜色登上了南岸。宋军没料到元军会突然从背后攻击,虽然宋军顽强抵抗,但最终没有抵挡住元军的猛烈进攻,被打得大败,宋军死伤无数,守将夏贵乘乱逃走。元军终于越过

了长江天堑,为吞并江南扫清了道路。

【释义】

赌徒输急了,把全部赌本都押上去,以定最后输赢。比喻在危急时用尽所有力量作最后一次冒险。

【注释】

注:赌注。孤注:把所有的钱并作一注。掷:赌钱时掷色子。

【出处】

《九议》

刮目相看

三国时,东吴大将吕蒙屡立战功,三十一岁就升任中郎将。

吕蒙识字不多,但由于孙权希望他能文武双全,因此吕蒙便努力读书。

两年后,鲁肃来到吕蒙防地,两人谈起国家大事。吕蒙分析军事形势时,引经据典,很有见地。

鲁肃惊讶地说:"你不再是原来的吕蒙了!"吕蒙笑道:"士别三日,就该刮目相看,我的变化你知道得有些迟了。"

吕蒙具备文韬(tāo)武略,作战如虎添翼。后来,他率军击败了蜀国名将关羽。

【释义】

比喻不要用老眼光看人,要看到别人的进步。

【注释】

刮目:擦亮眼睛,这里是改变旧看法的意思。

【出处】

《三国志·吴书·吕蒙传》

瓜田李下

南北朝时期,北齐的尚书郎袁聿(yù)修是一位受人爱戴的清官,百姓曾为他立碑,赞扬他品德高尚,称他为"清郎"。

有一次,袁聿修到外地考察地方官吏,当他经过兖州时,他与在那里做刺史的朋友邢邵(shào)相聚,两人畅叙友情。分别后,邢邵送给袁聿修一匹白绸子做纪念。袁聿修没有收,并写了一封信解释原因:"这次我到你这儿是办公事,瓜田李下,容易让人起疑心,越是这时候,越应遵从古训,小心为妙。防止别人说闲话,这就像防止河流决口一样不能马虎。愿你能理解我,你的心意我领了,东西退回,以免为别人留下话柄。"

其中,"瓜田李下"出自曹植的《君子行》:"君子防未然,不处嫌疑间。瓜田不纳履,李下不正冠。"

诗的大意是说:品德高尚的君子,也要远离容易产生是非的地方。走在瓜田里即使鞋带开了也不要弯腰去系;在李子树下,即使帽子被碰歪了也不要举手扶正。以免别人怀疑你偷瓜或摘李子。

袁聿修用"瓜田李下"表明自己小心谨慎以保持自己清名的良苦用心。

【释义】

意思是指容易引起别人怀疑的场合。

【出处】

《君子行》

管鲍之交

　　管仲和鲍叔牙都是春秋时齐国人,两人少年时就是好朋友。鲍叔牙很赏识管仲的才学,也很了解他的所作所为。两人曾经一同做买卖,他们在分利的时候,管仲总要多得一些,鲍叔牙知道管仲家里贫困,从来不因他多得了钱而说他贪心。管仲曾替鲍叔牙办过几件事,可是事情没办好,反而弄得更糟糕,鲍叔牙也并不认为管仲无能,因为他知道事情总有不顺利的时候。管仲曾三次当官,三次都被罢了官,鲍叔牙并不认为他没有才干,因为鲍叔牙知道他是没遇到赏识他的人,没有得到发挥才干的机会。管仲曾经三次参加作战,每次都逃跑了,鲍叔牙也不认为他胆小怕死,因为鲍叔牙知道他家有老人要奉养。鲍叔牙对管仲了解得如此深透,所以管仲感慨地说:"生我的是父母,知我的是鲍叔牙啊。"

　　管仲和鲍叔牙后来分开了,管仲做了齐襄公的弟弟公子纠的老师,鲍叔牙做了齐襄公另一个弟弟公子小白的老师。齐襄公荒淫无道,把自己的兄弟都赶到了国外。

不久,齐国发生内乱,齐襄公被杀。公子纠和公子小白得知消息后,都急忙往国内赶,想抢先得到君位。管仲一面派人护送公子纠回国,一面亲自带人去拦截公子小白。他们在半路上遇到了公子小白的车队,管仲劝公子小白和鲍叔牙退回去,他俩不肯,管仲就取出箭向小白射去,公子小白大叫一声,向后倒去。管仲以为公子小白已被射死,就返回去,护送着公子纠不慌不忙地向齐国进发。谁知公子小白并没有死,管仲那一箭正巧射中了他的衣带钩,他怕再挨一箭,急中生智,假装被射中倒下。看见管仲走了,他才命令抄小路加速前进,公子小白最终抢先赶回国都,当上了国君,公子小白就是齐桓公。

齐桓公即位后,立即派兵讨伐公子纠,公子纠被杀死,管仲也被捉住。齐桓公恨管仲差点儿杀了自己,要把管仲处以极刑。鲍叔牙竭力向齐桓公推荐管仲,他说如果能重用管仲,就能使国家强盛。齐桓公终于被说服,不仅没杀管仲,还让他当了齐国的宰相。鲍叔牙则心甘情愿地当管仲的助手。"管鲍之交"一时传为佳话。

【释义】

比喻很深厚的友谊。

【注释】

管:管仲,春秋时齐国的宰相。鲍:鲍叔牙,管仲的知心朋友。

【出处】

《列子·力命》

管中窥豹

东晋著名的书法家王羲之年幼时就聪明伶俐,遇事沉着冷静,常有惊人之举。

有一次,王羲之父亲的几个学生正在院中赌博,小王羲之在一旁观看。几个人玩得正酣,谁也没有在意羲之。突然,王羲之对其中的一方说:"你们输了。"

当时几个人还没察觉到是怎么一回事。果然,被王羲之所指的那一方输了。这几个学生才回过神来,小师弟年纪还这么小,却看出了胜负的道理,不由得佩服王羲之的聪明伶俐。其中一个学生说:"小师弟真不简单啊,从管中看豹子,虽然只看到了一处斑纹,但也猜到了豹子的大概,小师弟果然聪明至极。"

有一天晚上,一个小偷潜入他的卧室,把所有能偷的东西都偷了,甚至连王羲之床上的小毯子也装进了布袋里。小偷装了满满一布袋东西后,把布袋往肩上一扛,准备逃走。这时,王羲之喝道:"老兄,那小毯子是我床上的旧东西,不值钱的,您拿去也没什么用处,就留下它吧!"小偷一听,大吃一惊,慌忙放下布袋,跳窗而逃。

【释义】

原意是从管中看豹子。比喻人眼光短浅,看事物只看到一部分,而看不见整体,非常不全面,仿佛从管中看豹子一样,只看见豹子身上的一处斑纹,而看不见全部的斑纹。当它与"时见一斑"连用时,比喻从观察到的一部分就可以推知全貌。

【出处】

《世说新语·方正》

过河拆桥

元代有个人叫彻里帖木儿,他为人刚毅,处事果断,很得元文宗赏识,被封为中书平章政事。

彻里帖木儿被封为中书平章政事之前,曾在江、浙一带当过官。他发现每次科举考试之时,有钱的考生总要宴请考官,其场面之奢侈,令他大为震惊。彻里帖木儿认为这全是科举制度带来的弊病,所以,他当上中书平章政事以后,就上书建议取消科举制度。监察御史吕思诚不赞成废除科举考试,就联合一些人向元文宗弹劾彻里帖木儿。元文宗赞成废除科举,就驳回了吕思诚等人的诉状,批准了彻里帖木儿的建议。参政许有壬(rén)听说皇帝要下诏宣布废除科举考试,急忙到中书省争辩。太师伯颜生气地对他说:"你也不赞成废科举,大概就是你指使吕思诚他们告彻里帖木儿的状的吧?"

许有壬道:"太师您因彻里帖木儿的举荐而在中书省任职,难道那些御史不怕你们,反倒能听我的?"伯颜被驳得哑口无言。

许有壬又说:"如果废除科举,天下学子都要失望了。"

伯颜说:"通过科举考试当官的人,很多人都因贪污受贿而被罢官,所以不能以科举来取士。"

许有壬针锋相对地说:"科举没实行之前,官场中行贿受贿的

事层出不穷,难道只有举人(即科考中榜者)才行贿吗?举人中有不良之人,但比起那些行贿的官僚则少多了。"

彻里帖木儿在一旁见两人你一言我一语地争得不可开交,就对许有壬说:"参政,别再争了,皇上已经批准废除科举的奏折了。"

第二天,大臣们齐集崇天门,听太监宣读废除科举的诏书,彻里帖木儿有意让许有壬排在第一个,许有壬知道这是他在羞辱自己,但又不敢不听从,只好硬着头皮站到前边。有个大臣见坚决反对废除科举的许有壬在听宣读废除科举的诏书时,表现出很热心的样子,就讽刺他说:"参政真可算是过河拆桥的人啊!"许有壬十分惭愧,从此托病不上朝了。

【释义】

自己渡过了河,就把桥拆掉。比喻达到目的以后,就抛弃了帮助过自己的人。

【出处】

《元史·彻里帖木儿传》

害群之马

有一次,黄帝要到具茨山去拜见贤人大隗。黄帝一行人来到襄城原野时,迷失了方向。

这时,黄帝一行人遇到一个放马的孩子,他们就问他:"你知道具茨山在哪儿吗?"孩子说:"当然知道了。"

"那么你知道大隗住在哪里吗?"孩子说:"知道。"

黄帝说:"你这孩子真让人吃惊,你不但知道具茨山的位置,还知道大隗住在哪里。那么我问你,你是否知道如何治理天下呢?"

孩子说:"治理天下,就像你们在野外游走一样,只管前行,不要把政事搞得太复杂。我前几年在尘世间游历,常患头昏眼花的毛病。有一位长者教导我说:你要乘着阳光之车,在襄城的原野上遨游,忘掉尘世上的一切。现在我的毛病已经好了,我又要开始在茫茫尘世之外畅游。治理天下也应当像这样,我想用不着我来说什么。"

黄帝说:"治理天下,确实不是你的事情,可是尽管如此,我还是要向你请教,究竟怎样能治理好天下?"牧童不肯回答,黄帝又问,牧童只好说:"治理天下,就像我放马一样,只要能祛除妨害马儿自然成长、繁衍的东西就足够了。"

黄帝大受启发,称牧童为天师,再三拜谢牧童,方才离开。

【释义】

比喻危害社会或集体的人。

【出处】

《庄子·徐无鬼》

最珍贵的动物

大熊猫是世界上公认的最珍贵的动物,目前中国大约有野生大熊猫1 596只,圈养161只。大熊猫属大熊猫科,脸部带有特色的"黑眼圈",身体软胖,四肢粗壮,耳小尾短,身长约1.5米,重100-180千克。大熊猫主要分布于中国四川西部和北部、甘肃南部、陕西西南部,喜爱竹类食物。其实,大熊猫的祖先是食肉动物,到现在它们也偶尔捕食小动物。大熊猫约有100万年的历史,是研究生物进化的珍贵的"活化石"。

邯郸学步

战国时，燕国寿陵的一个少年听说赵国邯郸的人走路姿势特别好看，便决定去邯郸学走路。他备足了干粮，跋山涉水，步行了许多天，终于来到了邯郸。

每天，这个寿陵少年都站在邯郸繁华的街市看人走路。但邯郸人走路虽然好看，却也各人有各人的特点：小孩子蹦蹦跳跳，大姑娘轻盈飘逸，小伙子步伐矫健，老大爷步子稳重。即使同样是少年，他们走路的姿势也不尽相同。寿陵少年一会儿观察这个人的走路姿势，跟在后面走几步；一会儿又琢磨那个人的走路特点，跟在后面走几步。学来学去，一个也没学好。

寿陵少年干脆丢掉原来的步法，重新开始学习走路。从此，他每走一步都很吃力，既要想着手脚如何摆动，又要想着腰腿如何配合，还得想着每一步的距离，走路弄得手足无措。

寿陵少年一连学了几个月，不但没有学会邯郸人的步法，而且把自己原来的步法也忘掉了。人们都说他"邯郸学步，越学越差劲"。后来，他的钱已经用完，不得不返回寿陵。可是这时他已经不会走路了，只好爬了回去。

【释义】

原意是学邯郸人走路。比喻一味模仿别人，不但学不成，反而把自己原来会的东西也忘了。

【注释】

邯郸：战国时期赵国的都城。步：走路。

【出处】

《庄子·秋水》

汗牛充栋

唐朝的学者陆质耗费大半生的精力研究孔子的《春秋》，他编著了《春秋集注》等多种书，研究成果十分丰富。

唐宋八大家之一的柳宗元曾师从陆质，学习《春秋》，对老师非常敬仰。陆质去世以后，柳宗元写了《文通先生给事墓表》，他在表里介绍了先生毕生的研究状况。在悼文的开始部分，柳宗元概述了学界研究《春秋》的情况，柳宗元写道："孔子一千五百年前编写了《春秋》，以自己的姓氏为《春秋》作解说的有五家，其中三家最为流行，即《左传》、《公羊传》和《穀梁传》，古往今来，有多少人捧着这些书，精心为它们作注释、写评论。由于大家各持己见，对同一事件有不同解释，研究者们就互相攻击、讽刺，并因此又写了很多书。如果把这些书堆放在屋子里，可以从地面一直堆到房顶，如果用车来搬运，就会使牛马累得出汗。由此可见，圣人的书是多么深奥，让人难以理解。"成语"汗牛充栋"就是由此而来的。

【释义】

现在形容书籍极多，作品极多。

【出处】

《陆文通墓表》

好大喜功

唐太宗李世民是唐代的第二代君王，当年他跟随父亲李渊趁隋末之乱起兵，南征北战，打了无数胜仗，为平定中原，建立李唐王朝，立下了汗马功劳。

李渊起兵反隋后，即挥师从太原向都城咸阳进发，经过霍邑时，遇到了隋朝大将宋老生的顽强抵抗。而且老天也不帮忙，连日阴雨，大军的粮食也快吃完了。李渊就打算退回太原。李世民说："我们已经昭告天下，起义反抗暴隋，就应该一直打到咸阳，夺取天下。如果退回去，据守太原，那就是反贼了。"李渊不听，仍传令撤军。

李世民见部队开始后撤，忍不住号啕大哭，李渊很吃惊，就问他为什么。李世民说："撤兵，士气自然会低落，敌人则会从背后趁机追杀，不要多久我们就会被杀死了，所以我伤心啊！"

李渊一听，顿时醒悟，立即派李世民去追回了大部队。不久，雨停了，李世民一马当先，领着将士们英勇奋战，终于攻下了霍邑，扫清了西进咸阳的障碍。

李渊建立唐王朝后，就立大儿子李建成为太子。但是李建成的才干和功劳远远比不上李世民，他担心终有一天李渊会让李世民来取代他，就密谋除掉李世民。李世民知道后，先下手为强，杀了李建成。李渊见木已成舟，只好让位于李世民。

李世民当了皇帝后，采取了一系列的措施，发展生产，还不拘一格选拔人才，国家很快兴旺发达起来。

李世民对历代帝王功成业就后诛杀功臣的做法感触很深，为了提醒自己别忘了功臣们的业绩，他让人画了二十四个功臣的画像，挂在凌烟阁上。

在李世民统治下，国家兴旺，政治清明，形成了历史上有名的"贞观之治"。《新唐书》的作者把李世民比做古代周武王那样的圣明君王。但也指出他晚年好大喜功，为了扩大唐朝势力，领兵亲征辽东，为后人留下了话柄。

【释义】

喜爱干大事，建大功业。现多指不管条件是否许可，办事铺张浮夸。

【注释】

好：爱。

【出处】

《新唐书·太宗纪赞》

鸿鹄(hú)之志

公元前209年,两个军官押送九百多民夫到渔阳去驻守。这些人中陈胜、吴广是屯长,他们是被军官挑选出来协助管理民夫的。

陈胜一行人走到大泽乡时,由于连绵大雨,道路完全被淹没了,他们无法前进。按照秦朝的刑罚规定,被征用的民夫如果误了期限,要处以死刑。陈胜就跟吴广商量说:"我们已经误了期,到了渔阳是要被砍头的,如果开小差,被抓住也免不了一死。我们不如造反,说不定还有一条活路。"

陈胜和吴广商量好了,他们杀死了两个军官,领导了中国历史上第一次大规模的农民起义。

陈胜虽然只是农民,但他在家乡种地时就胸怀大志,常常在心里想:我为什么总要给别人出苦力,什么时候能做大事。有一次他对同伴说:"如果将来我们有人富贵,请不要忘记彼此。"

同伴笑着说:"你是给别人种地的,怎么能富贵呢?"

陈胜说:"燕雀怎么能知道鸿鹄的志向呢!"

"鸿鹄之志"这一成语就是从陈胜的这句话演变过来的。

【释义】

原来指天鹅有飞越千里的志向和能力,现在比喻人有远大的理想和抱负。

【出处】

《史记·陈涉世家》

后顾之忧

南北朝时期,北魏尚书仆射李冲为官清廉,对朝廷忠心耿耿,因此,深得孝文帝的器重,也很受大臣们的敬仰。

李冲从不接受贿赂。有一次,有人为了谋求官职给他送来了一匹良马。当时,他正巧不在家,寄住在他家的一个远房亲戚自作主张地收下了这匹马,事后也没告诉他。后来,李冲见到了这匹马,以为是家里新买的,就骑了它外出。送马的人见李冲骑了自己送的马,但对自己求官的事却只字不提,他认为李冲要了自己,就到处讲李冲的坏话。李冲知道事情的真相后,就重罚了那个亲戚。

李冲还经常把皇帝、太后赐给他的钱财分送给亲戚朋友,因此,他很得人心。李冲当尚书仆射时,每当孝文帝领兵出征,就把朝廷内外的大事都交给李冲处理。李冲总是鞠躬尽瘁,事事都考虑得十分周全,使孝文帝出征在外很放心。

有个叫李彪的人,初到京师时投奔李冲。李冲和他交谈后,觉得他颇有才学,很赏识他,就把他推荐给孝文帝。后来,李彪当了中尉兼尚书,成了皇帝的近臣,每天跟在皇帝后面,不把任何人放在眼里,即使对李冲也傲慢无礼。大臣们很讨厌李彪,就到李冲处反映意见。李冲也很生气,就和大臣们联合上书,向孝文帝控告李彪。李冲亲自执笔,写到李彪忘恩负义的事,竟气得急火攻心,得了急病,十多天后,暴病而死。

孝文帝当时正领兵南征,听到李冲去世的噩耗,急忙赶回京城。他到了李冲的墓地,忍不住失声痛哭,他对左右的人说:“李冲

品德高尚、忠诚可靠,我交托给他的国家大事,他全都办得很好,使我每次出征在外,都没有后顾之忧。不料他竟暴病身亡,我真的很伤心啊!"

【释义】

意思是来自后方的忧患。形容作战时后方有令人担心的事。

【注释】

顾:回头看。忧:忧虑、担心。

【出处】

《魏书·李冲传》

后生可畏

孔子乘车周游列国的时候,有一次在路上碰到三个孩子,其中两个孩子又追又跑,玩儿得很开心,另一个却站在旁边观看。孔子下车,走到孩子身边问他:"你为什么不跟他们一起玩儿呢?"

那个孩子说:"打打闹闹太激烈了,就会伤害人的生命;拉拉扯扯不小心,也会损坏人的身体。就是再斯文一些,也有可能撕破衣服,所以我不想和他们一起玩儿。你觉得奇怪吗?"

孔子觉得这个孩子很有意思,就站在那里看了一会儿。这个孩子自己动手用泥土修了一个城堡,修好以后就坐在里面不出来了。孔子准备坐车走了,那个孩子也不让路。孔子又问他:"我的车要过去,你为什么坐在里面不让路呢?"那孩子答道:"我只听说过车要绕着城走,没听说过城堡要给车子让路的。"

孔子认为这个孩子应变能力很强,很喜欢他,夸奖说:"你这孩子,年纪这么小,懂得这么多道理,真不简单啊。"

那孩子却说:"人们说鱼生下来三天就会游泳,兔子生下来三天就可以到处跑了,而马生下来三天就跟着母马行走,这都是顺其自然的,和年纪大小有什么关系呢?"孔子由衷地感叹道:"一个少年能够明白这么多道理,让人敬畏。由此可见,他的未来是大有希望的,一定会比现在更强。"

【释义】

意思是青少年令人敬畏。指青少年是新生力量,朝气蓬勃,有可能超过前辈。常用来赞扬青少年聪明努力,有光明的前途。

【出处】

《论语·子罕》

最早的地震仪

在中国古代有这样一件"神器",它能精准地预测地震的发生。这件神器就是东汉时期张衡发明的候风地动仪。132年,张衡用精铜铸造出了形如酒樽的地动仪。这个地动仪内部有一根上粗下细的"都柱",外围八条头朝下尾朝上嘴含铜球的龙。八条龙代表东、西、南、北、东南、东北、西南、西北八个方向。龙头下相对应八个铜蛤蟆。当某个地方发生地震时,机关感应,龙头就会吐出铜球落进铜蛤蟆嘴里。该地动仪曾精确地预测了138年的陇西地震。张衡发明的候风地动仪比西方发明的地震仪早了1 700多年,是世界上公认的最早的地震仪。

河东狮吼

陈慥(zào)是宋代文学家苏轼的朋友。他年轻时喜爱击剑，常与侠客们来往，自称是当世豪杰、龙邱先生。陈慥年轻时刻苦学习，希望有机会报效国家，成就一番事业。可惜，一直没能实现自己的理想。到了晚年，他常常吃素念佛，戴一顶高高的方形帽子，所以有人叫他方山子。

陈慥喜欢在家中宴请客人，可是每当大家高谈阔论，正在兴头上的时候，陈慥的妻子柳氏总是粗暴地用棍子敲打墙壁，吵吵闹闹，直到客人都被她赶跑为止。

苏轼听说这件事以后，就写了一首诗来开陈慥的玩笑。

龙邱居士亦可怜，谈空说有夜不眠，

忽闻河东狮子吼，拄杖落手心茫然。

这首诗生动地刻画了陈慥的豪爽及受到妻子惊吓的窘态。"谈空说有夜不眠"，说明陈慥常常与朋友争议佛理通宵达旦。"河东"是地名，柳家是河东的名门望族。杜甫有诗"河东女儿身姓柳"。苏轼用"河东"指代柳氏，狮子吼是双关语，在佛家用语中指佛说法时声音威严，犹如狮吼。而另一层含义则显示出柳氏的粗暴、凶狠。从那以后，人们就用河东狮吼来形容粗暴、厉害的妇女，或嘲笑怕妻子的男人。

【释义】

比喻嫉妒、厉害的妇人，或用以嘲笑怕妻子的男子。

【出处】

《容斋三笔·卷三·陈季常》

鹤立鸡群

嵇(jī)康是魏晋时"竹林七贤"之一。魏国著名的文学家、思想家和音乐家。他不但才学、品貌出众,而且性情耿直,因对掌握政权的司马集团不满而被司马昭杀害。

司马炎称帝以后,召嵇康的儿子嵇绍到京城洛阳做官。嵇绍也像父亲一样身材伟岸,仪表不凡,学问和品格也像父亲一样出众。他走到哪里都很受人瞩目。

有人对嵇康的好朋友王戎说:"我见到嵇绍了,他长得那么高大,站在人群中,就好像一只仙鹤站在鸡群里一样高大、不凡。"

王戎不无感慨地说:"可惜你没见过他父亲,比他还要高大突出呢。"

晋惠帝时,嵇绍担任侍中,也就是皇帝的警卫。为了平定"八王之乱",嵇绍随晋惠帝一起出征讨伐叛军。为了掩护晋惠帝而中箭身亡。他的鲜血溅到了晋惠帝的身上,晋惠帝感念嵇绍的忠诚,不让内侍清洗沾了血迹的战袍,以纪念嵇绍的救命之恩。

【释义】

原意是像野鹤在鸡群中一样高大、突出。比喻仪表出众,品质、才能非常突出,明显高于一般人。

【出处】

《竹林七贤论》

囫囵吞枣

古时候,有个喜欢自作聪明的人。有一次,他向一位老医生请教,吃什么水果对身体最有益。老医生对他说:"水果各有各的特性,每种水果对人的身体都有益处,但人吃多了,也会带来害处。比如说吃梨子对牙齿有好处,但吃多了,就会损伤脾胃。枣子呢,对脾有滋补作用,但吃多了,对牙齿又不利。所以吃什么东西都要适量啊。"

这个人摇头晃脑地说:"我有办法既可以得到水果的益处,又可以使身体不受伤害。"老医生问道:"你有什么好方法呀,能告诉我吗?"

"我的方法就是,对不同的水果,用不同的方法去吃。比如吃梨子,只在嘴里嚼,不咽下肚去;吃枣子,不用牙齿咬,整个儿吞下去。这样,就有益无害,既不伤牙齿,也不伤脾胃了。"

老医生听了,忍不住笑道:"你这个方法不好。吃梨子只嚼不咽倒还可以做到;吃枣子不嚼而咽,却很难。而且你那样囫囵吞枣,也没尝到什么滋味啊!"

【释义】

原指把枣儿整个儿吞下去,不加咀嚼,不辨滋味。后用来比喻对所学的东西生吞活剥,并不理解。

囫囵：整个儿。

【出处】

《答许顺之书之三》

狐假虎威

昭奚恤是战国时楚国的大将，北方各诸侯国都畏惧他。有一次昭奚恤不在场，楚宣王与众大臣谈起此事，一位叫江一的大臣讲了一则寓言：

森林中有一只猛虎，各种动物见了它就四处逃窜。有一天，老虎抓到了一只狐狸，这只狐狸不但不害怕，还对它说："我是百兽之王，你不敢吃掉我。否则你就违反了天帝的命令。"

狐狸见老虎半信半疑，就说："你如果不相信，就跟在我后面到森林里走一圈，看看各种野兽是不是一见到我就逃。"

老虎认为狐狸说得有道理，就跟着狐狸上了路。狐狸摆出一副威风凛凛的样子走在前面，老虎则亦步亦趋地跟在狐狸后面。只见所有的动物看见它们，转身就跑，连头都不敢回。老虎始终不明白，动物们其实是怕见到它才被吓跑的，而不

是怕那个借用了它的威风的狐狸。

讲完寓言,江一对宣王说:"现在,大王您有百万的军队,土地有五千里,而这些军队都在昭将军的统率之下,北方诸侯自然要怕昭将军。昭将军就像走在老虎前面的狐狸,北方诸侯真正害怕的是您的军队。"

宣王听后,明白了其他诸侯国畏惧昭奚恤的道理。

【释义】

原指狐狸倚仗老虎的威势来吓唬百兽。比喻倚仗别人的权势欺压人。

【出处】

《战国策·楚策一》

华而不实

春秋时,晋国有个叫阳处父的大臣,他长得相貌堂堂,一表人才。在初次见面时,他总是给人家留下很好的印象。有一次,阳处父出使到卫国去,办完事后返回晋国。途中,在路过宁邑时,阳处父住在一家客店里。这家店主姓嬴(yíng),他见阳处父仪表不俗,举止不凡,顿时产生了好感,对他照顾得热情周到,无微不至。晚上,店主对妻子说:"我早就想投奔一位品德高尚的人物,也好干一番事业。多少年来,我一直留意寻找这样一个人,却总是没找到。今天来的阳处父我看很不错,像个成大事的人,也许他正是上天派来引导我的人吧,我决定跟他去了。"

第二天,店主得到阳处父的同意后,就告别妻子,跟他走了。可是,几天以后,店主突然回到了家中。妻子见丈夫走了几天就回来了,很是纳闷,就问他:"你好不容易遇到这么个人,怎么才几天就返回来了呢?"

店主说:"我见这个人相貌堂堂,就对他产生了好感,可是通过这几天的接触,我发现他思想偏激,而且夸夸其谈,不干实事,这样的人容易和别人结怨,不会有好下场。我担心跟着他,非但不能获益,反而会遭受祸害,所以,还是趁早离开他吧。"后来,阳处父果然被人杀死了。

【释义】

原意为只开花不结果。后来比喻表面好看,内里空虚。

【注释】

华:开花。实:结果实。

【出处】

《左传·文公五年》

最早的日食记录

公元前 1217 年 5 月 26 日,河南安阳当地的人们正像往常一样劳作。突然,天生异象,一件骇人的事情发生了!天空中,原本光芒刺眼的太阳出现了一个缺口,并且这个缺口越来越大,太阳越来越黯淡!直至过了好长一段时间,缺口才慢慢复原。人们吓坏了,以为上天要惩戒犯了大错的人类。后来,这件事情被刻在了一片甲骨上。其实,这只是一次日食天象,并不是上天要惩戒人类。但这次日食记录成为了人类历史上关于日食的最早记录。

画饼充饥

卢毓(yù)是三国时魏国的大臣。他虽然家境贫寒,可是他刻苦学习,凭借自己的才学当上了魏国的侍中,专门侍奉皇帝。三年后,他升为中书郎,掌管机要文件,发布各种政令,后来他又被任命为吏部郎,负责官员的升降、调动或任免。

由于卢毓为官清廉、品学兼优,深受各阶层人士的爱戴,魏文帝也常常征求他的意见。当他升为吏部郎时,中书郎位置空缺,魏文帝对他说:"中书郎这个位置很重要,你一定要找到合适的人选。不要只挑选那些有名气而没有真才实学的人,名气就像地上画的饼,不能解除人的饥饿。"

卢毓说:"陛下说得不错,选拔人才确实不能只看他是否有名气。不过我以为,名气也能反映一些实际情况,名气也是选拔人才的参考条件。如果一个人道德品质高尚,能力强又很有名气,就不能不选他。陛下反对只凭名气选拔人才是对的,但也不能一听某人有名气就讨厌他。我想应该建立对官员的考核制度,以衡量他们的真实才能和高尚品格。"

魏文帝认为卢毓所提的建立官员考核制度的建议很好,就采纳了这个建议。而魏文帝说过的"画饼充饥"就流传下来,成为了成语。

【释义】

原指画饼填腹解饿。比喻徒有虚名,不能解决实际问题,或用空想来安慰自己。

【出处】

《三国志·魏书·卢毓传》

画虎类犬

马援是东汉初年的名将。他不但严于律己,对子侄辈的教育也格外严谨。即使在战场上,他也常常修书,给孩子们讲做人的道理。

他听说他的两个侄子马严、马敦染上了喜欢讥讽、议论别人的毛病,并且常和一些轻浮的侠客来往。马援写了一封信,对他们进行教育、指导。

马援在信中说:

"你们知道我讨厌议论别人的长短,今天重提是希望你们时刻牢记。龙伯高为人忠厚、谨慎,不随便说别人的是非,他谦虚、节俭、廉洁、公正,很有威望,我敬重他,希望你们学习他。杜季良为人豪爽、侠义,能够为别人的忧愁而忧,为别人的快乐而乐。好人坏人他都不得罪,他父亲死时,几个郡的人都来吊唁。我也敬重他,但不愿你们向他学习。学不到龙伯高的为人,还可以成为一个谨慎、勤勉的人,就像刻天鹅不像,还像一只鸭子,但是学杜季良如果学不好,就会变成一个轻浮、浪荡的人,就像画虎没画好,就像一条狗一样。"

马援以龙伯高和杜季良为榜样,说出了自己的喜好,也指出了侄子们应该学习什么,不该学习什么。由此可见马援是一个对孩子严管束又讲究方式方法的好长辈。

【释义】

画虎类犬原指因画技不高,把虎画得像条狗。比喻模仿的效果很坏,弄得不伦不类,从事非力所能及的事而一无所成。也比喻不切实际地追求过高目标反而弄巧成拙,留下笑柄。

【出处】

《后汉书·马援传》

画龙点睛

南北朝时期,梁朝有位著名的大画家名叫张僧繇(yáo),他的画特别传神。他画的人和动物都栩栩如生。贵族和富商都争相购买他的画。

传说有一年,他给金陵安乐寺画壁画。他在墙上画了四条龙,画得惟妙惟肖,鳞甲俱全,四条张牙舞爪的龙好像随时会腾空飞去,真是活灵活现。老百姓听说张僧繇画了四条逼真的龙,都纷纷跑来观看,人人赞不绝口。

忽然有个人发现了一个问题,失声叫道:"咦,这龙怎么没有眼睛呀?"大伙儿仔细一瞧,四条龙果然都没有眼睛。于是,大家七嘴八舌地向张僧繇问道:"你为什么不画眼睛呀?"

张僧繇说:"如果画上眼睛,它们就会飞走的。"

人们一阵哄笑。这个说:"你骗人,画在墙上的龙还会变成真的吗?"那个道:"你说得太玄了,请你给龙画上眼睛,让我们看看它是不是真的会飞走。"

张僧繇无法推辞，只得拿起笔来，给壁画上的龙轻轻点上眼睛。他刚点完第二条龙的眼睛时，忽然电光一闪，轰隆一声响雷，把大伙儿都吓了一跳。一时间风雨交加，天昏地暗，雷鸣电闪中，只见两条龙从墙壁上腾空而起，一会儿就不知去向了。再看那墙壁，只剩下两条尚未画眼睛的龙了。所有目睹张僧繇画龙点睛的人都不由啧啧称奇。

【释义】

原意是给壁画上的龙画上眼睛。比喻作文或说话时加上一两句关键的话，使内容更加精辟传神、生动有力。

【出处】

《历代名画记》

画蛇添足

战国时期，楚国国君楚怀王派昭阳为将，让他领兵征讨魏国。昭阳英勇善战，他带领将士猛攻猛打，一举攻占了魏国八座城池，楚军大胜。但是昭阳似乎意犹未尽，他又想领兵乘胜去攻打齐国。齐王得到消息后，很着急。正巧秦国的使者陈轸(zhěn)出访到齐国，齐王就请他去见昭阳，说服昭阳不要与齐国动武。

陈轸见了昭阳后，并不立即说明来意，而是问他："按贵国的规定，像您今天取得这样辉煌的战果，应受到什么样的奖赏？"

昭阳得意地说："官为上柱国，爵为上执珪(guī)！"

陈轸又问:"那么还有比这更大的官吗?"

昭阳回答:"当然有啊,更大的是令尹。"

陈轸接过话头说:"令尹虽然显贵,但是楚国现在已有令尹,楚怀王大概不会为了赏功而设置两个令尹吧?请听我讲个故事:楚国有一户人家祭祀祖先,祭礼过后,主人就把祭祀用过的酒赏给办事的人喝。这壶酒如果大家都喝是不够喝的,但如果给一个人喝,就能喝个痛快。于是有人提议:每个人都在地上画一条蛇,谁第一个画完,这壶酒就归谁。大家同意了,就开始画起来。有一个人画得很快,很快就画好了。他拿过酒壶正准备喝,看见别人都还在慢慢画,他很想显示自己的本事,就左手拿着酒壶,右手继续画蛇,边画边说:'我再给蛇画几只脚也来得及啊!'谁知,蛇脚还没画好,另一个人就已画好了蛇。那人一把抢过酒壶说:'蛇本来没有脚,你怎么能为它添上脚呢?这酒归我了。'说着,就把酒喝了。画蛇添足的那个人,最终没能喝到酒。

"现在,你为楚国打败了魏军,得了八座城池,还不息兵,而要讨伐齐国。我认为,即使你把齐国打败了,官也不会升得更高。如果万一打不赢齐国,反而前功尽弃,那就无异于'画蛇添足'了。不如趁现在大功告成,赶快退兵吧。"

昭阳听了陈轸的话,觉得很有道理,就领兵回国了。

【释义】

原意指画蛇时给蛇添上脚。比喻多此一举,不但无益,反而有害。

【出处】

《战国策·齐策二》

黄粱一梦

唐朝开元年间,卢生去京城赶考,傍晚来到一家客栈投宿。店主人正在煮小米饭,店中还有一个叫吕翁的道士。卢生上前与吕翁攀谈,两人谈得很投机。卢生感慨地说:"大丈夫应当出将入相,我却一事无成!"吕翁笑着说:"这个不难。"说着,他取出一个枕头。吕翁对卢生说:"你枕着这个枕头睡一觉,就会称心如意。"卢生将信将疑,接过枕头,和衣睡下,很快便进入梦乡。卢生梦见自己中了进士,还娶了美丽的崔家小姐为妻。后来,卢生当上河西节度使,击败吐蕃,得胜而归,做了宰相。不料奸臣告他谋反,皇帝下令逮捕卢生,把他流放到远方。几年后,皇帝为他平反,让他官复原职,还赐给他许多珍宝。

卢生活到八十多岁,子孙满堂,享尽荣华富贵。

卢生一觉醒来,发现自己还睡在旅店里,旁边坐着吕翁。再看看灶台,店主人煮的黄米饭还没熟呢。

【释义】

原意指在小米饭还没有煮熟的短暂时间里做了一场好梦。比喻虚幻、空想的事和欲望的破灭。

【注释】

黄粱:小米。

【出处】

《枕中记》

讳疾忌医

扁鹊是战国时著名的神医。

由于扁鹊医术高明,各诸侯国的人都请他治病,扁鹊也就游走于各诸侯国。有一天,他看到齐桓公后对他说:"大王,您生病了,现在疾病在皮肤里,应该立刻医治。"

齐桓公没有不舒服的感觉,就说:"我没生病,不用治。"

十天后,扁鹊又来见齐桓公,对他说:"大王,您的病比原来深了,到了肌肉里了,如果现在不治,病情还要加重。"齐桓公心里很不高兴。

又过了十天,扁鹊见到齐桓公说:"大王,您的病已经到了胃肠,如果还不医治,恐怕就治不了了。"齐桓公生气地对周围的人说:"医生就爱炫耀自己的医术,没生病的人,他非要说人生病。"

又过了十天,扁鹊碰到了齐桓公,转身就跑。齐桓公派人去问他为什么要跑,扁鹊说:"一个人生病,病越浅,越好治。病在皮肤、在肌肉、在胃肠,都有办法医治。但如果病到骨髓时,就没有办法医治了。现在大王的病已经到了骨髓,我已经无法为他治病了。"

五天后,齐桓公突然病倒了,齐桓公派人去请扁鹊,有人说他到秦国去了。不久,齐桓公就病死了。

【释义】

原意指怕人知道自己有病而不肯去医治。比喻掩饰缺点错误,不愿改正。

【出处】

《周子通书》

击楫(jí)中流

　　祖逖(tì)是我国历史上有名的爱国将领。祖逖生活的年代正是晋朝的战乱时代,当时,匈奴的贵族刘曜率军攻陷了晋朝的都城洛阳,晋怀帝也在仓皇出逃的半路上被人抓住。

　　这件事情传到南方后,许多爱国志士都义愤填膺,纷纷表示要出兵北伐,收复中原。祖逖便是这其中最为迫切并且意志最为坚定的一个。祖逖原来住在黄河以北,后来迁到淮河流域,住在京口。颠沛流离的生活使祖逖光复中原的心愿一天比一天强烈。为了收复西晋在黄河以北的失地,他投奔到当时有一定兵力的琅邪王司马睿手下,做司马睿的军事顾问。然而,当时司马睿根本不想北伐,收回失地,对祖逖更是置之不理,祖逖非常苦恼。这次怀帝被俘的事情让祖逖再也忍不住了,他特意跑到建业,当面要求司马睿出兵北伐,打退匈奴的入侵,解救百姓于水火之中。司马睿一心想保全自己,无意出兵北伐,但又不好反对,便沉默不语。为了能够解救当时在黄河以北的大部分百姓,祖逖再一次向司马睿请命。司马睿再也没有理由拒绝他了,于是,他就封祖逖为"奋威将军",让他去北伐。可是,毫无诚心的司马睿却只给了祖逖一些粮饷和布匹,没给他军队。虽然祖逖看出了司马睿并不是真的支持他北伐,只是表面上敷衍他,但是他并没有气馁,而是立即返回京口,带领自己的族人一百多户渡过长江,踏上了北伐的征程。祖逖和自己的同乡驾船行至江心,他望着滔滔的江水,想起江北的父老乡亲,心中热血沸腾,抑制不住自己激昂的情绪。这时,他忍不住举起船桨叩击船舷,庄严

地发誓道："我祖逖如不能收复中原，就像这江水，有去无回。"当时在场的人都为他这种精神所感动，纷纷表示要追随祖逖，以收复故土为己任。

祖逖乘船过江后，励精图治，不断地壮大自己的队伍，改良自己的装备。后来，他又挥师北上，收复了黄河以北的大部分地区。

【释义】

原意是乘船到了江的中央，举起木桨，叩击船舷以表明自己收复失地，报效国家的雄心壮志。现在只取报效国家的雄心壮志之意。

【出处】

《晋书·祖逖传》

鸡鸣狗盗

战国时期，齐国的孟尝君很有名气，秦昭王听说后，派人将孟尝君请到秦国，打算拜他为相，但是孟尝君到来后，秦昭王又改变了主意，软禁了他。

孟尝君非常着急。他急忙派人拿了珍贵的礼物贿赂秦昭王的宠姬。可是秦昭王的宠姬对孟尝君送来的礼物连看都不看，只想要一件白狐皮袍子。

孟尝君非常为难，白狐皮袍子已经作为礼物送给秦王了，而这件袍子天下无双，只此一件。孟尝君正在犯难之际，他手下的一位门客上前对他说："这有何难，我扮成狗去将那袍子偷回来就是了。"孟尝君无计可施，也只好如此了。

这一招果然奏效，秦昭王宠姬收下了那件偷来的白狐皮袍子，非常高兴，便说服秦王放了孟尝君。

孟尝君担心秦王反悔，立即带上门客趁天黑赶回齐国。当他们走到边境函谷关时，天还未亮，城门紧闭。因为按照当时的规定只有鸡鸣以后才能开城门。

孟尝君一行人只好焦急地等待，秦国的军队随时都可能追过来。这时候，又有一个门客站出来，撅起嘴巴，学起鸡叫来。这招还真灵，附近的公鸡听到叫声，纷纷啼叫起来，守卫的士兵听到鸡叫，还以为天快亮了，验看了孟尝君等人的凭证，就放他们出关了。

后来，秦昭王果然反悔了，等他派人追赶时，孟尝君早已出关了。

【释义】

原意是指装作鸡叫骗人，装作狗去偷东西。后来常比喻不正当的小把戏，或是微不足道的小技能。

【出处】

《史记·孟尝君列传》

最早的流星雨记录

晴朗的夜空，璀璨的流星，总能给人美好的感受。中国《竹书纪年》一书中曾记载："帝禹夏后氏八年夏六月，雨金于夏邑。"这是中国乃至世界最早关于流星雨的记载。此书开先河之后，古书史料中关于流星雨的记录就再没中断，且古人对流星雨的描述非常生动，如"星陨如雨"，"流星如织"等。

鸡犬不宁

　　唐朝中期,政治极为混乱,宦官专权再加上藩镇割据,统治者拼命地搜刮民脂民膏,挥霍享乐,穷兵黩武。公元805年,柳宗元被贬到永州担任司马。在做司马的过程中,柳宗元更加深入地接触到了唐朝社会,目睹了民间哀鸿遍野的悲惨景象。

　　永州产一种毒蛇,这种蛇的毒性非常大,凡是它爬过的地方,草木都会枯死;人如果被它咬了一口,就没有任何办法可以医治了。可是,这个地方却偏有不怕死的人,他们不但不怕这种剧毒的蛇,而且专以捕这种蛇为生。有一次,柳宗元就遇到了这样一位捕蛇者,他祖孙几代人都以捕蛇为生。他的父亲和祖父都是被毒蛇咬死的,而他却还死不悔改,继续以捕蛇为业。柳宗元感到很奇怪,便问他:"这个行当多危险啊。不但如此,又让你劳累不堪。你为什么还要从事它呢?"

　　捕蛇者叹了一口气,说:"您说得对,这个行当确实很不好,但比起种田的人却不知要好出多少倍。您刚来这里,有些事您还不知道。那些以种田为业的邻居的困苦就别提了。他们要拿出自己土地上所有产出的东西交纳租税,自己只能忍饥挨饿,顶风冒雨,甚至惨死路边。那些与我祖父同时居住在这里的人当中,十家中现在只剩下一家了;与我父亲一起居住在这里的人当中,十人也只剩下两三人了;和我在一起居住了十二年的,十家中也剩下不到四五家了。他们大多数都逃亡了,有的为生活所迫,只得搬家了。我现在留在这里,还算是很幸运的呢!"

　　柳宗元很纳闷,问他:"这是为什么呢？"捕蛇的人愤愤地说:"这是那些凶狠的官吏逼的。他们经常来到乡里,气势汹汹地催交各种赋税,担惊受怕的不仅仅是人,就是村子里的鸡和狗这些动物也不得安宁。而我呢,跟他们比起来真是幸运多了,每年只要交几条蛇就行了。就是因为这样的原因,我宁可冒着生命的危险去捕蛇,也不愿意去种田。"

　　柳宗元听完之后,深感震惊,写下了一篇著名散文《捕蛇者说》,对当时的社会进行了无情的揭露。

【释义】

　　原意是鸡和狗都不得安宁,后来形容被骚扰得很厉害,连鸡和狗都不得安宁。

【出处】

《捕蛇者说》

最早的彗星记录

　　《淮南子·兵略训》中记载:武王伐纣,当周武王的大军走到共头山时,一颗彗星从东方升起,彗星头朝东,尾朝西。1704年,英国著名天文学家哈雷在对彗星进行深入研究之后,做出预测,这颗彗星到1758年还会重新光顾地球。1758年,预言应验。从此人们知晓这颗彗星的运行周期为76年。人们为了纪念做出预言的哈雷,就将这颗彗星命名为哈雷彗星。那么,当年划过武王大军的彗星是不是哈雷彗星呢?当代著名天文学家张钰哲利用计算机算出那颗彗星正是哈雷彗星。因此,《淮南子》成为最早记录彗星的典籍。

嫉恶如仇

西晋时,统治阶级内部腐败现象严重,各级官吏奢侈无度,互相攀比。单是晋武帝司马炎就有宫女近万人,供他日夜寻欢作乐。有些大官僚,一天的饭费竟数以万计,他们挥霍无度,用白蜡当柴烧,在厕所里放上高级香料。

这种现象引起了一些清廉之士的不满和忧虑。当时,有一个叫傅咸的人,武帝、惠帝执政时,他都在朝中做官。他为人正派,敢于直言,不畏权势,敢于揭露恶事。傅咸多次上书给武帝和惠帝,主张裁并官府。他尖锐地指出:"奢侈之费,甚于天灾。"由于他的劝谏和批评,朝廷罢免了一些官吏,因此京城的官吏们有所收敛。傅咸大胆地揭露官僚权贵们的弊端,并与之坚决地斗争,不少人深为敬佩。人们称赞傅咸嫉恶如仇。

【释义】

痛恨坏人如同痛恨仇敌一样。

【出处】

《后汉书·祢衡传》

寄人篱下

南齐时,有个叫张融的读书人,他博学多才,但是自命清高,生性怪僻,举止奇特,总是与众不同。

萧道成在没当皇帝的时候,就特别欣赏张融的品格和才学,千方百计和他交上了朋友,并且经常对别人说,像张融这样的人才,是必不可少的,但也不可多得。后来,萧道成建立了南齐政权,他常与张融探讨有关文学艺术方面的问题。

有一天,二人讨论起书法问题,萧道成对张融说:

"你的书法颇有骨力,但还缺少晋代书法家王羲之和王献之父子二人的法度。"

张融对萧道成的评价甚是不服气,说:"您只知怨我缺少二王的法度,却为什么不怨二王缺乏我的法度。"

张融不但主张书法要有自己的独特风格,同时也主张写文章要有独创性。他在一篇文章的序文中写道:作为男子汉大丈夫,作文章理当如孔子删《诗》、《书》,制《礼》《乐》那样,充分发挥自己的创造性,何必因袭他人,像鸟雀那样寄居于人家的篱笆下面呢?

成语"寄人篱下"由此而来。

【释义】

原意指文章著述因袭他人。后指依附于他人生活。形容那些依附别人,不能独立生活的人的处境。

【出处】

《南齐书·张融传》

既往不咎

孔子是春秋时期的思想家、教育家,他对学生的要求很严格。他有一个学生名叫宰予,宰予对祭祀礼仪很有研究。有一天,鲁国的君主鲁哀公要给土地神立一个牌位,不知道这个牌位应该用什么木头制作,便叫来宰予询问这件事。宰予想了想,老老实实地回答他:"夏代人用松木,商代人用柏木,周代人用栗木。用栗木的意思是让人民战战栗栗。"

后来,孔子听到了宰予回答鲁哀公的话,很生气,责备宰予说:"已经做了的事情就不必再多解释了,已经完成的事情就不用再规劝挽救了,已经过去了的错事也不该再责备追究了(既往不咎)"。以后这段话就成了一句成语。

与这则成语有关的还有一个故事。唐朝时,大将李靖奉唐高祖李渊的命令,率领部队去进攻蜀郡梁国的后裔萧铣。萧铣占据江陵,听说李靖要对自己发动进攻,便派出部队在硖州阻击李靖的部队。两军相遇,交战激烈,双方相持不下。李靖无法率领军队继续前进,只得驻守在硖(xiá)州。消息传到长安,唐高祖李渊以为李靖留恋硖州,不愿继续向前进攻,非常生气,下令把李靖问罪斩首。幸亏一位将军知道实情,苦苦为李靖求情,李渊才饶恕了李靖。

事隔不久,另一支敌兵突袭唐军,形势十分危急,李靖奋勇向前,带领八百名壮士杀入敌军营地,杀死敌军首领,俘虏了五千人,以少胜多,消灭了这股敌兵。唐高祖李渊听到李靖打胜仗的消息后,高兴地嘉奖了李靖,对他说:"既往不咎,那些旧事我早就忘掉了。"李渊不但没有追究李靖以往的过失,而且对他更加信任,让他担任行军总管的职务。李靖放下了思想包袱,率领大军浩浩荡荡顺流直下,包围了江陵。在李靖强大的攻势面前,梁国的萧铣(xiǎn)只得献城投降。

【释义】

对以往的过错不再责备。

【注释】

既:已经。往:过去。咎:责备。

【出处】

《论语·八佾(yì)》

家徒四壁

西汉时期著名的文学家司马相如博学多才,以文才闻名天下,善于击剑抚琴,为人风流潇洒,许多人都愿意同他交往。汉景帝和梁孝王在世时,司马相如曾做过小官,后来他回到家乡成都,过起

清闲的生活。

　　家乡的朋友们见司马相如回来了,都前来拜访,司马相如有时也外出访友。他有位朋友叫王吉,是临邛县令。有一次他去拜访王吉,住在临邛县的一个小客店里。王吉听说司马相如来了,亲自到小客店去看望他。两位好友高谈阔论,他们的交往被城里的一些大财主得知了。有一位大财主名叫卓王孙,见王吉如此敬重司马相如,也想结识他,就备下宴席,请王吉和司马相如来做客。可是司马相如不愿意见他,推托有病不肯前来。这可把卓王孙急坏了。卓王孙有个女儿名叫卓文君,丈夫去世后她回到娘家居住,卓文君自幼喜爱诗赋音乐,早已听说过司马相如的大名。卓王孙请了几百名客人,央求王吉亲自去请司马相如,这才把他请来。酒宴热闹非凡,司马相如演奏了几支乐曲,博得满座宾客赞赏。卓文君在窗外听到司马相如悦耳动听的琴声,又见他一表人才、举止大方,爱慕之情油然而生。

　　司马相如得知此事以后,非常高兴。两人私下来往,暗定终身。卓王孙发觉后,嫌弃司马相如贫穷,不同意他俩的婚事。卓文君毅然投入司马相如的怀抱。两人趁着黑夜偷偷离开临邛,回到成都。来到司马相如家中,卓文君一看,司马相如家徒四壁、一贫如洗,可她仍然爱着司马相如。

　　卓王孙得知此事后十分气愤,不肯接济他们一文钱。卓文君对此毫无怨言,愿意同司马相如过艰苦的生活。他们返回临邛,开了一家小酒店,卓文君亲自当垆卖酒,司马相如穿着短裤当伙计,一点儿也不以为苦。卓王孙怕丢面子,给了卓文君一些钱,他们才又回到成都。后来汉武帝读了司马相如的文章,大为赞赏,把司马相如召进京城,封他为郎。

【释义】

形容家中贫穷,一无所有。

【注释】

徒:只。壁:墙壁。

【出处】

《史记·司马相如列传》

嫁祸于人

战国时期,各诸侯国之间为了争夺土地和百姓常常发生战争。

有一天,韩国上党的守将冯亭派使者来到赵国。那使者非常恳切地对赵国的国君孝成王说:"贤明的赵王,我们韩国就快要守不住上党了。可恶的秦国想把它吞并,可是那里的百姓却非常想让大王您去统治那里。"

孝成王听后非常高兴,得意地召见平阳君赵豹,想听听他对此事的意见。

赵豹上来就给孝成王泼了一盆冷水,他说:"无缘无故地得到好处,圣人常将这看做是大祸害。"

孝成王有点儿不高兴,他反问了一句:"上党的人民感激我的恩德,你怎么说是无缘无故呢?"

赵豹解释说:"上党是一块好地方,秦国蓄谋已久,并且费了好大的劲儿去攻打它,到现在还没有得到。韩国始终没想放弃上党,现在守不住了,想到要将上党转给赵国,这实际上是想把同秦国进

行战争的祸害转嫁给赵国。现在赵国白白地得到秦国费尽周折都没有得到的上党,怎么能说是无缘无故地得利呢?大王一定不要接受,这实际上是祸患呀!"

孝成王不听赵豹的话,接受了上党的土地。后来,秦国和赵国之间因此而爆发了一场战争。

【释义】

将祸害转移到别人身上。

【出处】

《史记·赵世家》

价值连城

春秋时期,有个楚国人名叫卞(biàn)和。一天,他在荆山发现一块玉璞(pú)。这块玉璞外面包着一层石膜,只要把石膜剔去,就能雕琢成世间罕见的玉璧。卞和是个诚实的人,就抱着玉璞来到王宫,献给楚厉王。楚厉王让手下大臣们传看,大臣们看来看去,都说是一块石头,楚厉王为此非常生气。这时卞和请求让雕玉的技师检验,雕玉的技师来后,见这块玉璞很大,便十分肯定地说这不是玉,是石头。楚厉王气坏了,给卞和定了个欺君之罪名,命令武士砍掉卞和的左脚,卞和为此非常伤心。楚厉王死后,楚武王即位,卞和以为楚武王一定会识得宝物,便又带着玉璞来献给楚武王。楚武王让手下大臣传看以后,又亲自观察那块玉璞,怎么看也不像玉,于是把雕玉的技师叫来,让他鉴别。那个技师一口咬定是石块,这使楚武王大怒,下令砍掉卞和的右脚。

楚武王死后,楚文王即位。卞和不再去王宫了,而是抱着玉璞在荆山下痛哭。他一直哭了三天三夜,泪水都哭干了,流出血来。这个消息传到王宫,楚文王知道后派人去调查这件事。派去的人问卞和为何痛哭。卞和止住哭声,理直气壮地说:"我不是为自己痛哭,我悲伤的是:明明是天下无双的玉璞,却被认为是石头,白白地被埋没了;明明是诚实的人,却被认为犯了欺君之罪,这世道太不公平了!"派去的人将卞和的话传给楚文王后,楚文王立刻召他进宫,命令雕玉技师剔除玉璞外面的石膜。经过技师的雕琢,楚文王终于得到一块晶莹的玉璧,果然世间稀有,价值连城。楚文王把这块玉璧当做国宝,称为"和氏璧"。战国时期,赵国得到了这块和氏璧。秦王知道此事后,假惺惺地要用十五座城池同赵国换这块玉璧。赵王怕得罪秦王,就派蔺相如带着玉璧到秦国去同秦王交涉。结果秦王根本无意用十五座城换和氏璧,蔺相如凭借智慧和勇气,不辱使命,派人带着和氏璧回到了赵国。

【释义】

形容物品十分珍贵。

【注释】

连城:连成一片的很多城池。

【出处】

《史记·廉颇蔺相如列传》

坚壁清野

东汉末年,曹操雄心勃勃,想要消灭各地的割据势力。

曹操占领兖州地区后又准备进兵徐州。此时,兖州部分地区被吕布夺去,徐州又落到刘备手中。是先消灭吕布还是先攻打徐州,曹操拿不定主意。于是他便召集大臣们来商议该怎么办。

曹操有一个谋士叫荀彧(yù),荀彧非常有谋略。他对曹操说:"我看了我们的一些情报,眼下徐州正是秋收的时节,刘备组织了很多人抢割麦子,运到城里储备起来;而另一方面,刘备也加强了防御工事,加固城墙。这表明,刘备有所防备。他们加固城墙,把野外的粮食和居民都运到城里,是要用'坚壁清野'的办法来对付我们。如果我们贸然进攻,不但没有给养供应,还会遭到顽强的抵抗,不出十天,我们就会有全军溃退的危险啊!"

曹操听后,十分佩服荀彧,于是采纳了他的意见,集中兵力攻打吕布,终于平定了兖州。

【释义】

原意指加强防守,加固壁垒,现指作战时暂时转移人口和物资,使敌人既攻不下据点,又抢不到物资。

【出处】

《三国志·魏志·荀彧传》

江郎才尽

江淹是南北朝时著名的文学家,曾经连续在宋、齐、梁三朝做官,担任过许多官职。

江淹年轻的时候,家中十分贫困。由于父亲去世早,所以很小的时候,他就上山砍柴,靠卖柴供奉母亲。尽管条件艰苦,江淹仍然发奋读书。由于他刻苦自学,写出了许多精彩的文章和诗篇,世人读了,个个称赞,他的名声就传扬开去,最终江淹受到朝廷的器重。

可是到了晚年,江淹的才思大大减退,写出的文章平淡,没有文采,诗篇也再没有佳句出现。人们都摇着头说:“江郎才尽了。”

如果探究原因,大概是江淹后来做了大官,公务繁忙,没有时间去认真写诗著文吧。而且在他享有盛名以后,地位变了,生活富裕了,也就不再刻苦学习,自然就大大退步了。

当时有一个关于江淹的神话传说,道出了一个离奇的故事。有一天,江淹寄宿在禅灵寺。夜里他做了一个奇怪的梦,有一个人走来对他说:“从前,我把一匹锦缎寄存在你怀里,到如今已有很长时间了,请你还给我吧。”江淹摸摸怀里,果然有一匹光彩绚丽的锦缎,他不由自主地拿出来,还给了那个人。醒来后,江淹感到腹中空空,拿起笔来,总也写不出好文章。

还有人说,江淹晚上在冶亭住宿,半夜走来一位俊秀的男人,笑着对他说:“我是晋朝的文学家郭璞,当初我把一支笔留给了你,今天我是来要笔的,请归还。”江淹向怀中一摸,果然有支笔,取出来一看,竟然是一支五色笔。江淹就把笔交还给了那个人。从此,江

淹的文采便每况愈下了。

【释义】

原指江郎年轻时有文采,晚年诗文无佳句。后常比喻才思减退。

【注释】

江郎:指南朝人江淹。

【出处】

《诗品》

骄兵必败

西汉时,汉军经常在周边地区和匈奴的军队进行战争。在公元前68年汉军攻下了车师,匈奴认为车师土地肥美,不可不夺,于是派骑兵袭击车师。

听到这个消息,汉宣帝赶忙召集群臣商议对策。丞相魏丞对汉宣帝说:

"近年来,匈奴并没有侵犯我们的边境。但我们边境上的老百姓却生活困难,怎么能为了一个小小的车师去攻打匈奴呢?况且,我们国内还有好多的事情要做,不但有天灾,还有人祸。官吏需要治理,违法犯罪的事情也在增多,现在摆在我们眼前的事情不是去攻打匈奴,而是整顿朝政,治理官吏,这才是大事。"

接着,魏丞又指出了攻打匈奴的弊端:

"如果我们出兵,即使打了胜仗,也会后患无穷。仗着国大人多而出兵攻打别人,炫耀武力,这样的军队就是骄横的军队。而骄横的军队一定会灭亡。"

汉宣帝采纳了他的意见。

【释义】

骄横的军队必定要失败。

【出处】

《汉书·魏相传》

焦头烂额

汉武帝时期,徐福曾预言霍光家族的显赫将会对其国家不利。但当时霍光地位显赫,没有人采纳他的意见。

后来,事情果然被徐福不幸言中。霍家和汉宣帝的矛盾日益尖锐,霍家便暗中策动政变。阴谋败露后,其全家包括亲属都被严厉地惩处。那些帮助汉宣帝击败这次阴谋的人都受到了奖赏,早就预见到这场灾难并劝皇帝避免的徐福反而无人问津。

有人为徐福叫屈,认为这很不公平。这个人给汉宣帝写了一封

信,讲了一个非常有意思的故事:

从前,有这样一户人家。他们家灶上装的烟囱是直的,灶旁堆了一堆柴禾。有人劝这家的主人说:"这样做很危险。为了更安全一些,您应该把烟囱弄得弯曲一些,把那堆容易失火的柴禾挪开。"这家的主人听了不以为然,心里还怨这人多管闲事。

后来,事情果然被这个人言中。这家失火,邻居们都来抢救。经过大家的努力,总算将火扑灭。然而,损失是难免的,有些人甚至被烧得焦头烂额。火灾过后,这家主人为了感谢邻居的帮助,请大家吃饭。酒席宴间,邻人中被烧得焦头烂额的坐在上座,其他的人也依次受到款待。然而,就是没有人理会那个曾经劝诫这家主人应早作防范的人。酒席宴间,有人想起了这件事,便直率地对主人说:"我记得曾有人劝您早作防范,如果您当初听了他的话,也不会失火呀。如果论功劳的话,应该是那个劝诫您早作防范的人的功劳最大。而您现在只是将那些在救火中被烧得焦头烂额的人请到上座,反而将当初劝您改烟囱挪走柴火的人放在一边不管。我觉得这也太不公平了吧。"

听了这番话,主人觉得很有道理,赶忙将那个劝诫他早作预防的人请了过来。

汉宣帝听后,也深受启发,觉得在揭穿霍家阴谋的过程中,徐福的功劳最大。于是重重地奖赏了徐福。

【释义】

原意是作出重大贡献无人问津,贡献小的人却受到重视。现比喻弄得极为糟糕,有时也用来形容在办事时手忙脚乱、疲于奔命。

【出处】

《汉书·霍光传》

狡兔三窟

战国时期,齐国著名的政治家孟尝君在家中养了众多门客,门客中有个人名叫冯煖(xuān),出身贫寒,地位低下,孟尝君的管家看不起他,总是给他吃粗劣的饭菜。

一天,冯煖靠着房柱,一边敲着他的剑铗(jiá),一边唱道:"长铗啊长铗,不如和你一同回去吧,每次吃饭时,我都没有鱼吃!"管家听了很生气,就跑去报告孟尝君。孟尝君说:"以后吃饭时给他鱼。"

几天后,冯煖又敲着剑铗唱起来:"长铗啊长铗,我们一同回去吧,出门的时候,我没有车子坐!"孟尝君听了,便吩咐给他准备车子。过了几天,冯煖又一次敲着剑铗唱起来,说他的母亲没有人供养。孟尝君立刻派人给他母亲送去粮食和日常用品。从此,冯煖再也不敲剑唱歌了。

后来,冯煖主动要求帮孟尝君到薛地收债,孟尝君吩咐他,用收回来的钱买些家里缺少的东西带回来。冯煖到了薛地,把欠债的人召集起来,核对了每人的债券,然后自作主张,对他们说:"孟尝君不要你们还这些债了,大家把债券都烧掉吧。"那些欠债的人喜出望外,当场就把债券都烧毁了,人们感激万分,都夸孟尝君是仁义君子。冯煖两手空空地回来见孟尝君,孟尝君得知他烧毁了债券,非常不高兴。冯煖说:"你家里什么东西都不缺,我看只缺少一个'义'。你只拥有一个薛地,应该多为那里的老百姓做些好事,怎么能放债去剥削他们呢。所以我把'义'买来送给你。"

一年后,孟尝君被罢了官,无处可去,只好到薛地去。薛地的老

百姓扶老携幼在路上迎接他,他这才领悟冯煖所说的"义"是怎么回事。冯煖对他说:"狡兔有三窟,才能躲避被打死的厄运,我想再替你开凿一个洞。"

以后,冯煖使用妙计,让齐国国君以黄金、车马、宝剑作为礼物,恭恭敬敬地又请孟尝君回去做官。孟尝君当官几十年,冯煖多次为他出谋划策。

【释义】

原指狡猾的兔子有三个洞穴。比喻藏身的地方多。

【注释】

窟:洞穴。

【出处】

《战国策·齐策四》

现存最完整的人工运河

目前,世界上保存最完整的人工运河是位于广西壮族自治区兴安县境内的灵渠。灵渠修建于公元前214年,至今已有2 200多年的历史。灵渠全长34千米,沟通了长江和珠江两大水系。灵渠的修筑得益于秦始皇发兵攻打岭南。当时,陆路行军运粮困难,秦始皇派史禄开凿灵渠。耗时四年,灵渠开凿成功。灵渠的修建大大推动了当地农业、经济的发展。

揭竿而起

秦朝末年,朝廷不顾人民死活,强征暴敛,不断增加徭役赋税,大肆向各地农民征兵,防守边境。阳城人陈胜和吴广等一批贫苦农民也被征召入伍,集中向渔阳开进。陈胜虽然是雇农,但胸怀大志,相信自己有朝一日定能出人头地。两个看押他们的军官见陈胜和吴广身体强壮,就让他俩做领队的小头目,按规定期限带领九百人到达指定地点。

这支队伍到了大泽乡,恰好遇上一连几天的倾盆大雨,道路被洪水淹没,无法前进。按照秦朝法令,不能按期到达的,一律处斩。壮丁们个个唉声叹气,愁眉不展。陈胜同吴广暗中商量:"此处离渔阳还有几千里路,无论如何都难以如期到达。误期是死,起义造反也是死,不如造反吧。"两人计划已定,为了制造舆论,就定下两条计策,按计行事。吴广预先在一块白布上写上"陈胜王"三字,塞进买来的鱼腹中。第二天厨师剖鱼时发现了白布,把这件事传扬出去,壮丁们议论纷纷,都对陈胜另眼相看。然后,吴广趁着黑夜,在远处丛林中点起篝火,学着狐狸的声音叫:"大楚兴,陈胜王!"壮丁们在半夜里听到叫声,都说是天意指示陈胜将来做皇帝,都拥护他,决心跟着他闯天下。

陈胜、吴广见时机成熟,故意激怒两个看押的军官,趁机杀了他们。随后,陈胜、吴广召集九百名壮丁,宣布起义。壮丁们早有准备,齐声欢呼,一致赞同起义,推举陈胜、吴广为首领。于是陈胜自封为将军,吴广为都尉,打着秦朝太子扶苏和原楚国将军项梁的旗

号,定国号为张楚,正式起义。起义军首先占领了大泽乡,乡亲们纷纷送饭送水慰劳他们,年轻人争先恐后报名投军。起义军队伍一下子增加了很多人,武器和旗帜都没有,他们就拿起木棒做刀枪,砍下竹子当旗杆。陈胜、吴广揭竿而起,带领起义军浩浩荡荡上了战场。

【释义】

指高举义旗,起来斗争。后泛指人民起义。

【注释】

揭:高举。竿:竹竿,代旗帜。

【出处】

《过秦论》

嗟来之食

春秋战国时期,齐国发生了一次百年不遇的大饥荒,百姓流离失所、朝不保夕,许多穷苦百姓被活活饿死,而活着的人也是奄奄一息。

有个叫黔(qián)敖的富人假仁假义地在大路旁摆上一些食物,等着饿着肚子的穷苦百姓经过时,施舍一点儿吃的东西给他们,以显示他的仁慈之心。

一日,黔敖又坐在路边的车上,等着那些饥饿的人经过。正在这时,一个饿得不成样子的人一步三晃、跌跌撞撞地走了过来,只见他用破烂的衣袖半遮掩着脸,脚穿一双破草鞋,十个脚趾血迹斑

斑地露在外边。黔敖一看,心里乐开了花,自言自语道:

"上天有眼,我大发慈悲的时刻到了。"

于是他左手拿起干粮,右手端起一碗汤,仰头望着天空,嘴里吆喝着:

"喂,过来吃!"

黔敖本以为那个饿汉会对他三拜九叩,感激涕零。

谁料,那个饿汉抬起头来,抖了抖衣袖,对黔敖怒目而视,轻蔑地说:

"我就是因为不吃你们的这些'嗟来'之食,才饿成今天的样子,你以为一个人为了吃一口东西填饱肚子就会抛弃最基本的尊严,接受你们这种侮辱性的施舍吗?你以为你们有几个臭钱,就可以如此为所欲为吗?快快收起你那套假慈悲吧。"

说完,饿汉扭头就走,最终因饥饿而死。

【释义】

原意是喊人过来吃食物。含有傲慢侮辱的口气。后来用此成语来表示带有侮辱性的或不怀好意的施舍。

【出处】

《礼记·檀弓下》

竭泽而渔

春秋时期,楚伐宋,宋国危在旦夕,求助于晋,晋文公收到宋国

的告急文书之后，迅速召舅父狐偃商议对策。晋文公问狐偃："楚国兵多，我国兵少，在兵力悬殊的情况下，我们采取什么战略才能取得胜利呢？"

狐偃回答说："我听说，讲究礼节的人不怕麻烦，善于打仗的人，不厌欺诈。正所谓'兵不厌诈'嘛。我看大王就用欺诈的方法好了。"

晋文公对狐偃的建议有些怀疑，就把大臣雍季召来，询问他有什么高见。雍季并不赞成这样做，不过，在当时楚国实力比晋国更为雄厚的情况下，别无他法，这也算是缓兵之计。接着他对晋文公说："有个人想捉鱼，可是池塘里水太深，他捉了半天，只捉了几条。于是，他把池塘里的水全部抽干了，当然能很容易地把池塘里的鱼一条不漏地捉住，可是明年就无鱼可捉了。还有个猎人想上山捕捉野兽，就把山上的林子都给烧光了，这怎能打不到野兽呢。可到了明年，这里哪还会有野兽可捕杀呢。现在我们虽然勉强可以使用欺诈的方法取得成功，但这种成功只是偶然的，这终究不是长久之计呀！"

【释义】

原意是抽干了池塘里的水来捕鱼。比喻索取不留余地，只图眼前利益，不作长远打算。

【出处】

《吕氏春秋·义赏》

金屋藏娇

　　长公主刘嫖(piáo)是汉武帝刘彻的姑母,嫁给陈婴之孙后,生了一个女儿小名叫阿娇。阿娇长得活泼可爱,亲友们都非常喜欢她。

　　那时,刘彻也才只有几岁,有一天刘彻到姑母——长公主家玩儿,长公主很喜欢这个聪明的侄子,便把他抱到自己的膝盖上,逗他说:"儿呀,你要不要媳妇?"说着,指着身边侍立的一个女子:"要她做你的妻子吗?"刘彻说:"不要。"

　　长公主身边侍奉的人有一大堆,长公主一个个指过去问刘彻,刘彻把头摇得跟拨浪鼓似的,都说不要。最后,长公主指着阿娇问他要不要,刘彻立刻笑着说:"如果能娶到阿娇做媳妇,我就造金子做的房子给她住(金屋藏娇)。"

【释义】

　　娇,原指汉武帝的皇后阿娇,后泛指美貌女子。比喻男子秘密纳妾。

【出处】

　　《汉武故事》

金玉其外,败絮其中

明初,有一个卖蜜柑的人,他的柑子,金黄如新,虽然价格很高,但是购者很多。

一天,明初著名的政治家刘基(字伯温)漫步街头,他也被这新鲜饱满的蜜柑吸引,于是买了几个尝尝鲜。

回家后,刘伯温兴高采烈地请夫人吃蜜柑,谁知他刚一剥开柑皮,就有一股烟扑进他的嘴巴和鼻子里,再往里一瞧,只见里面的柑肉已经干瘪得像破旧的棉絮一般。刘伯温立即去找那个卖柑的算账,他厉声责问道:

"你卖的这是什么柑呀,是准备把它当做供品,还是做做样子来骗瞎子呢？真是太不像话了,你怎么能干这种骗人的勾当呢？"

谁料,卖柑人非但没生气,反而笑着说:

"老兄,我干这一行也不是一年两年了,少说也有十年八载,我就是靠这个行当养家糊口。我卖蜜柑,别人买蜜柑,你情我愿,我还没听说谁有什么怨言,只有老兄你不满意。唉,话又说回来了,当今这世上行骗的人到处都是,岂止我一个。您瞧那些腰别虎符,坐在虎皮椅上威风凛凛的武将,看起来似乎比孙子、吴起还神气,可他们果真有和孙子、吴起一样的谋略吗？再看看那些头顶高帽,身穿宽大朝服,腰上拖着长长绶带的重臣,看似气宇轩昂,堪称国家栋梁,难道他们真有伊尹、皋陶那样治理国家的本事吗？如今,寇盗四起,他们不知如何抵御;百姓困苦,他们却夜夜笙歌,不知如何救助;贪官污吏横行乡里,他们束手无策;法统败坏,他们不知怎样整伤。而他们这些人哪一个不是大把大把拿着国家白花花的银子,住着华美宽敞的房舍,骑着高头大马,吃着山珍海味,喝着玉液琼浆呢?又有哪一个不是金玉其外,败絮其中呢?今天你老兄不去查办这些事,却来挑剔我的蜜柑,真是没有道理。"

卖柑人一番话说得刘伯温哑口无言。回到家后,刘伯温有感而发,写成了《卖柑者言》一文,记下了他的亲身经历。

【释义】

原来指柑子外表很华美,实际上里面却是破棉絮。后来人们也用来指人或事物的外表和内在不统一,名不副实。

【出处】

《卖柑者言》

锦囊妙计

三国时,刘备同孙权、曹操争夺天下。由于刘备请诸葛亮出山担任军师,如虎添翼,势力日强。后来刘备把荆州作为自己的地盘,招兵买马,壮大自己的声势。刘备势力的强大使孙权深感不安,加上荆州本来属于东吴管辖,因此孙权一直想夺回荆州。

长坂坡之战中,刘备的妻子糜夫人死去。周瑜认为有机可乘,便和孙权设计,准备以招亲为名,假意把孙权的妹妹嫁给刘备,把刘备骗到南徐,然后杀掉他,趁机讨回荆州。

刘备听说后,不肯冒险去南徐成亲。诸葛亮早已识破周瑜的巧计,便决定将计就计,使刘备与孙权结为姻亲,让孙权自食苦果。诸

葛亮劝刘备只管前去成亲,他已安排好一切,不必担心。刘备仍有疑虑,说:"周瑜定下计谋,想谋害我,我怎能轻易冒险前往呢?"诸葛亮大笑说:"虽然周瑜能用计谋,但他怎能逃过我诸葛亮的眼睛呢!我只略用小谋,一定叫他束手无策,不仅你能轻而易举得到孙权的妹妹,荆州也绝不会失去。"刘备仍然不肯前往,诸葛亮见状,安慰他说:"主公只管放心前去,我已想好三条妙计,保你无恙,只要派赵云去保护你就行。"当下诸葛亮将赵云唤到面前,交给他三只锦囊,附耳低言:"你护送主公入吴,带好这三个锦囊。囊中有三条妙计,你可以依计而行。"

赵云收藏好三个锦囊,保护着刘备,带领五百名随行人员乘坐十只快船,向南徐而去。刘备到了南徐,果然一切都在诸葛亮意料之中,赵云按诸葛亮所说,每到紧急关头,便打开一只锦囊,依计行事。三条妙计用后,刘备果然顺利地娶回了孙权的妹妹,安全返回荆州。孙权只落得"赔了夫人又折兵"的下场。

【释义】

将应付事变的办法预先写好放在锦囊里。比喻能解决危急的好计策。

【注释】

锦囊:用锦缎做成的袋子。

【出处】

《三国演义》第五十四回

近水楼台

范仲淹做官时,知人善任,人品又正直,待人和蔼可亲,所以深得大家敬重。

他在杭州做知府的时候,提拔了很多有才干的人,使他们能够发挥自己的才能。然而,有一个叫苏麟的人,虽然有些才华,但却一直没有受到重视。当时,苏麟是个巡检官,很少接近范仲淹。

有一次,苏麟因公去见范仲淹。他想,这可是个好机会,不能错过。于是他就写了一首诗献给范仲淹。范仲淹看到诗后,觉得苏麟的诗很有文采。尤其是诗中有两句"近水楼台先得月,向阳花木易为春"写得很有意境。范仲淹也看出了这两句诗是在抱怨自己离范仲淹较远,没有受到重用,而那些离范仲淹近的人得到了好处。

范仲淹心领神会,后来,范仲淹根据苏麟的智慧和才干,给了他合适的职位。

【释义】

原意是靠近水边的楼台先得到月光。后来人们用它来比喻因位置优越而优先获得好处。

【出处】

《清夜录》

惊弓之鸟

　　战国时期,各诸侯国结成联盟,共同对抗秦国,赵国的魏加来到楚国,问春申君打算派谁担任领兵作战的将军。春申君说准备让临武君领兵同秦军作战。魏加知道临武君曾经被秦军打得大败,伤亡十分惨重,不适合担此重任,但临武君是春申君十分信任的将领,魏加又不好明确地劝阻。因此魏加想了想,就和春申君谈起射箭来。

　　魏加说:"我年轻时喜欢射箭,曾经听过一个故事,非常有趣。"于是魏加就绘声绘色地讲述起来:

　　魏国有一个人叫更羸,很会射箭。有一天,他和魏王在一起谈话,忽然天上传来雁鸣声,一只大雁正在天空飞翔。更羸看了一会儿,对魏王说:"大王,我只要拉一下弓,不用搭上箭射出去,就能把这只雁射下来。"魏王笑着说:"你简直是开玩笑!我不相信你射箭的本领这样高超。"

　　更羸取来弓,等那只大雁飞到近处,立刻把弓拉开,对准那只大雁"嘣"的一声弹了一下,并没有射出箭去,然而那只大雁已随着那声弦响,一头栽下地来。

　　魏王吃惊不已,不禁夸奖道:"你当真本领高强,不愧是神射手。"更羸放下弓,指着地上的雁谦虚地说:"不是我本领高强,而是这只雁受过箭伤。"魏王走近大雁细看,果然不假,他更加奇怪,问道:"你怎么知道它受过箭伤呢?"

　　更羸不慌不忙地说:"我发现它飞得很慢,而且叫声凄惨。飞得慢,说明伤口疼痛;叫声惨,说明它失群孤单。旧伤未愈,听到弓弦响,以为有人用箭射它,因用力高飞而伤口破裂,所以才栽落下来。"

魏加说完故事,对春申君说,临武君曾惨败于秦军,现在让他领兵同秦军作战,就会像惊弓之鸟,一定十分害怕。春申君听后十分佩服魏加。

【释义】

被弓箭吓怕了的鸟。比喻受过惊吓,遇事胆怯的人。

【注释】

惊:惊吓。

【出处】

《战国策·楚策四》

中国最大的综合性丛书

《四库全书》是中国最大的综合性丛书,也是中国古代最完备的一部官修丛书。《四库全书》从乾隆三十八年(1773年)二月在纪昀、陆锡熊、孙士毅和陆费墀的主持下开始编撰。历经3 600多位编者十年的收集、整理、编写和校订,《四库全书》才终告完成。《四库全书》下辖四大部,分设44类、66个子目,收录古籍3 503种、79 337卷,装订成3.6万多册。

开卷有益

宋朝时期,宋太宗赵光义让大臣李昉(fǎng)等人一起编辑一部巨著,此书所引用的图书有一千六百九十种。李昉等人根据不同内容分类,分成了五十五门。成书时间是太平兴国八年(983年),所以把书名叫做《太平御览》。这部书内容翔实丰富,有重要的参考价值,宋太宗十分喜爱这部书,即使国事很繁忙,他也坚持每天至少看几卷。皇帝身边的人见他每天要处理很多国家大事,还要阅览这部书太辛苦,就劝他少看些,注意休息。宋太宗说:"我本来就喜欢读书,把看书当成了一种乐趣,况且这本书对我十分重要,书卷一打开就对我有帮助,我不觉得这样做会使我劳累。"

【释义】

意指只要翻开书本看,总会有好处的。

【出处】

《渑水燕谈录·文儒》

开门揖盗

东汉末年,江东一带是孙策的势力范围。吴郡太守许贡暗中派人给汉献帝送信,建议调走孙策以除后患。不料送信人被捉获,孙策大怒,杀死了许贡。许贡有三个门客,决心为许贡报仇。他们趁孙策行猎之机,向他袭击,孙策脸上中了一支毒箭。回家后,孙策箭伤发作,他临死前将印绶留给弟弟孙权。孙策死后,孙权十分伤心。张昭劝他说:"现今奸邪作乱的人互相争夺权位,豺狼当道,如果只顾悲哀,讲究礼节,而不去考虑大事,这就像打开大门拱手迎接强盗进来一样,岂不自招祸患!"听了张昭的劝说,孙权止住悲伤,换上衣服,上马视察军队。东吴有了新主,人心稳定。后来,它与蜀、魏形成了三国鼎立的局面。

【释义】

打开大门,拱手迎接强盗进来。比喻引进坏人,自取祸患。

【出处】

《三国志·吴书·吴主传》

刻舟求剑

战国时期,有一个楚国人非常喜爱剑术,总是随身携带一把宝剑。他做事非常呆板,书上怎么写的他就怎么做,学剑时师父怎么教的他就怎么练,甚至遇到解决不了的事情时,别人怎么做的,他也学着怎么做,从来不肯变通一下。

有一次,他经过山林,看见一位樵夫在砍柴。忽然,樵夫一不小心,把斧头掉进山谷去了。从山上往下看,不知斧头落在何处。只见

樵夫不慌不忙地在斧头落下去的地方做了一个显眼的记号，然后从旁边的小路绕下山去，对照着山上的标记，很快在草丛里找到了斧头。这位楚国人一直在旁边瞧着，心里非常佩服那位樵夫，暗暗地把这件事记在了心中。

一天，这位楚国人搭乘一条渡船过江去。大家站在船上一边观看江景，一边谈天，这位楚国人恰好站在船舷边。渡船行到江中，忽听"扑通"一声，楚国人一不小心，将那把宝剑滑落到江里去了。同船的渡客见了，急忙请船家停船。一位好心的渡客劝这位楚国人赶紧跳下江去打捞，这位楚国人笑着摇摇头，不慌不忙地说："我自有妙法！"他拿了一把小刀，在船舷上剑掉下去的地方，刻了一道深深的记号，自言自语地说："我的剑是从这儿掉下去的！"然后他站起身，招呼船家继续行船。一位会游泳的青年要帮他下水打捞，也被他笑着谢绝了。

渡船在江上行了很久，终于到了岸边。这位楚国人这才慢慢地脱了衣服，从船舷边他所刻的记号那里跳下水去。他在水中捞来捞去，怎么也捞不到那把剑，他浮出水面惊讶地说："我的剑明明是从这儿掉下去的，怎么找不到了呢？"

同船的渡客见他这副模样，全都哄然大笑起来。那位青年更是笑痛了肚子，他说道："渡船已经走了这么远，而掉在水中的剑是不会走的，怎么能刻舟求剑呢？你不是太糊涂了吗？"

【释义】

比喻办事刻板，拘泥而不知变通。

【注释】

求：寻找。

【出处】

《吕氏春秋·察今》

口蜜腹剑

唐玄宗时，朝中有个官员叫李林甫。他与皇帝属同一个宗族，所以权势显赫，不可一世。李林甫很有才学，字写得很好，又擅长绘画，因此很受唐玄宗的赏识和重用。

可是李林甫的品德低下。他善于谄媚逢迎，看皇帝眼色行事，竭尽歌功颂德、曲意逢迎之能事，以此来博得皇帝的夸奖。对于唐玄宗的心腹宦官和宠妃，他总是想方设法讨好卖乖，博取他们的欢心，以保住自己的官位。他就是依靠这种特殊的本领蒙蔽了皇帝和皇帝身边的人，在朝中高居宰相之位达十九年之久。

平时李林甫和同僚们相处，总是装出一副态度谦恭、平易近人的样子，看起来像是一位办事公正、善解人意的忠臣良相，实际上他却阴险狡猾，手段毒辣。他专门同有权有势的人结交，结成帮派，以壮大自己的势力。凡是有才学有见识的人，他都非常妒忌，如果哪位官员功劳超过他，被皇帝重用，地位威胁到他，他一定要想方设法把这个人除掉。

为了掌握唐玄宗的爱好和想法，李林甫用金钱玉帛买通了宦官和皇帝的嫔妃，因此唐玄宗那儿有什么消息，他马上就能知道。有一次，他听说唐玄宗要重用兵部侍郎卢绚，便立即把卢绚调到外地，不久又把卢绚降职，却对唐玄宗说卢绚有病，不能重用。又有一

次,他知道唐玄宗想重用严挺之,就把严挺之请到京城来看病,然后告诉唐玄宗,说严挺之年老体衰,正在医治。李林甫两面三刀,嫉贤妒能,陷害了很多才能比他高的人。

了解李林甫的人,都说他口蜜腹剑,对他十分痛恨却又畏惧,只好远远地躲着他。

【释义】

比喻说话好听,像蜜一样甜,肚里却怀着阴谋,想暗害人。

【注释】

口蜜:说话甜蜜好听。腹剑:肚里藏着利剑。

【出处】

《资治通鉴·唐玄宗天宝元年》

口若悬河

晋朝的郭象早年未踏入仕途之前,潜心研究学问,博学多才。

当时的朝廷求贤若渴,怎肯放过学识渊博的郭象。于是,晋君三番五次派朝中重臣不厌其烦地游说郭象入仕,为国家效力。他实在推辞不掉,只得答应了,到朝中做黄门侍郎。

到了京城,因为他学识渊博,能够把道理讲得头头是道,而且又喜欢发表自己的见解,加之他说话诙谐幽默,所以人们都十分喜欢听他妙趣横生的讲演,无论他讲什么,人们都会听得津津有味。

当时任太尉的王衍对老子和庄子也颇有研究,他对郭象渊博的学识、独到的见解及雄辩的口才大为赞赏,常常称赞他说:"听郭象的讲话,犹如悬在山间的河流,倾泻而下滔滔不绝,从来没有枯竭的时候。"

【释义】

原意指人讲起话来就像瀑布一样倾泻直下,滔滔不绝。用来比喻一个人口才好,能言善辩,也比喻十分健谈。

【出处】

《世说新语·赏誉》

脍(kuài)炙人口

春秋时期,孔子门徒曾参因其父爱吃羊枣,父亲死后不忍再吃羊枣,被传为佳话。

到了战国时,孟子的弟子公孙丑对这件事大为不解,就向老师孟子请教。公孙丑问:

"老师,脍炙和羊枣,哪一个好吃?"

"当然是脍炙好吃,没有哪个人不爱吃脍炙。"

公孙丑又问:

"怪了,曾参为什么不把脍炙戒掉,而只戒吃羊枣呢?"

孟子笑着说:

"脍炙,是大家都爱吃的;而羊枣的滋味虽说和脍炙相比稍差一点儿,

但却是他父亲特别爱吃的东西，所以曾参只戒吃羊枣。好比对长辈只忌讳叫名字，不忌讳称姓一样，姓有相同的，名字却是自己独有的。"

孟子一席话，使公孙丑明白了其中的道理。

后人从孟子所说的"脍炙所同也"引申出"脍炙人口"这则成语。

【释义】

原意是指人人爱吃的细肉和烤肉。后人常用它来比喻人人赞美的事物和诗文。

【出处】

《孟子·尽心下》

最早的太阳黑子记录

一般来说，太阳黑子是太阳光球层上的暗黑斑点。因为其温度比太阳光球层表面温度要低1 000~2 000开，与光球相比成为暗淡的黑斑。太阳黑子产生的带电离子能够破坏地球高空的电离层，干扰地球磁场，影响通信。我国关于太阳黑子的记录，最早出现在公元前140年的《淮南子》中。书中记载："日中有乌"。这里的"乌"就是太阳黑子。我国古代的古籍中关于太阳黑子的记录有100多次，这些记录为现代科学家研究太阳黑子提供了宝贵的资料。

困兽犹斗

春秋时期,一次晋军援郑伐楚,由于贻误战机,大败而归。

晋景公盛怒之下,拂袖示意卫兵把荀林父押下去杀掉。

"我主息怒,此人杀不得呀!"大夫士贞子急忙上前阻止说。

"为什么杀不得?"

士贞子不慌不忙地对晋景公说:

"三十多年前的城濮之战中,我晋军大获全胜,举国上下一片欢腾,士兵们大吃三天楚军的粮食,但先君文公面无喜色,忧心忡忡,左右的人甚为不解,就问晋文公为什么。晋文公说:'这次战斗,因为我们用人得当,战略战术正确,加之士兵勇猛,首先击破了楚军的左、右翼,致使中军完全陷于被动之中,败局已定,无力挽回,只好收兵。楚军虽败,但主帅成得臣还在,我怎可就此放心呢?一头野兽被困住了尚要挣扎,更何况得臣是一国之相呢?有朝一日,他休整好了,势必要来报仇雪恨的,你说,我们有什么可庆祝的?'后来,气急败坏的楚王杀了战败的得臣,先君文公才露出笑脸,高兴地说:'太好了,得臣死了,楚王帮我除了心头大患,从此我可以高枕无忧了,不必再担心得臣会来害我了。哈哈,我晋国算是又胜了一次。'自楚王杀了得臣以后,楚国两代都兴旺不起来。如今,荀林父虽然在此次战斗中失败了,但他是个难得的人才,算得上是国家的柱石,杀了他,岂不是正中了楚国的下怀,帮了他们的忙吗?您说,荀林父能杀吗?"

晋景公听了士贞子的话,方如梦初醒,立即下令赦免了荀林父

等人的死罪,官复原职。

【释义】

原意是指被围困的野兽还要进行最后的挣扎。比喻在绝境中还要挣扎抵抗,多含贬义。

【出处】

《左传·宣公十二年》

滥竽充数

战国时期,齐国有一位南郭先生,由于他不学无术,又不求上进,因此几乎落到食不果腹的地步,他正在为此而愁眉苦脸的时候,机会来了。

南郭先生有一个朋友在王宫乐队里任职。齐国的国君齐宣王喜欢听吹竽,可是他不喜欢听独奏,偏偏要组织三百人的吹竽乐队一齐演奏。负责乐队的官员犯愁了,因为乐队的人员没有这么多,还缺一名乐师。南郭先生听说后,急忙托这个朋友找关系走后门,冒充乐师混进乐队。他拿着竽,左看右看,模仿别人的样子放在口边,煞有介事地吹奏,其实根本没有发出声音。竽是古代一种用竹子做成的多管乐器,有点儿像笙,南郭先生把它抱在面前,一副乐师的派头,所以别人一点儿也看不出他不会吹竽。为齐宣王演奏的时刻到了,三百名乐师一同吹响竽,声音洪亮,气势很大,响彻王宫内外。

齐宣王非常高兴,给三百名乐师优厚的待遇。从此南郭先生不仅解决了吃饭问题,而且生活安定富裕。就这样,他在乐队里混了许多年。

后来齐宣王死了，齐湣(mǐn)王继承了王位。这位新任的国君也非常喜欢听吹竽，南郭先生听后很高兴，以为能继续混下去。乐队官员请示过齐湣王后，南郭先生才知道齐湣王不喜欢听合奏，偏偏要乐师们一个一个单独演奏给他听。于是乐师们个个紧张地练习乐曲，准备在齐湣王面前大显身手。只有南郭先生一人惊慌失措，因为他这几年来连一个曲子也没吹奏过，这次无法蒙混过关了。南郭先生只得扔下竽，悄悄地溜走了。

【释义】

比喻没有真才实学的人混在行家里凑数。

【注释】

滥：失实，不真实。竽：一种簧管乐器。充数：凑数。

【出处】

《韩非子·内储说上》

中国最大的百科全书

《永乐大典》是中国历史上最大最完善的一部百科全书。该书 22 877 卷，凡例、目录 60 卷，收集各类图书七八千种。"上至先秦，下达明初，包括宇宙之大，统会古今之异同。"《永乐大典》"用韵以统字，用字以系事"，分列天文地理、诗文曲词、人事名物等模块，集经、史、子、集、农艺、医卜、文学、宗教等于一体，广收各种资料。

狼狈为奸

据说,狼和狈这两种野兽不仅长得十分相似,而且性情相投。经常在一起干坏事。

有一次,一只狼和一只狈碰巧来到一家农民的羊圈旁,发现里面有许多羊,不禁垂涎三尺。可是羊圈很高,很结实,这两只动物急得团团转,不知如何是好。

商量了半天,它们终于想出了一条妙计。

原来狼的两条前腿长,两条后腿短,而狈正好相反,后腿长前腿短。如果用叠罗汉的办法,让狼骑在狈的脖子上,狈再用两条长长的后腿直立站起来,那么肯定能把狼扛得很高,然后狼再伸出它那两条长长的前腿,就可以够得着羊圈里面的羊了。

想到这么一个好办法,狼和狈都不禁欣喜若狂。

于是狈赶紧蹲下身来,让狼骑到自己身上,然后用两只前爪抓住羊圈的围墙,慢慢地把身子站直。等狈站稳了身子,狼再慢慢地从狈的身上站起来,用前爪搭住羊圈围墙的上端,一点一点探进羊圈里面。然后,它瞅准了一个机会,猛地伸出一只前爪,抓住了一只靠近羊圈围墙的小羊。在它们俩的密切合作下,一顿美餐终于到口了!

【释义】

狼和狈常常合伙一起偷羊或伤害牲畜。比喻互相勾结做坏事。

【出处】

《酉阳杂俎》

老当益壮

东汉的名将马援,从小就胸怀大志,立志高远,不甘落后。年轻时,他曾做过扶风郡的督邮。有一次,郡守派他把犯人押送到长安,可他觉得这个犯人怪可怜的,不忍把他送去受死,于是半路上他就偷偷地把犯人给放了。由于他没有完成任务,只好弃官而逃,跑到北方躲了起来。过了不长时间,碰巧赶上皇帝大赦天下,以前的一切罪过都不再追究。于是他安心地在那里经营畜牧业和农业生产。由于他做事情有恒心和毅力,他的事业很快就发展起来了。

不到几年的工夫,马援就有了大批的牲畜和大量的土地,成了一个大畜牧主和大地主。但是,他并没有满足于生活上的富裕,而是把自己的财产都分给了他的兄弟和朋友们。他说:"一个人要有远大志向,一辈子做个守财奴,太没意思了!"

他经常对朋友说:"做个大丈夫,就一定要'穷当益坚,老当益壮'。"也就是说,人越穷困,志向就要越坚定;越年老,志气越要壮盛,总是停滞不前肯定是不行的!后来,马援成了东汉有名的将领,为光武帝立下了很多战功。

【释义】

形容年纪虽老,志气反而更加豪壮。

【出处】

《后汉书·马援传》

老骥(jì)伏枥(lì)

曹操是东汉末年的枭雄。他年轻时曾做过低级军官,在消灭董卓的势力和镇压黄巾军起义的过程中逐步扩大了自己的势力,后来成为汉献帝的丞相。曹操采取"挟天子以令诸侯"的办法,先后消灭了吕布、袁术、袁绍、刘表等地方军阀,逐步控制了北方的大部分地区。在这些地区,他注意发展生产,限制土地兼并,为社会的安定和统一中原奠定了基础。

在当时汉朝东北边境,活跃着一支奴隶制的少数民族——乌桓,曹操消灭了袁绍的势力后,袁绍的两个儿子就投奔到了那里,想借机东山再起。此外,乌桓的首领也经常趁着中原混乱的机会侵扰汉朝。他们不仅掠夺大量的财物,而且抓走许多汉人去做奴隶。于是,曹操为了彻底消灭袁绍的残余势力使东北地区的边境安静,在公元207年亲自统率大军征讨乌桓。

这一年曹操已经五十多岁了。古人认为:五十而知天命,人到了五十岁就已经逐渐衰老了,距离死亡也就不太远了。曹操当时也认识到了这一点,但他并没有因为年老体衰而意志消沉,而是以一种豪迈的气概面对自己要完成的事业,继续努力实现自己建功立业的抱负。经过几次的激烈战斗,曹操终于打败了乌桓的头领蹋顿。在带领大军凯旋的途中,曹操有感而发,写出了一首气势豪迈的诗,这就是著名的《龟虽寿》,这首诗写道"神龟虽寿,犹有竟时。腾蛇乘雾,终为土灰。老骥伏枥,志在千里。烈士暮年,壮心不已。"意思是:曾经驰骋战场的骏马,虽然年老体衰卧在马槽旁,但它的心仍向往一日千里的飞奔。胸怀远大理想的斗士，虽然已到了生命中的垂老时刻，只要生命不息，他那颗奋勇拼搏的心就一刻也不停止！通过这些诗句，我们可以感受到他那豪迈的气概和伟大的奋斗精神。

【释义】

指衰老的骏马即使卧在马槽旁，心也向往着一日千里的飞奔，人们用这个成语比喻人虽然年老，但仍保持着雄心壮志、从不服输的斗志与精神。

【出处】

《步出夏门行》

老马识途

春秋时期，齐桓公既往不咎，任管仲为相。管仲被齐桓公的宽容大度所感动，尽心尽力地辅佐齐桓公，齐国很快就强大起来，齐桓公在各诸侯国中取得了盟主的地位。有一次，齐桓公带兵讨伐孤竹国，大获全胜。当他带着大军兴高采烈地回国时，没想到齐军竟迷失了道路。因为出征时正是春暖花开的季节，而如今已是北风呼啸的寒冬；来时还有茂密的树林，现在却尽是枯枝败叶；来时遍地的鲜花，现在全是茫茫的白雪。来时道路上的任何痕迹都找不到了。齐军不能识别回去的方向，又找不到向导，被困在山里，处境十

分艰难。在这紧要关头，管仲想出了一个办法，他让士兵选出几十匹从齐国出征时带来的老马，集中在一起，让马匹在前边带路，大军紧紧地跟在这些马匹的后面。奇迹出现了，这群老马为齐军找到了方向，把他们带回了齐国。

【释义】

现在一般用于比喻有经验的人熟悉情况，了解规律。

【出处】

《韩非子·说林上》

老生常谈

三国时期，有个人叫管辂(lù)，他知识渊博，通晓占卜之术。

有一天，吏部尚书何晏、侍中邓飏两个人一起喝酒，酒足饭饱之后，他们觉得无聊，想找一些事情消遣一下，于是就派人把管辂叫来替他们占卜。

何晏、邓飏(yáng)两人是曹操的侄孙曹爽的心腹，平日里他们依仗权势经常胡作非为，老百姓对他们都恨之入骨。管辂对他们二人的恶名也早有耳闻，想趁这个机会好好教训他们一顿，让他们不要再做伤天害理的事情。

管辂刚一进门，何晏就大声叫道："快替我算一卦！听说你算卦很灵，你算算看我还有没有机会升官发财。昨晚我做了一个梦，梦见苍蝇总是叮在我的鼻子上，你算算这是什么预兆？"管辂为了灭一灭他的威风,就说道:"按照你的梦来推测,这恐怕不是个好兆头啊!以你现在的地位,应该有许多人尊敬你才是。可是现在感激你的人很少,惧怕你的人倒很多,这不是升官发财的预兆。"他顿了一下,又接着说:"遇到这种情况,如果想逢凶化吉,消灾避难,你就只有仿效以前的圣贤们,多行善事,广结善缘。"邓飐在一旁听了,连连摇头说:"这些都是些老生常谈,没什么意思。"管辂哈哈一笑说:"虽说是老生常谈,却不能不加以重视啊!"

不久,消息传来,何晏、邓飐因与曹爽一起谋反而被株连九族,管辂知道后说:"老生常谈的话,他们却置之不理,有这样的下场也就不足为奇了!"

【释义】

老书生常常讲的话,比喻听厌了的没有新意的话。

【出处】

《三国志·魏书·管辂传》

乐不思蜀

三国时期,蜀主刘备死后,丞相诸葛亮辅佐后主刘禅治国。刘禅是个胸无大志、才学浅薄的人,把一切政事都交由诸葛亮处理,自己乐得轻松快活。后来诸葛亮率军北伐,死在兵营,蜀国军事就由姜维代劳。

魏国的司马昭见姜维在外率兵作战,蜀都空虚,刘禅又昏庸无

能,认为这是灭掉蜀国的大好机会。于是兵分几路征伐蜀国,不久就打到成都城外。蜀后主刘禅心惊胆战,便投降魏军,一家老小也被带回魏都洛阳。刘禅担心魏元帝曹奂会杀了他,谁知曹奂对他好言安抚,封他为安乐公,还赏赐给他大片土地和许多奴婢,连他的子孙也都封了官。刘禅受宠若惊,自此安心享乐,更不把亡国之耻放在心上。司马昭对刘禅不放心,想试一试他有无复国之心。有一次,司马昭大摆宴席,把刘禅和他的旧部下请来赴宴,还专门叫来戏班子演唱蜀国的戏。刘禅的旧部下听到熟悉的乡音,都很悲伤。可是刘禅依旧谈笑饮酒。司马昭看在眼里,悄悄对坐在旁边的官员说:"你看,一个人没有感情竟然到了这种地步!像他这样的人,即使诸葛亮活着也无计可施,何况姜维呢!"

几天后,司马昭去看望刘禅,问他:"你很想念蜀国吧?"刘禅笑嘻嘻地回答说:"在这儿快乐得很,我不想念蜀国(乐不思蜀)。"后来这件事被郤(xì)正听到了,他立即对刘禅说:"司马昭以后再这样问你,你应该哭着说:'祖先的坟墓都在蜀地,这令我非常想念!'"刘禅点点头。过了几天,司马昭又问刘禅这个问题,刘禅照郤正的话说了一遍。司马昭大笑起来,说:"这是郤正教你这样说的吧?"刘禅吃惊地说:"对啊,你怎么知道的?"周围的人一齐哄笑起来。

【释义】

比喻乐而忘本或乐而忘返。

【注释】

乐:快活。蜀:三国时国名。

【出处】

《三国志·蜀书·后主传》

乐极生悲

春秋时候,有一次,孔子去观看鲁桓公的庙,见到一种东西与酒壶非常相似,就对一起来的弟子说:"我很早就听说有这样一种容器,空着的时候,它是倾斜的,当你往里灌进适当的酒或水后,它就竖起来了,保持端正。但是如果把它灌满了水,它就会翻倒。"弟子们就取来水去试,他们往容器里灌,灌到一半时,倾斜的容器果然端正了,可是当水灌满了以后,容器马上翻了。弟子们兴奋地叫喊起来,孔子却严肃地说:"这件事告诉我们,快乐到极点后,就会忧虑、悲伤,就好像太阳过了中午,就要逐渐落下,月亮过了十五,就要逐渐缺损。所以,我们要保持节制,任何事情都不能做得太过分。"

【释义】

形容高兴过度而引来悲伤的事情。

【出处】

《淮南子·道应训》

厉兵秣(mò)马

　　春秋时期,晋国和秦国联合出兵攻打郑国。郑国的大夫烛之武在危急之中,只身一人冒死来到秦营,劝秦国国君不要上晋国的当,因为郑国灭亡了,也就削弱了秦的势力。秦国国君觉得有理,便下令撤军回国,又派三员将领杞子、逢孙、杨孙带领一部分军队帮助郑国守城。秦军撤退后,晋军也跟着收兵回国。这样,杞子等三位将领就留在了郑国。

　　两年后,杞子派人暗中送给秦国国君一封密信,说他们已经掌握了郑国都城北门的钥匙,请秦军速来偷袭郑国国都,他们积极做好内应。秦国国君非常高兴,不顾老臣蹇(jiǎn)叔的反对,当即派孟明视等将领率领大军去偷袭。秦国离郑国有千里之遥,秦军毫无顾忌地通过周天子的京城洛阳,长途行军,来到离郑国不远的滑国境内。这时郑国的商人弦高正赶着一群牛到洛阳去做生意,在滑国遇上了东进的秦军,立刻明白秦军是要去偷袭自己的祖国。他急中生智,假扮郑国的使者迎向秦军,献上四张熟牛皮和十二头牛,对秦军说:"我国国君听说你们远道而来,十分辛苦,特命我前来迎接,犒劳贵军。"孟明视以为郑国早有防备,只好停止进军。弦高一面应付秦军,一面派人火速向郑国报信。

　　郑穆公得到弦高的紧急情报,立即下令作好战斗准备,同时派人去北门察看秦国驻军的活动。这时杞子等人已经带领部下作好了作战的准备,他们磨好了武器,喂饱了马匹,正准备动手。郑穆公立刻派大夫皇武子去见杞子,宣布他们是不受欢迎的人。杞子见阴谋败露,只得仓皇逃走。

郑穆公作好迎战准备,严阵以待。孟明视眼看偷袭郑国的计划落空,只好把小小的滑国抢掠一空,领兵回国。谁知他们撤退时,晋军早已埋伏多时,秦军措手不及,被打得溃不成军,孟明视等三名将领全部被晋军活捉。

【释义】

磨砺好武器,喂饱马匹。指作好了战斗准备。

【注释】

厉:同"砺",磨。兵:武器。秣:喂草料。

【出处】

《左传·僖公三十三年》

励精图治

公元前74年,西汉的昭帝病逝。霍光立刘询为帝,这就是汉宣帝。

霍氏家族凭着自己的势力胡作非为,使得民怨沸腾,朝中的官员也是敢怒不敢言。公元前68年,霍光染疾而死,早对霍家不满的御史大夫魏相认为这是一个好机会,于是就向汉宣帝建议采取措施,削弱霍氏的势力。霍家的人听到这一消息十分恐惧,就假借太后的名义,准备先杀魏相,然后废掉汉宣帝。汉宣帝得知此事后,决定先发制人,他下令将霍氏家族满门抄斩,对其党羽也作了处置。

除去了霍家的势力,汉宣帝在治理国家方面少了许多阻碍。从

那以后,他振作精神,勤于朝政,努力把国家治理得繁荣安定。他广开言路,注意考核和选拔有能力的人才,还减少苛捐杂税,鼓励发展农业生产。魏相也带领着文武百官努力为朝廷效力,一时间出现了政通人和的繁荣气象。

汉宣帝通过自己的勤勉,又有魏相等人的配合,采取了一系列措施,最终取得了明显的效果。在他统治的二十五年间,本来已经衰落的西汉王朝又出现了繁荣兴旺的局面。

【释义】

意思是振奋精神从事治理国家的事业。

【出处】

《汉书·魏相传》

利令智昏

战国时期,赵国平原君在诸侯之中享有很高的威望。但有一次,他却被眼前小利弄昏了头脑,致使赵国蒙受了重大损失。

公元前262年,秦国大将白起领兵攻打韩国,他们迅速占领了野王这个地方,这样,韩国的上党同内地之间的交通要道就被切断了。上党陷入了孤立的境地,无论从兵力还是给养上都已十分缺乏。上党的郡守冯亭对手下人说："上党肯定是保不住了,与其被秦国攻占,我们还不如投降赵国。赵国得到上党,秦国肯定不甘心,一定会发兵攻打它。一旦赵国受到攻击,必然会请求韩国帮助。如果赵国和韩国联合起来,那么就可以抵御秦国的进攻了。"

出于这种考虑,冯亭就派人去求见赵孝成王,要把上党无偿奉送给赵国。这件事在赵国引起了很大的争论。平阳君赵豹认为,无缘无故收下这块地方不妥,甚至会招来什么祸患。但平原君赵胜认为,不费什么力气就能得到一块地方,这样的便宜事何乐而不为呢?争论到最后,平原君取得了胜利,于是赵孝成王便派平原君去接收上党,并封冯亭为"华阳君"。

果然,这件事让秦国大为恼怒,于是秦王便派白起率军攻打赵国。虽然赵国军队奋力抵抗,但四十万军队被包围,最后被秦军打得落花流水,损失惨重。

【释义】

利令智昏这则成语的意思是因为贪图小利,使得头脑发昏,丧失了理智,忘掉了一切。

【出处】

《史记·平原君虞卿列传》

梁上君子

陈寔(shí)是东汉时太丘县令,为官清廉,品行端正,他不但对自

己的要求很严格,而且对子孙也管教很严。有一年,天下大旱,庄稼干枯,百姓生活十分困难,社会治安混乱,尤其是小偷明显多了起来。

有一天晚上,陈寔已经睡下了,突然,他发现房梁上伏着一个人。陈寔心里清楚,这个人肯定是个小偷,趁人不注意的时候混了进来,想等到陈家的人都睡了之后再出来行窃。

陈寔没有声张,他想了想,就又爬起身来,把儿孙们都叫到自己跟前,用严肃的口气教导他们说:"人应该时刻勉励自己上进,不能够放任自流。那些做坏事的人,也不见得生下来就是坏人,只是因为他们平时不知道克制自己,做坏事成了习惯,才变成了真正的坏人。像那位伏在屋梁上的人就是这样的人!"

躲在屋梁上的小偷听了陈寔的话,大吃一惊,赶紧从屋梁上跳了下来,到陈寔面前跪下请罪。陈寔看看小偷,觉得他不像是一个惯偷,就对他说:"我看你的模样也不像是个坏人,可能是因为生活太困难了,没有办法才到这一步的。但是,人再穷也要有志气,不能做这种伤天害理的事。你要从此学好,重新做人,不要再偷了。"

陈寔说完,吩咐家人取来两匹绢,送给那小偷,放他走了。小偷非常感动,千恩万谢地离开了陈家。他把陈寔的话告诉了其他小偷,一传十,十传百的,那些小偷都知道了这件事。

从此,县里就再也没有发现过小偷。

原来小偷们听了这事后,都感到非常惭愧,无地自容,纷纷表示改过自新。

【释义】

古代窃贼行窃时,往往躲在屋梁上,故名梁上君子。后来,"梁上君子"就成为"窃贼"的代称。

【出处】

《后汉书·陈宠传》

两袖清风

明朝大臣于谦,在为官期间政绩十分突出,也深得百姓爱戴。明宣宗很赏识他的学识和才干,就破格提拔他为山西、河南两省的巡抚,但于谦从不因宣宗的宠信而骄傲,他的生活一直十分俭朴,丝毫没有当时官场上的奢侈浪费的习气。

明宣宗去世以后,太子朱祁镇继位,这就是明英宗。明英宗登基时年仅九岁,根本没有能力处理政务,于是宦官王振就趁皇帝年少而独揽朝中大权。他勾结内外官僚,培植自己的党羽,大臣们都称他为"翁父"。于谦对许多大臣巴结王振的做法十分厌恶,他看不惯王振欺压忠臣、凌驾朝纲的嚣张气焰,也从不逢迎讨好王振。因此,王振对于谦一直怀恨在心。

王振这样的人把持朝政,直接导致了朝中不正之风的盛行。当时外省的地方官进京朝见皇帝或者办其他事情,都要给朝中权贵送礼,如果不这样做便会寸步难行。于谦在担任巡抚期间,有一次要回京办事,他的幕僚就建议他带一些当地的土特产回去,上下打点一下,办事情也许会更顺利。但是于谦没有这样做,他只是抬起手,甩了甩两只宽大的袖管说:"蘑菇、绢帕、线香之类的特产如何比得上我带的这两袖清风呢?"

一回到京城,他就写了一首诗,名为《入京》,诗中这样写道:

绢帕蘑菇与线香,

本资民用反为殃。

清风两袖朝天去,

免得闾阎话短长。

【释义】

原作"两腋清风",意思是形容喝茶或饮酒之后清爽舒畅的感觉。后来多作"两袖清风",比喻为官清廉,除了两袖清风以外一无所有。

【出处】

《次韵吴江道中》

柳暗花明

有一次,陆游独自去故乡山阴的西山游览。西山离他住的地方有二十多里,要翻过几个小山才能到。他拄着手杖,顺着山路往上走。山,过了一重又一重;水,绕过了一湾又一湾。走到一处,觉得似乎到了道路的尽头,但山路一转,拐了一个弯,顺路走去,前面就是另一番景象:在前面不远的山谷里有一块空地,在绿树红花的掩映下坐落着一个小农庄。陆游觉得十分欣喜,就兴致勃勃地走进山谷,来到了那个小村子。那里的民风十分淳朴,对待远道而来的客人也非常友好,村民们拿出自家酿的腊酒,杀了自己养的鸡热情地招待了他。

陆游对这次出游感到十分高兴，农民的淳朴好客也给他留下了深刻的印象。回到家后，他便写了一首七言诗《游山西村》来表达这次出游的感受，其中有两句就是"山重水复疑无路，柳暗花明又一村。"

【释义】

原指绿柳掩映，繁花似锦，阳光明媚的景象。后世用来比喻事态眼看已无发展的余地，忽然又出现了转机。

【出处】

《游山西村》

马首是瞻

春秋时期，秦国十分强大，常欺负那些弱小的诸侯国。众诸侯国都不甘受欺。公元前559年，晋悼公联合了其他诸侯国共同反秦，让荀偃做联军总帅。荀偃原先估计，秦国得知诸侯联军来进攻，肯定会惊慌失措，战争很容易取胜。没想到联军内部各行其是，并不齐心，士气也很低落，秦国得知这些情况，所以一点也不怕，根本就没有求和的表示。秦军还在泾河的上游放毒，毒死了不少联军的士兵。

看到这种情况，荀偃就想早点发动总攻，他向联军将领发布命令说："明天早上鸡一叫，我们就准备出发，各军都要拆掉土灶，填平水井，以便布阵。作战时，大家都看着我的马头来行动，我指向哪里，大家就奔向哪里。"荀偃手下的将领听了他的话，觉得他太专横

了,很反感。有个将领说:"晋国从来没有下过这种命令。你要向西去打秦国,那你自己去吧。我的马头可要向东,回到我们晋国去。"

其他诸侯国的将领看到晋国的将领带兵回国,也纷纷撤回自己国家去了。全军顿时不战自乱,荀偃眼看局势无法挽回,也只好狼狈地撤军了。

【释义】

马首是瞻原指作战时,士卒看主将的马头行事。后比喻服从指挥或依附某人。

【出处】

《左传·襄公十四年》

买椟还珠

春秋时期,楚国有个人得到一颗大珍珠,晶莹圆润,非常珍贵。他想把珍珠高价卖出,于是就做了一只盒子装这颗珍珠。这只盒子选用兰香木精心制成,又用桂椒香料将它熏得馨香扑鼻,用珠粒状宝玉将它周围镶嵌起来,又雕刻上玫瑰花的装饰花纹,再用翠绿色的羽毛编织成衬垫。这只盒子制作得华丽精美,那颗大珍珠放在里面,显得特别名贵,光彩熠熠。楚人对此非常高兴,相信一定能卖出大价钱。他听说郑国市场上珍珠稀少,就带着珍珠到郑国去卖。

楚人来到郑国的集市上,把盒子取出来,打开盒盖,大声叫卖。

精美的盒子,名贵的珍珠,立刻吸引了许多人。大家围在一起,赞叹不已,可是一打听价格,个个都伸出舌头,很惊讶。

这时候,有一个郑国富豪走了过来,看见围了这么多人,便好奇地挤进去。大家看见这个富豪来了,纷纷让开。这个富豪一看见那只精美的盒子,立刻就被吸引住了。他取过盒子,仔细观看,又是摸又是闻,爱不释手。卖主准备给他看珍珠,可是他抱紧盒子不放手,问卖主要卖多少钱。卖主见他喜爱,随口报出一个很高的价钱。这个富豪毫不犹豫,立刻取出钱来买下了。富豪打开盒子一看,里面有颗珍珠,便把珍珠拿了出来。卖主以为他一定会万分喜爱,谁知他看都没看上一眼,随手就把大珍珠还给了卖主,抱着那只空盒子喜气洋洋地走了。

楚人感到非常意外,自言自语地说:"我本来是一心卖珍珠的,想不到他却买椟还珠!看来木盒子的生意不错,我得再做些木盒子来卖。"

【释义】

买下木匣,退还了珍珠。比喻舍本逐末,取舍失当。

【注释】

椟:木匣。珠:珍珠。

【出处】

《韩非子·外储说左上》

毛遂自荐

战国时期,赵国平原君赵胜门下养了许多门客,他们为赵国的政治军事出谋划策,起了很大的作用。门客之中有一位叫毛遂的,已经在平原君家住了三年,他默默无闻,无所作为,平原君也从没有注意过他。

有一年,秦国大军包围了赵国的都城邯郸,赵国形势非常危急,赵王命令平原君前往楚国请求救援。平原君准备挑选二十名文武兼备的门客偕同前往,但只挑选到十九名。这时,一向默默无闻的毛遂突然来见平原君,自告奋勇地要求随同平原君到楚国去,门客们都愣住了。

平原君见毛遂自荐,大为吃惊,便对他说:"一个人如果有才能,那么他很快就会显露出来,这就好比锥子放进口袋,锥尖会立刻露到外面。你在我家三年,没有人称赞过你的才能,可见能力不行啊!"毛遂笑着说:"我今天就是来请求您将我放在口袋中,如果早把我放在口袋中,锥子把都露出来了,岂止锥子尖呢。"平原君见他说得有理,就让他随自己出发了。

平原君到了楚国,受到了楚王的隆重接待。谈判开始后,平原君说明来意,同楚王商议联合出兵抗击秦军的大事,可是楚王东拉西扯,吞吞吐吐,总是谈不到要点,从早晨谈到中午,仍没有结果。平原君非常着急,因为秦军兵临城下,邯郸随时都有破城的危险。

这时,只见毛遂怒气冲冲地走到楚王面前,一手提着利剑,一手毫不客气地拉住楚王的衣服,使楚王无法回避。接着,毛遂振振有词,一条一条讲出楚国出兵与赵国共同抗秦的利害关系。他说的话慷慨激昂,道理深刻,令人信服,楚王被他的气概震慑住了,立刻答应同平原君签订盟约,出兵抗秦,救援赵国。

平原君对毛遂的表现非常赞许,十分敬佩他的才干。事后,平原君拉着毛遂的手,夸奖他说:"先生的三寸不烂之舌,胜过百万大军!"从此,平原君对毛遂刮目相看,敬若上宾。

【释义】

比喻自告奋勇,自我推荐。

【注释】

毛遂:战国时人名。荐:推荐。

【出处】

《史记·平原君虞卿列传》

满城风雨

在宋朝,有个叫潘大临的诗人,他一生都穷困潦倒,但仍很好学,写了许多好诗。他特别喜欢用诗来描绘景物,他觉得大自然的一草一木,都是写作的好材料。他最喜欢秋天的景色,每年秋天都要写一些关于秋天的诗句。这年秋天,他的一位好朋友写信问他,最近有没有写新的作品。他回信说,昨天没什么事,就躺在床上养精神,忽然,听到远处传来风雨声,好听极了,就马上起床,看到屋外的情形后,写诗的念头就出来了,谁知刚在墙上写了"满城风雨

近重阳"一句,就有人上门催租,把他写诗的兴致全给弄没了,他只好写了这一句,把这句话寄给了朋友。

【释义】

形容消息传出后引起轰动,到处议论纷纷。

【出处】

《冷斋夜话》

摩肩接踵

晏婴是春秋时期齐国著名的外交家。

有一年,晏子出使楚国。楚王见他身材矮小,很看不起他。在晏子入城时,楚王命人不开城门正门,只开侧门,以此种方式来侮辱晏子。晏子见此,笑着对接待官员说:"我出使了许多国家,进门都走大门。今天来到楚国,没想到狗门大开,既然访问狗国,只好从狗门入内了。"接待官员一听,急忙赔礼道歉,命人打开城门迎接晏子入城。

楚王看着面前矮小的齐使,故作惊讶地说:"哟,齐国没人了吗?怎么派这样一个人出使我国呢?"

晏子不卑不亢地说:"我们齐都临淄街道纵横,百姓一家挨一家,不在几万户之下;百姓张开衣袖就能遮住太阳;众人挥一把汗就像下一阵雨;街上人来人往,肩擦肩,脚跟脚,怎能说没人呢?至于派我来楚国,是齐国的规矩造成的。我们齐国有一条规矩,有本事的人就派他拜见有本事的君主,没本事的人就只能拜见无能的君主了。我在齐国最无能,所以我就被派到这里了。"

楚王听了,非常尴尬,急忙命人隆重接待晏子。从此,楚王再也不敢小看晏子了。

【释义】

原意是肩挨肩,脚跟脚,形容人多,拥挤不堪。

【出处】

《晏子春秋·内篇·杂下》

莫逆之交

子祀(sì)、子舆(yú)、子犁和子来是战国时的四个怪人。他们性情古怪,不同一般人接触。但他们四人性情相投,主张一致,都认为事物要顺其自然,"无"是最崇高的。

有一天,这四个怪人聚在一起,热烈地讨论着"无"的崇高和伟大,一致认为"无"就像人的头一样,起着至关重要的作用。分别时,四个人互相望着笑着,认为他们心心相通,友谊将天长地久(四人相视而笑,莫逆于心,遂相与为友)。

过了一段时间,子舆害病了,子祀去探望他。子舆出门迎接时,弯着腰,低着头,高耸起两肩,背上长着五个大脓疮。他却对子祀说:"上天真是伟大啊,使我成为这样的奇人!"

子祀问道:"你对你的病一点也不忧虑吗?"

子舆说:"干吗要忧虑呢?人的生与死,本来是上天安排好了的,我只要顺其自然就完全无忧无虑了。"

不久,子来也害了病,表情非常痛苦,眼看就要死去。子犁来看子来,见子来的妻子痛哭流涕。子犁坐在床边和子来说道:"唉,你的妻子真不懂事!伟大的造物主正在改变你,怎么能随便惊疑啼哭呢?"

子来感激地说:"假如一个铁匠打铁时,火炉中的一块铁突然跳了起来,那铁匠一定认为是不祥之兆。天地是一个大熔炉,阴阳是一个伟大的铁匠。我现在正在被天地铸造着,怎么能表现出痛苦呢?"

子犁紧紧握着子来的手,说:"我们真是知己!"

【释义】

彼此情投意合,友谊深厚。

【出处】

《庄子·大宗师》

门可罗雀

司马迁在《汲郑列传》结尾处这样写道:汲黯、郑庄官位最高时均为"九卿"。他们为官清廉,洁身自好,个人品德崇高。两个人降职以后,家里日渐贫困。等他们去世以后,家里就一贫如洗了。

汲黯、郑庄这样有才有德的贤人,有势力的时候家里人来人往,没有势力以后就没有客人来往了。对于一般人来说,地位权势的变迁更是人们往来与否的标志。例如,汉文帝时有个翟公,他开始时是廷尉，掌管着军事大权，那时候他家里总是高朋满座，门庭若市，有的人来晚了就进不了屋。有一段时间，他丢了官位，就再也没有人拜访他了，他家门前安安静静的，只有各种鸟儿落在那

司马迁墓冢（宋）

里，如果用罗网来捕麻雀，一定大有收获。后来他又官复原职了，马上就又有许多人来拜访，翟公在大门口贴了这样一张"告示"："一死一生，乃知交情。一贫一富，乃知交态。一贵一贱，交情乃见。"他懒得与那些趋炎附势的庸人交往。汲黯、郑庄也一定有同样的想法。官场上就是这样阴暗、丑陋，这是多么令人悲哀的事啊。

【释义】

原指因门前冷落而落满了麻雀。形容人失势或穷困潦倒时，来访的客人很少，门前冷清。

【出处】

《史记·汲郑列传》

迷途知返

东汉末年，宦官专权，大将军何进密召董卓进京除奸。消息传来，宦官们杀死何进。何进的部下袁绍火烧宫门，汉少帝也逃出皇

宫。董卓乘机率领大队凉州兵马占据京都洛阳，追回汉少帝，专揽朝政。袁绍发觉这是引狼入室后，深感懊悔，便率领自己的队伍离开了洛阳，来到关东，计划征讨董卓。不久，董卓废掉汉少帝，另立汉献帝刘协，把朝廷军政大权全部掌握在自己手中。

袁绍的弟弟袁术是个心术不正的人，为了躲避这场祸乱，他带着自己的军队向南阳逃奔。长沙太守孙坚是个骁(xiāo)勇善战的虎将，他响应袁绍，起兵讨伐董卓，率部下向洛阳进军。南阳郡太守张咨被孙坚杀死后，袁术便乘机占领了南阳郡，扩充自己的势力。

袁术占据南阳后，骄横霸道，放纵享乐，胡作非为，成了当地一害。后来，北部的袁绍和中原的曹操势力强盛起来，共同进攻袁术。袁术经不住两下夹攻，便逃离南阳，败走扬州，从此割据一方，划定了自己的势力范围。一时，汉朝天下军阀割据，混战不已，占据四个州郡的袁绍同占据两个州郡的曹操又发生激烈的冲突。袁术见汉朝政权土崩瓦解，便想趁混乱之机登上皇帝宝座。这时，他想起了少年时代的好友陈珪，便写信请陈珪帮助他实现做皇帝的梦想。

陈珪是位很有政治见解的人，他回信劝说袁术不要称帝，否则会违背天意民心。陈珪在信中说："我以为你会齐心协力救助汉室，谁知你却走上迷途，要自称皇帝，以身试祸，岂不令人痛心！如果迷了路还知道返回，尚能避免祸患（迷途知返）。"

袁术听不进陈珪的劝告，在寿春称帝。他的倒行逆施遭到天下百姓和各路军阀的强烈反对。后来，吕布、曹操先后讨伐袁术，袁术大败，在向青州逃奔途中病死。

【释义】

迷失道路，知道回来。比喻觉察到自己的错误之后，知道改正。

【注释】

迷途:迷失道路。

【出处】

《三国志·魏书·袁术传》

靡靡之音

卫灵公亲自赴晋国为建殿道贺,晋平公十分高兴,在新宫内设宴款待他。卫灵公带来的大批奇珍异宝令晋平公喜笑颜开,他边敬酒,边命乐师奏乐助兴。

卫灵公在音乐刚起时便对晋平公说:"我在途中听到一支非常委婉柔美的曲子,我已命人记录下来了。我相信这支曲子定会叫大王沉醉的。"

晋平公一听,马上命卫国乐师演奏这支曲子。果然,这支曲子有种说不出的柔媚韵味,听得人如醉如痴,忘乎所以。正在大家听得入迷时,有人大喝一声:"别弹了,停!"

晋平公满腔怒火地看着说话的人——晋国宫廷乐师师旷。师旷不慌不忙,正色道:"这是亡国之音,怎能在如此喜庆的时候弹奏呢?"

晋平公大惑不解:"这么优美的曲子怎么会是亡国之音呢?"

师旷娓娓道来:

"商纣荒淫无耻,整天沉溺于酒色中不理朝政。有个叫师延的乐师为了讨好取悦纣王,便作了这支委靡颓废的曲子供宫女舞蹈

223

之用。纣王非常喜欢这支曲子,常常在这支曲子的伴奏下通宵达旦地饮酒作乐。朝中大臣纷纷谴责师延作这支令人颓废沉迷的曲子祸国殃民。后来,周武王灭了商,师延怕有人追究自己的责任,便投水自尽了。这支曲子虽然委婉动听,但它有一种令人委靡不振的魔力。所以之后许多帝王都禁止演奏这首曲子,渐渐地这首曲子就失传了。"

"现在这支曲子又出世了,一定是师延阴魂不散,为自己的杰作被人遗忘而愤愤不平。大王要慎重,此乃亡国之音,切不可贪恋。"

晋平公闻此,哈哈大笑,不以为然地说:

"师旷乐师多虑了。商纣亡国是自己荒淫所致,与音乐有何关系?如此美妙的音乐不享受其中,岂不是三生遗憾吗?继续奏乐!"

后来,晋平公果然步商纣后尘,未及亡国便死了。

【释义】

原指令人精神不振的亡国音乐,后泛指一切低级趣味的音乐。

【出处】

《韩非子·十过》

名列前茅

春秋时期,晋国和楚国的争霸斗争非常激烈,夹在两个大国之间的郑国处境很危险。有一年,楚军入侵郑国,郑国一边向晋国求援,一边坚决抵抗,结果援兵未到就失败了。

晋国派大将荀林父为中军统帅,领兵救援郑国,可是他们还没有渡过黄河,就听说郑国已经向楚国投降,楚军也已经渡过黄河撤回国了。荀林父召集将领们商议对策,说:"战斗已经结束,楚军也撤走了,我们这时赶来已毫无意义,不如撤回去算了。"可是副将先縠(gǔ)不赞成这个意见,他认为应该立即渡过黄河,去追击楚军。上军统帅士会详细分析了晋楚两军的形势,他认为退兵回国是正确的。士会说:"指挥作战的一个首要原则是善于观察时机,只有抓住敌人的疏漏发动攻击,才能取得胜利。如今楚国的德行、政令、典章、礼仪都没有违背常规,所以我们很难打败他们。楚王如今任用贤才,整顿军队,军队训练有素,很有秩序。军队出征时,各路队伍井然有序, 右军紧紧护卫着主帅的兵车;左军负责割草以安排夜宿;先头部队以茅草作为信号,发现敌情就举起茅草向后面报警;中军负责制订作战计划,发布命令;后军是精锐部队。打起仗来各路将士都有明确的分工,军队纪律非常严明。再说,楚国现在管理严明,人才辈出,我们怎能贸然去进攻他们呢?"

荀林父十分赞同士会的意见。可是先縠一意孤行,竟然率领自己的军队渡过黄河,去进攻楚军,结果遭到惨败。

茅是楚国的特产,楚军先头部队的士兵用茅当做信号旗,走在最前面,发现敌人有什么动静,就用茅发出信号。因此前锋称为"前茅","名列前茅"这个成语就是这样来的。

【释义】

比喻名次列在前面。

【出处】

《左传·宣公十二年》

名落孙山

宋朝时期,苏州有个书生叫孙山,聪明风趣。有一年,孙山和同乡去应考,结果孙山被录取为最后一名,而同乡则没考上。孙山比那个同乡先回到家,亲戚朋友听说他考中了,都纷纷来向他祝贺。大家都认为凭孙山的才能,肯定能考上,这次证明孙山的确有才能。这时,那个同乡的父亲也来祝贺,并且向孙山打听他儿子的消息。孙山没有直接回答,而是说:"解名尽处是孙山,贤郎更在孙山外。"乡试第一名叫解元,因此乡试也叫"解试",录取的名单称为"解名"。孙山对那个同乡的父亲所说的意思是:解试录取名单上的最后一名是我孙山,至于您的儿子,那就更落在孙山的后面了。

【释义】

比喻考试落榜。

【出处】

《过庭录》

南柯一梦

从前,有个读书人叫淳于棼(fén),特别喜欢喝酒。他家院子南边的墙外长着一株古槐,生得枝繁叶茂。有一天,他与朋友们在槐树下喝酒,喝得大醉,被两个朋友扶进屋去,躺下休息,两个朋友则坐在一旁洗脚。蒙蒙眬眬之中,淳于棼看见有两位紫衣使者走了进来,邀请他到槐安国去做客。于是他随使者出了门,登上车,一会儿就进入了一个洞穴。顿时,晴天丽日、山川旷野、城郭村庄尽在眼前,就好像来到一个新的世界。淳于棼进了王宫,见到了槐安国的国王。国王与他亲切交谈,表现出很欣赏他才干的样子。不久,国王任命他为"南柯太守",并且把公主嫁给了他。淳于棼很快就成了那个国家的显贵,权倾朝野。他在槐安国做了三十年大官,政绩突出,很受百姓拥戴,国王也很器重他。这时,他已有五男二女,生活过得十分美满。不料,檀萝国突然入侵,国王令他领兵出征。由于他不懂军事,仓促应战,被檀萝国军队打得大败而逃。回来之后,他发现妻子已经去世,国王也不再信任他了,后来,还罢免了他的官职,将他软禁一段时间后,又把他遣送回了老家……

至此,淳于棼才惊醒过来,发现原来是一场梦。他看见此时太阳还没落山,睡前喝剩的酒还在桌上放着,两个朋友的脚还没有洗完。淳于棼非常奇怪,又回到院外的大槐树下,挖开树洞一看,见里面有个大蚂蚁穴,一群蚂蚁聚居在穴里,其中有两只特别大,被几十只小蚂蚁保护着;穴中还有泥土堆成的楼阁、小城。淳于棼想:大概这就是槐安国的王宫吧。王宫外面有一条孔道,往上直通南边的一根树枝,大概这就是他当太守的"南柯郡"。

淳于棼不由长叹一声道:"三十年的荣华富贵,原来是南柯一梦啊!"

【释义】

比喻空欢喜一场。

【出处】

《南柯太守传》

南辕北辙

魏王要发兵攻打赵国,大臣季梁本已奉命出使外国,听到这个消息后,立即赶了回来。他连家也没回,衣服也没来得及换,就进宫去见魏王。魏王很奇怪,问他:"你怎么回来了?有什么要紧的事吗?"

季梁说:"是啊,我在太行山一带,遇到一个人,他坐着车正往北走,可却得意地对我说:'唉,我要到楚国去了!'"

魏王哈哈大笑道:"楚国在南面,他怎么往北跑呢?"

季梁说:"是呀,我也这么问他。可是他却说:'不要紧,我的马跑得快。'我说:'你的马虽然跑得快,但这也不是到楚国的路呀!'他又说:'不要紧,我的路费带得多。'我说:'你的路费带得再多也没有用。'他还是说:'不要紧,我的车夫赶车的本领可大哩,谁也比不上他。'"

魏王忍不住叫道:"天下竟有这样的糊涂人!"

季梁说:"大王说得对,他的方向弄错了,即使马跑得再快、路费带得再多、车夫驾车的本领再大,也到达不了目的地,相反却离楚国越来越远!"说到这里,季梁话锋一转,说:"如今大王想成就霸业,那就应该取得各国君主的信任才对。可是,您却想凭借兵精粮足、国土广阔的优越条件,去攻打赵国,以此来提高自己的威望。这样,攻打别国的次数越多,离您的愿望就越远,这不正像那个南辕北辙的人吗?"

魏王沉默不语了。后来,他终于放弃了攻打赵国的计划。

【释义】

心里想往南去,却驾车往北走。比喻行动与目的相反。

【注释】

辕:车前驾牲口的长木。辙:车轮碾过的痕迹。

【出处】

《战国策·魏策四》

囊萤映雪

晋代车胤家境贫寒,用不起油灯,却又很想利用夜晚的时间多读一些书。聪明的车胤想出了一种既省钱又容易操作的好办法——把萤火虫装入袋子,借着这"自然之光",车胤读了许多书,后来走上仕途。

无独有偶,也是在晋代,一个叫孙康的人也是借助"自然之光"苦读成才的。孙康借的是月光下雪地反射的光,这个条件比囊萤更困难。冬天很冷,一个月里有半个月以上的日子无法让雪映出光来,孙康就在可以借雪光的日子多看书,最后他也高中,走上了仕途。这证明了他在青少年时代所吃的苦是值得的。

书籍启迪人的智慧,知识让人插上了翅膀,为了获得知识和智

慧与贫困作斗争的精神永远值得我们敬重和学习。"囊萤映雪"就是这种奋斗精神的典范。

【释义】

意思是指透明口袋里的萤火虫和白雪映出的光亮。现用来比喻家境贫苦的人刻苦读书。

【出处】

《晋书·车胤传》

宁为玉碎，不为瓦全

东魏丞相高洋篡位弑君，惶惶不可终日。

有一年，出现了日食的现象，高洋觉得这是不祥之兆，心里很害怕，于是就去问一位亲信。

因为高洋的皇位是从东魏孝静帝元善见手上抢来的，他一直就没有安心过，他害怕别人又从自己手上把皇位夺走。他问那位亲信说："以前王莽夺取了汉朝的天下，为什么后来光武帝刘秀又能把天下夺回去？"

那位亲信知道高洋的心思，就说："这是因为王莽夺取了汉朝的天下以后没有把刘家宗室的人杀光。要是他当时把刘家宗室的人斩尽杀绝了，后面就没有刘秀了。"于是，高洋就把元氏宗室近亲四十多家七百多口人全都杀死了。

消息传出去以后，剩下的元氏远房宗族都非常害怕，他们立刻聚集在一起商量自救的办法。有个叫元景安的县令想了个主意，就说："我们现在要想保住性命，恐怕就不能再姓元了。我们应该请求皇上，让他赐我们改姓高。"

元景安有个堂兄，名叫元景皓，是个很有骨气的人。他坚决反对改姓，说："我们怎么可以为了保住性命，抛弃自己的姓而改姓别人的姓呢？这不是连祖宗都不要了吗？大丈夫宁可作为玉器被打碎，也不能够为了保全自身去做瓦器！我宁愿保持气节而死，也决不愿意为了活命而忍受改姓的屈辱！"

【释义】

比喻宁愿为正义而牺牲，也不愿苟且偷生。

【出处】

《北齐书·元景安传》

最长的城墙

长城是世界上最长的城墙，也是中华民族的"脊梁"、中华民族精神的象征。全部长城总约6 300千米，东起山海关，西至嘉峪关，仿佛一条巨龙，纵贯燕山、阴山、贺兰山、祁连山等山系，横跨河北、北京、内蒙古、山西、陕西、宁夏、甘肃等七省、市、自治区。长城最早修筑于春秋战国时期。当时，秦、楚、齐、魏等国各自修建城墙。秦始皇统一六国以后，为防御匈奴南侵，连结各国长城，绵延万余里，这就形成了万里长城的最早雏形。万里长城的修建，防止了匈奴的南侵，保护了中原经济文化的发展。

弄巧成拙

北宋的宋徽宗是一位很有艺术鉴赏力的皇帝。他喜爱绘画艺术,经常到画院去欣赏画家们的新作,还常常指出作品的缺点,在他的倡导下,北宋的画家们养成了求新求实的画风,绘画事业十分兴旺。

当时有一位画家叫孙知微,手下有一批随他学画的学生。有一次,他应成都寿宁寺的请求画一幅《九曜(yào)图》,内容是星君和侍童。画的轮廓出来后,孙知微急于去赴约,便吩咐他的学生为画着色,说完就走了。

学生们得到老师的信任,十分高兴。他们准备着色时,突然发现画中侍童手中的瓶子是空的,都感到很奇怪。他们说:"老师平时画瓶子,总要在瓶里再画上一束美丽的鲜花,怎么今天忘了呢?一定是老师走得匆忙,疏忽了。"于是,他们便在瓶中画上了一枝鲜艳怒放的莲花。

第二天,孙知微回来了。学生们满心欢喜地呈上着完色的画,期待着老师的夸奖,哪知孙知微一看那枝莲花,顿时变了脸色,他气愤地问:"是谁叫你们把莲花添上去的?"学生们答道:"是我们自己呀!您看,添上莲花,不是更好看了吗?"孙知微气得差一点儿骂出来,说:"真是胡闹!"他克制了一下自己的情绪,继续说:"你们这是弄巧成拙啊!你们不知道,《道经》上说,这星君的瓶子,是他用来镇妖伏水的宝贝,是不应该有花草的。添上一枝莲花,它就不是宝贝,而是一只普通的花瓶了。你们的色彩虽然上得不错,可这幅画却因此毁掉了啊。"

学生们这才恍然大悟,十分后悔地低下了头。

【释义】

原想卖弄聪明,反而做了蠢事。

【注释】

巧:聪明。拙:愚笨。

【出处】

《拙轩颂》

呕心沥血

唐朝著名的青年诗人李贺,小时候就很聪明,七岁时就能写诗,而且常常受到大家的称赞。据说当时的文学家韩愈、皇甫湜(shí)等人曾特地对小李贺进行面试,都说这孩子是个天才。因此,李贺年纪轻轻就小有名气。

但李贺在政治上却不得志,一直不被朝廷重用。他精神上苦闷抑郁,便把全部精力放在诗歌的创作上。李贺作诗,非常注重真情实感,多半是即兴而作。他经常带着一名书童,骑着一头瘦驴,一面在郊外散步,一面即景吟咏。如果遇到好的题材,就随即写成诗句,放进书囊,回家以后再将诗句整理成篇。他作诗非常认真刻苦,每天都睡得很晚。他曾说:"长歌破衣襟,短歌断白发。"意思是说:他为了写一首长诗,衣襟都磨破了;为了写一首短诗,白发弄断了许

多根。李贺身体不好,他母亲很心疼他,所以每天李贺回家,母亲便让婢女查看他的书囊,如果发现里面写的诗句太多,就生气地说:"你这孩子,要把心呕出来才罢休吗?"

李贺由于写诗过于劳累,再加上怀才不遇,心情不好,只活了二十六岁就去世了,他留下的二百四十余首诗歌中,佳作迭出。

韩愈曾写过这样两句诗:"刳肝以为纸,沥血以书辞。"意思是说:把肝剖出来作为纸,让血滴出来作为墨水,来书写文章。后来,人们就根据这两位诗人的故事,概括出"呕心沥血"这个成语,以形容创作的穷思苦索、费尽心血。

【释义】

指费尽心思。多用于文艺创作。

【注释】

呕:吐。沥:一滴一滴地往下滴。

【出处】

《新唐书·李贺传》

盘根错节

东汉时,陈国武平(今河南鹿邑西北)有个名叫虞诩的官吏,先后担任过各种职务。他敢于直言,不畏权势,曾因触犯权贵九受谴责、三遭刑罚。

公元110年,羌人与匈奴人分别同时从西方和北方入侵东汉王朝。汉安帝召集众人商谈退兵良策。大将军邓骘(zhǐ)主张放弃西面，集中兵力应付北方匈奴。这个主张得到了多数大臣的赞同。当时虞诩的职位较低，但他力排众议，认为这样做将会带来不可收拾的后果。邓骘见有人竟敢在大庭广众之下公开反对他的主张，很是恼火，暗中记下了虞诩的名字，准备找机会报复他。

不久，朝歌一带发生动乱，老百姓起来造反，局面越来越糟糕。邓骘认为整治虞诩的机会来了，便建议派虞诩去朝歌当县令。明眼人一见就知道邓骘的用心，虞诩的朋友也十分为他担心，怕他去了之后遭到不测。可是虞诩并不在乎，他坦然说道："有志气的人不求容易的事做，更不该回避困难，这是为人臣者应该具备的。不遇到盘结的树根、交错的竹节(盘根错节)，怎么能识别出刀斧的利钝呢？"他毅然赴朝歌上任，很快平息了动乱，得到皇上的信任与嘉奖。后来，他又带兵打退了羌人的入侵，为东汉王朝的稳定立下了汗马功劳。

【释义】

原形容树木根干盘曲，枝节交错，不易砍伐。后比喻事情错综复杂，很难处理。

【注释】

盘：弯曲。错：交错。节：枝节。

【出处】

《后汉书·虞诩传》

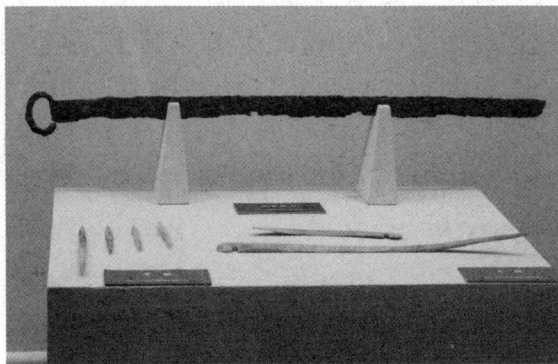

235

抛砖引玉

唐朝时,有一名高僧名叫从稔(rěn)禅师,相传他对僧徒参禅要求极严,必须人人静坐敛心,集中专注,绝不能理会外界的任何事物,而要达到凝思息妄、身心不动的入定境界。有一天,众僧晚参,从稔禅师故意说:

"今夜答话,有闻法解悟者出来。"

此时众徒个个盘腿正坐,闭目敛心,不动不摇。恰恰有个小僧沉不住气,竟以解悟者自居,走出礼拜。从稔禅师瞟了他一眼,缓声说道:"刚才抛砖引玉,却引来一块还不如砖的土坯!"

根据《历代诗话》、《谈证》等书记述:唐代一位名叫常建的诗人,一向仰慕赵嘏(gǔ)的诗才。他听说赵嘏来到吴地,料他一定会去灵岩寺游览,便先赶到灵岩寺,在寺前山墙上题诗两句,希望赵嘏看到后能添补两句,续成一首。果然赵嘏游览灵岩寺看到墙上两句诗,不由诗兴勃发,顺手在后面续了两句,补成一首完整的绝句。常建的诗没有赵嘏写得好,他以较差的诗句引出赵嘏的佳句,后人便把这种做法叫做"抛砖引玉"。其实,常建、赵嘏并非同一朝代人,他们各自的生活年代相距百年,续诗之说不可信,只是由于这段故事很出名,人们便把它当做成语"抛砖引玉"的由来。

【释义】

抛出砖去,引回玉来。比喻用不成熟的意见或文字,引出别人的高见。

【出处】

《五灯会元》

披荆斩棘

刘秀初起兵时势单力薄,粮草供应困难,士兵生活非常艰苦,常吃不饱穿不暖。时间长了,一些追随者便另投他人,弃刘秀而去。有个叫冯异的人,刚开始时担任刘秀的主簿,一直忠心耿耿,追随左右。

一次行军途中,军士们饥寒交迫,叫苦连天,许多人支持不住,悄悄溜走了,刘秀又急又气。这时,军中仅剩不足一顿饭的米和一些马料了。冯异急中生智,命人把马料中的豆类和米掺在一起煮了一大锅粥。军士们吃了热乎乎的豆粥,饥寒顿消。大军顺利到达了目的地。

还有一次行军途中,天降大雨,众人衣服都被淋湿,大家冷得浑身打战。冯异带人找了一些柴草,点火让大家取暖烘衣。这一做法,又一次避免了士兵的涣散、逃逸和哗变。

冯异做的虽然是一些小事,但是却起到了稳定军心的重要作用,这令刘秀对他刮目相看。

刘秀称帝后,有一次在群臣面前称赞冯异说:"这是我起兵时的主簿。他为我冲破重重险阻,平定了关中地区。"

【释义】

披荆斩棘字面意思是拨开长满尖刺的草,砍断坚韧的藤条。比喻克服了

种种困难,清除了许多障碍,一路前进。

【出处】

《后汉书·冯异传》

匹夫之勇

　　韩信从小就胸怀大志,喜读兵书,希望将来有所作为。他早先投奔项梁,后来又跟从项羽,都没有得到重用。于是,他又投奔刘邦,开始未被重用,只当了个管理粮草的官。他不甘于这样的处境,就逃走了。萧何了解韩信的才能,一听到这个消息,立即骑上快马,把他追了回来。

　　刘邦听从了萧何的意见,拜韩信为大将,并举行了一个隆重的拜将仪式。仪式举行之后,刘邦就向韩信请教同项羽争夺天下的办法,韩信直截了当地问刘邦:"您认为自己在勇、仁、强各方面,较项羽如何?"刘邦沉默不语,半晌才答道:"我不如他。"韩信说:"不错,我也觉得您不如他。不过,我跟从他数年,深知这个人。项羽勇是够勇的,一声呼喝,可以压倒几千人。但是他不善于任用贤能的将领。他的勇只不过是匹夫之勇。说到仁,项羽对人也比较关心,但是他不重赏有功的人,只玩弄些小恩小惠,他的仁不过是假仁假义。另外,他分封地盘不公,诸侯都有意见;军队扰害地方,百姓怨恨在心;所以,他目前虽然强,但很快就会弱下去的。大王您只要反其道而行之,那么夺回关中之地并不难,进而夺取天下也就指日可待了。"

刘邦听了韩信的这番话，认为他讲得入情入理，心里非常高兴。后来他又按韩信的话去做，率大军悄悄从南郑向关中进发，不到三个月，就占领了关中。最后，他打败了项羽，统一了天下，建立了西汉王朝。

【释义】

指不用智谋，单凭个人的勇气。

【出处】

《史记·淮阴侯列传》

破镜重圆

南北朝末年，隋文帝杨坚为统一全国，举兵南下，准备灭掉南方的陈朝。

陈朝的最后一个皇帝陈叔宝只知饮酒赋诗、寻欢作乐，不理政事。隋军大兵压境时，朝廷上下乱做一团。

有一位名叫徐德言的，是陈后主的妹妹乐昌公主的丈夫。他预感到陈国即将灭亡，夫妻在一起的时间不会太久了，便流着泪对公主说："国破家亡就在眼前，你我不能相守了，以你的美貌与才能，陈国灭亡后，你必定会落入帝王宫中或富贵人家。倘若我俩不死，希望能有重新团聚的日子。"他取出一面圆形的铜镜，一破两半，一半交给乐昌公主，另一半自己留下，互相约定：在离散后的第五个元宵节，趁人们在长安街头热闹地活动时，假装出售破镜子，以寻

访对方。

陈国不久就被隋灭掉,乐昌公主果然被俘,被送往隋都长安,成为隋朝大臣越国公杨素的侍妾。徐德言怀念妻子,不惜长途跋涉,上京寻访。元宵节那一天,他如约拿着半面铜镜上街去卖,转来转去,忽然发现一位老仆人也在叫卖半面铜镜。他上前拿过来看,与自己的半面铜镜正吻合。徐德言睹物思人,不觉泪流满面,问了老仆人,才知道乐昌公主已落入杨府,料想无法再见,愈加伤心起来。他忍不住在半面镜子上写下了一首《破镜诗》,托老仆人带回去。诗中写道:

> 镜与人俱去,镜归人未归。
>
> 无复嫦娥影,空留明月辉。

乐昌公主见了徐德言的诗,一连几日不吃不睡,以泪洗面。杨素发现后,问明了事情的原委,十分同情这对患难夫妻,便召来徐德言,把乐昌公主还给了他,并设宴祝贺他们夫妻"破镜重圆"。

【释义】

比喻夫妻离散后又相聚。

【出处】

《本事诗·情感》

扑朔迷离

北朝民歌《木兰诗》讲的是我国北方有位勤劳勇敢的姑娘,名叫木兰。一天,木兰正在家织布,朝廷征兵的紧急文书传来了。木兰的父亲要被官府征去当兵了。木兰心想："父亲年事已高，家里又没有兄长，谁能代替父亲去应征呢？"木兰毅然决定女扮男装，替父从军。

木兰到街市上买来骏马、鞍垫、马笼头与长鞭，拿起武器出发了。她随大军转战黄河边、黑山头，栉风沐雨，与战友们奋勇杀敌。由于她作战勇敢、屡建战功，很快就被提升为将军。

经过多年的征战，木兰凯旋。天子坐在宝座上，要重赏功勋卓著的木兰，问她有什么要求。木兰说："我不愿留在朝廷做大官，只愿天子赏我一匹千里马，送我回故乡。"天子满足了她的要求。

听说木兰从军回来了，木兰年迈的父母激动得流下了眼泪，他们相互扶持着到城外去迎接她，弟弟也杀猪宰羊，欢喜地在家等着木兰回来。木兰回到家，百感交集。她走进自己的闺房，脱下战袍，对镜梳妆，又恢复了女儿装。

不久，战友们来看望木兰。当木兰走出闺房的时候，他们都愣住了。他们怎么也没有想到，朝夕相处十二年的木兰，那位英俊潇洒、武艺高强的将军，竟是一位女子！木兰调皮地对他们说："你们没有听说过吗？'雄兔脚扑朔，雌兔眼迷离，双兔傍地走，安能辨我是雌雄？'"

战友们都哈哈大笑，更加敬佩这位爱祖国、孝父母的女英雄了。

【释义】

原意指难辨兔的雌雄。后比喻事情错综复杂，不易辨清真相。

【出处】

《木兰诗》

七擒七纵

为统一巴蜀，诸葛亮亲自带兵征南。

南方彝(yí)族首领孟获威武勇猛，深得族人爱戴。对于这一部落，诸葛亮决定用计收伏。

孟获有勇无谋，第一仗就被蜀兵的诈败引入埋伏圈，被生擒活捉。诸葛亮带孟获在大营里转了一圈便把他放了回去。孟获看到蜀兵年老体衰，心中窃喜。当夜孟获带人袭击蜀军大营。刚潜入大营，只听四面杀声震天，火光映红了天，原来蜀军早有防备。孟获又被生擒。这一回诸葛亮又放了他。

孟获凭借泸水退守南岸想拖垮蜀军。诸葛亮派人在泸水北岸演了一出戏：蜀兵伐木造船强行渡河，却屡屡失败。看得孟获心里直乐：看你们蜀军怎么过河。就当孟获洋洋得意之时，蜀军已经兵临城下了。原来泸水岸边只有少量蜀军，大批人马已另辟蹊径直达孟获老巢了。孟获又一次被活捉，又一次被放回。

孟获仍然不甘心，借口军中缺粮，向蜀军借粮，想乘机冲入蜀军大营，生擒诸葛亮，打垮蜀军。没想到还没冲到大营，孟获的马就被绊倒，孟获再次成为送上门的"肥羊"。诸葛亮还是没杀孟获，反而送他一批粮草，约他吃饱喝足了再比拼。

有粮有草的孟获还是斗不过诸葛亮,第七次成了俘虏。当诸葛亮第七次拱手相送时,孟获痛哭流涕:"我服了,服了,从今以后孟获甘愿听从丞相指挥。"

当有人埋怨诸葛亮太啰嗦时,诸葛亮笑着解释说:"打败了不一定臣服。首领臣服了,下面人一定会臣服。这样的效果抵得上十万大军的力量。"事实证明,诸葛亮的谋略是正确的。平定南方为诸葛亮七出祁山奠定了基础。

【释义】

七擒七纵字面意思就是七次擒获,七次放回。后来比喻应用谋略达到使人心悦诚服的目的。

【出处】

《三国志·蜀书·诸葛亮传》

最完整的乐器

曾侯乙编钟是我国乃至世界上迄今为止发现的数量最多、保存最好、音律最全的一套编钟。这套编钟架长748厘米,宽335厘米,高273厘米,重达4 400多千克。出土后的编钟由65件青铜编钟组成,音域跨五个半八度,音域宽广,音色优美,音律较准。曾侯乙编钟的铸造一方面说明了我国古代青铜制作技术的高超,另一方面也说明了我国古代音律的发达。曾侯乙编钟是我国古代人民智慧的结晶,是中国音乐史上的奇迹,更是世界音乐界的奇迹。

漆身吞炭

春秋末期,晋卿智伯被赵襄子灭门。

智伯死后无子嗣为其报仇。他的家臣豫让便担负起了报仇大任。一次,豫让改名换姓,装作刑徒入宫打扫厕所,准备在夜里乘赵襄子上厕所的时候杀死他。敏感的赵襄子察觉有异,发现豫让内藏兵器,随从擒获了豫让。赵襄子钦佩豫让知恩图报的侠义行为,便放了他。但豫让报仇心志依然不改。

此次行刺失败后,豫让深知,赵襄子定会严加防守,而且会注意自己。为了达到报仇的目的,豫让决定改变容貌。为此,他用一种腐蚀性极强的漆毁了容,变成了一个面目可憎,浑身长疮流脓的乞丐。在闹市上,豫让的妻子根据他的声音找到了豫让,但他面目全非,妻子已经不认识他了。这让豫让暗自高兴,自己改头换面非常成功,连最亲近的人也认不出来了,但是声音还是被妻子听出来了。怎么办?豫让心一横,吞下了烧红的木炭,声带受了伤,声音变得异常嘶哑。这样,他已经成为另外一个豫让了,就连他的妻子也看不出他的容貌,听不出他的声音了。

豫让又伺机行刺赵襄子。终于,机会来了,他得知赵襄子出行,于是又藏了匕首,潜伏在桥下准备行刺。尽管豫让的容貌和声音与以前不同,却还是被精明的赵襄子给认了出来。赵襄子虽然敬重豫让的忠义,但两人你死我活的残酷事实让他不得不杀豫让以绝后患。豫让临死前请求赵襄子:"如果你能脱下锦袍让我砍几剑,以了却我为主人报仇的心愿,我就算死也瞑目了。"赵襄子满足了他的要求。豫让带着遗憾与满足自刎而死。豫让为主报仇的悲壮故事演变出了成语"漆身吞炭"。

【释义】

本意是豫让改容换貌的举措,后来用此成语形容舍身以酬知己,不惜牺牲一切的忠义行为。

【出处】

《史记·刺客列传》

奇货可居

战国时期有个叫吕不韦的大商人。此人颇具经营头脑,善于投机和囤积居奇,所以富甲一方,名声远扬。

有一年,吕不韦到赵国都城邯郸做生意。在这里吕不韦发现一件稀有奇货,大叫:"此奇货可居。"他匆匆忙忙赶回家向父亲陈述了自己的投资计划,得到了父亲的支持。

为了这件"奇货",吕不韦耗费了大量钱财。成批成批的珍奇宝物源源不断地送到秦国皇宫,最后连自己心爱的小妾也送了出去。

几年之后,吕不韦由卫国的一个富贾一跃成为秦国的丞相。高官厚禄,其风光与富贵程度胜往昔千倍。这就是吕不韦善于投机经营的结果。

原来,当年吕不韦眼中的"奇货"是置身赵国的秦昭王的孙子子楚。子楚的父亲安国君是秦国太子,所以子楚有望成为秦王。为了帮子楚登上王位,吕不韦向安国君的宠妃华阳夫人送礼。他一面

让子楚认华阳夫人为母亲,一面怂恿(sǒng yǒng)华阳夫人在安国君面前替子楚美言。

民间传说吕不韦为了讨好子楚,把自己的爱妾送给子楚为妻,即秦始皇的母亲。

吕不韦的苦心没白废,几年后子楚被接回国封为太子,继而登上了王位。为了报答吕不韦的鼎力相助,子楚登基后厚赏了吕不韦。

从故事中可以看出,吕不韦的"奇货"确实"可居",他为吕不韦带来了做生意无法得到的声名与权势。

【释义】

本意是把珍奇的货物囤积起来高价出售,比喻凭借特殊条件谋取名利地位。

【出处】

《史记·吕不韦列传》

旗鼓相当

公元25年,刘秀在洛阳建立了东汉政权,后人称他为光武帝。由于当时边远地区还没有完全统一,隗(wěi)嚣在甘肃一带自称上将军,公孙述在四川一带自称皇帝,双方都握有重兵,时常为争夺地盘而发动战争。这两股势力对东汉王朝构成了严重的威胁。

由于东汉王朝刚刚建立,暂时还没有足够的兵力去平息叛乱,刘秀就想方设法拉拢隗嚣，以孤立公孙述的势力，进而统一天下。

隗嚣为了寻求政治出路，就乘机上书刘秀，表示愿意向东汉投降称臣。于是，刘秀便派大司徒邓禹赶赴四川，封隗嚣为四川大将军。

不久，吕鲔(wěi)在陈仓发动叛乱，拥兵数万，接着，吕鲔又与公孙述勾结在一起，出兵攻打陕西中部一带，进逼长安城，形势万分危急。

这时，隗嚣率领大军及时赶来，隗嚣的军队配合刘秀部队顽强抗敌，将叛军杀得大败而逃。

刘秀听说前线告捷，十分高兴，就亲自写了一封措辞委婉的信给隗嚣，希望他能凭借自己的兵力，与汉军联合起来共同对付公孙述。刘秀在信中说："我现在忙于在东方作战，大部队都部署在那里。眼下我在西方的兵力极其薄弱，如果公孙述侵犯长安的话，我希望与将军的兵马联合在一起，这样便能与公孙述旗鼓相当了。"

隗嚣接受了刘秀的意见，不久，他与刘秀共同出兵讨伐公孙述，结果把公孙述打得大败。

【释义】

比喻双方势均力敌，不相上下。

【注释】

旗鼓：古时军中发号施令的器具。相当：不相上下。

【出处】

《后汉书·隗嚣传》

歧路亡羊

古时候，有个文人叫做杨子，饱读百家诗书，但却无所适从，没有头绪。有一天他的邻居丢了一只羊。邻居很着急，于是招呼了一大批人去寻找。怕人手不够，他又去求杨子帮助："先生，能否让你家的仆人帮我找寻丢失的羊？"杨子对邻居为一只羊兴师动众的做法很不理解。邻居无可奈何地答道："先生，您不了解实际情况，这村外有好几条岔道，谁知道羊顺哪条道儿走丢了呢？人少了不行！"杨子听了之后，觉得也有道理，便让仆人也去帮忙了。

几个时辰过去了，找羊的人都拥到了杨子家。杨子以为羊找到了，一问才知没找到。

邻人苦恼地说："出了咱这村子，就是大路，这大路上有好几条岔路。走一段后，又有岔路，简直像树杈一样。我们被这岔路弄得晕头转向，到后来根本不知道这只羊是从哪条岔路上走失的。"

杨子听了邻人的这一席话之后，心事重重，若有所思，令他的弟子们百思不解。后来有位学者在研究杨子对此事的反应时这样解释："岔路如此多，所以羊究竟从哪个方向逃走了，不得而知。同样的道理，读书人因百家争鸣而找不到真理，以致误入歧途，最终一无所获。"

【释义】

原意指在岔路上丢失了羊，难以寻找。比喻事理复杂多变，找不到正确的方向，误入了歧途，最终一无所获。

【出处】

《列子·说符》

杞人忧天

传说古时候杞国有一个人,他每天都担心天会掉下来,地会塌下去,日月星辰会坠落下来,他常常因此愁眉不展、心惊胆战,愁得睡不着觉、吃不下饭。

杞人的一个朋友见他这样忧虑,就跑来开导他说:"天不过是堆积在一起的气体罢了,天地之间到处充满了这种气体,你一举一动、一呼一吸都与气体相通。你整天生活在天地的中间,怎么还担心天会塌下来呢?"

杞人听了这番话,更加惶恐不安,忙问:"如果天真的是由气体堆积起来的,那么日月星辰挂在气体的上面,难道不会坠落下来吗?"朋友答道:"日月星辰也是由气体聚集而成的,只不过会发光罢了。即使掉下来,也绝不会砸伤人的。"

杞人沉思了一会儿,仍不放心,又问:"如果大地塌陷下去,那可如何是好呢?"

朋友耐心地解释说:"大地也不过是堆积起来的土块罢了。这些泥土、石块到处都有,塞满了每一个角落。你可以在它上面随心所欲地奔走、跳跃,为什么要担心大地会塌陷下去呢?"

经过这一番开导,杞人恍然大悟,这才放下心来,又快快乐乐地过日子了。

【释义】

杞国有个人怕天塌下来。比喻不必要的或无根据的忧虑。

【注释】

杞:周代诸侯国名,在今河南杞县一带。

【出处】

《列子·天瑞》

千金市骨

战国时期,各诸侯国为了争夺地盘,战争不断。燕国曾被强大的齐国打败。燕昭王继位后,决心招贤纳士,复兴燕国。

一次,燕昭王召见了极有谋略的谋士郭隗,虚心请教道:"当前燕国面临困境,你看如何才能求得有才能的贤士,辅助我治理国家,重整旗鼓,以实现复仇的夙愿呢?"郭隗没有直接回答昭王的问题,而是先给昭王讲了一个故事:

从前有位国王,一心想得到一匹千里马,就派人在全国各地张贴布告,说他愿出一千两黄金购买一匹千里马。可三年过去了,一匹马都没有买到,国王为此很不高兴。这时,国王身边有个侍臣说,他愿意带上一千两黄金出外寻找千里马。国王同意了。于是侍臣带着一千两黄金,四处奔走寻马。他花了三个月的时间,才打听到一点儿消息,可等他赶到时,那匹千里马已经死了。侍臣毫不犹豫地拿出五百两黄金,买下了那匹千里马的尸骨,带回来献给了国王。国王斥责道:"我要的是一匹日行千里的活马,可你却白白花掉五百两黄金,买回一堆千里马的尸骨,这有何用呢?"侍臣不慌不忙地回答说:"大王,您买了好几年的千里马都没买到,这并非是世上没有千里马,而是人们不相信您真的会出千金买马呀!如今我花掉五百两黄金,为您买了一堆千里马的尸骨,消息传开后,天下人都知道您珍爱千里马,过不了多久,就会有人把活的千里马给您牵来的。"果然,不到一年,就有好几匹千里马被送到了国王那里。

郭隗讲完故事后,意味深长地说:"大王若真的想招贤纳士,不妨先从我开始,天下贤人见像我郭隗这样的人都能被您重用,那么,比我更有才能的人便会主动来找大王了。"燕昭王觉得郭隗言之有理,当即拜他为师。各诸侯国的贤士闻讯,纷纷前来向燕昭王自荐。燕昭王任用各国的能人贤士治理国家,后来,终于击败了强大的齐国,收复了全部失地。

【释义】

花费千金,买千里马的骨头。比喻渴望求得有才能的人。

【注释】

骨:千里马的尸骨。

【出处】

《战国策·燕策一》

千里送鹅毛

唐朝时,各地的地方官经常派人向唐朝天子进贡礼物。

有位偏远地区的地方官派缅伯高给唐天子进贡活天鹅。

路上走了好多天,笼子里发出一股臭味,天鹅的羽毛也脏了。

到了沔阳湖后,缅伯高就打开笼子,想让天鹅到湖里去洗洗澡。"呼啦啦",天鹅张开翅膀飞走了,地上只留下几根洁白的羽毛。

这可怎么向大人交代呢?缅伯高又急又怕,哭了一场。可哭有什么用呢?他急中生智,捡起一根羽毛,将它带往京都长安。

到了长安,各地的使臣都来朝拜唐天子,并陆续献上了名贵的礼品。轮到缅伯高了,他大步上前,双手捧着那根羽毛。满朝文武你看我,我看你,都不知道是怎么回事。

缅伯高将进贡的前后过程编成歌词,高声唱了起来。

歌词最后两句是:"礼轻情意重,千里送鹅毛。"唐天子听了,哈哈大笑,心想:这使臣真聪明!

就这样,缅伯高不但没受到处罚,反而得到了唐天子的赏赐。

【释义】

比喻礼物虽轻,但情意深厚。

【出处】

《路史》

前俱后恭

苏秦是战国时著名的纵横家,曾挂六国相印,使六国联合抗秦。

苏秦早年曾经外出游说,但没有一个国家接受他的纵横术。当他落魄地回到家中时,他的家人没有一个人拿正眼看他。他的妻子坐在织机旁对他不理不睬,他的父母边哭边骂他丢人现眼,他的嫂子更是冷嘲热讽,恶言相加,咒他一辈子没出息。

诸侯的冷遇,家人的白眼,更坚定了苏秦出人头地的信念。他总结失败教训,发愤苦读。经过几年的苦读,此时苏秦已非昔日的苏秦。经过一番准备,苏秦开始继续游说。功夫不负有心人,他的"合纵"学说首先被赵国接受。苏秦成功地使燕国和赵国联合起来。这时的苏秦声名鹊起,高官厚禄接踵而来。接着苏秦又动身赴楚国游说。

在去楚国的路上,他经过洛阳老家。他的父亲得知这个消息后,立即打扫院落,摆酒设宴,并到三十里外的城郊笑脸相迎。回家之后,他妻子对他恭敬有加;他的兄弟更是低头进进出出;他的嫂子则向他跪拜,忏悔当初自己有眼无珠。苏秦笑问嫂子:"嫂子为何前俱而后恭也?"他的嫂子战战兢兢地说:"小叔现在高官厚禄,哪敢轻视。"

苏秦见家人今昔态度的鲜明反差,不禁感慨世态的炎凉:"同是一个苏秦,贫贱之时父不以我为子,妻不以我为夫,嫂不以我为叔;而今富贵了,家人争相巴结逢迎。人世间还有多少人是正人君子呢!"

【释义】

开始态度傲慢,后来又恭顺,形容前后所持态度不同,多形容人势利。

【出处】

《史记·苏秦列传》

黔驴技穷

传说古时候,黔中一带没有毛驴。偏偏有喜欢多事的人,用船从外地运来了一头肥大蠢笨的毛驴。毛驴运来后,这人却不知如何使唤它,只得把它放牧在山脚下。

一天,一只吊睛白额的斑斓猛虎下山觅食,碰巧遇见了这头毛驴。这只老虎从来没有见过毛驴,突然看到这么一个庞然大物,心里非常害怕,吓得只敢躲在树丛中偷偷地窥视毛驴。

过了好一会儿,老虎小心谨慎地走出树丛,慢慢地接近毛驴,仔细地观察它的一举一动。毛驴忽然长嘶了一声,洪亮的声音响彻山谷。老虎以为毛驴发怒了,它害怕毛驴吃掉自己,吓得拼命逃向山林深处。

可是经过几天的细致观察,老虎觉得毛驴并没有什么特别的本领。它的叫声老虎也听习惯了,不再觉得有什么可怕的。于是老虎又向毛驴靠近了一些,在它身前身后转来转去,跳上跳下,但仍然不敢太放肆。

渐渐地,老虎挨得更近了,它不断地挑逗、戏弄毛驴,肆意地碰触、冒犯它。毛驴终于被激怒了,便使出它的绝招——扬起一只蹄子,突然踢向老虎。老虎虽被踢中了,但同时也弄清了毛驴的底细:原来,这只毛驴的本领不过如此而已!

于是,老虎怒吼一声,向毛驴猛扑过去,饱餐了一顿肥美的驴肉,然后扬长而去。

【释义】

比喻有限的一点儿本领已经用完,再没有什么能耐了。

【注释】

黔:唐代指黔中道。今为贵州省的代称。穷:尽。

【出处】

《三戒·黔之驴》

最早的兵书

《孙子兵法》是世界上最早、最完整、最著名的军事著作,被誉为"兵学圣典"。《孙子兵法》包括《始计》、《谋攻》、《虚实》、《兵势》、《九变》等十三篇,内容涵盖军事作战的各个方面。"知己知彼,百战不殆","不战而屈人之兵"等军事思想被广为接受。目前该书已被翻译成英、俄、德、日等20种语言,西点军校和哈佛商学院已将其列为必读教材。据报道,1991年海湾战争时,交战双方都曾研究《孙子兵法》,用其军事思想指挥战争。

巧夺天工

公元200年，袁绍在官渡与曹操展开决战，大败，不久便抑郁而终。其次子袁熙，被公孙康杀死。

曹操的儿子曹丕率军攻下邺城后，在袁府发现美若天仙的甄(zhēn)氏。这甄氏乃是袁熙之妻。曹丕立刻被她吸引，不久便娶她为妻。

因甄氏实在美艳绝伦，曹丕对她千依百顺，恨不能含她在嘴里。后来，曹丕称帝，建立魏国。这时，甄夫人已经年过四十了，为了不至于失宠，她费尽心思妆饰自己。

传说，在她居住的庭院里，有条妖娆的蛇。这条蛇口含红珠，常常千娇百媚地扭动身躯，为甄氏翩翩起舞。有一天，甄氏发觉，这条蛇扭曲盘舞的姿态一天一换，各不相同。甄氏灵机一动，仿效蛇的盘绕形状，天天变化发型。

此举果然不同凡响，甄氏的发型一天一个样，新颖别致。她的头发越梳越精致。虽说是人工梳成的，但精致巧妙胜似天然。引得宫中其他嫔妃纷纷仿效，但总是东施效颦。甄氏的苦心总算没有白费，曹丕见了她，觉得她仍然是年方二八的仙女，更是宠爱无比。

毕竟岁月不饶人，再精致的梳妆打扮，也无法抹去甄氏脸上的皱纹，也无法改变她终将失宠的命运。后人形容甄氏变幻万端的发髻是"巧夺天工"。

【释义】
人工的巧妙胜过自然。比喻技艺高超而又精巧绝妙。

【出处】

《赠放烟火者》

锲而不舍

荀子学识渊博,是春秋战国时期有名的教育家。荀子的思想里闪烁着古代唯物主义的光芒,他不信鬼神,更不相信有天命,认为日月星辰的运行有其内在的规律,不以人的主观意志为转移。在他年轻的时候,就写下了充满智慧与启迪的名篇——《劝学》。

在文章的开头,他就写道,人人应该接受教育以获得学问来丰富自己的精神境界。靛(diàn)青这种颜料由蓝草提炼而来,但是它的色彩比蓝草还要蓝。言下之意,是说学生可以胜过老师,后人可以胜过前人。

接下来,荀子又写道,在木头上刻字,刻了几下子就停下来,就是烂木头也刻不断;倘若坚持刻下去,就是再坚硬的金属和石头也能刻穿。

在荀子这篇文章中,包含了许多精辟透彻的比喻,对人很有启发作用。《劝学》不仅给我们留下了深刻的思想,还留下了许多朗朗上口的成语。除"锲而不舍"之外,还有"青出于蓝"、"积水成渊"等许多对人有所教益的成语。

【释义】

雕琢一件器物,要不停地去镂刻才能成功。

【出处】

《荀子·劝学》

秦晋之好

春秋时期,晋国和秦国为了两国的和睦,一直以互相通婚为纽带,保持着友好的关系。

晋献公在位时,把大女儿嫁给了秦穆公,成为秦穆公夫人。晋献公年老的时候,宠爱年轻貌美的骊姬,听信她的谗言,杀了太子申生,逼得公子夷吾和重耳逃亡,改立骊姬的儿子为太子。晋献公死后,晋国发生内乱,骊姬和她的儿子都被杀死,逃亡在外的公子夷吾回晋国当了国君,就是晋惠公。

晋惠公把太子圉(yǔ)送到秦国去当人质,秦穆公把女儿怀嬴嫁给了他。后来晋惠公得了重病,太子圉担心王位会被他的叔叔公子重耳夺去,就偷偷地逃回晋国去了。

在外流亡十几年之后的重耳最后来到了秦国,秦穆公非常器重他,又把女儿怀嬴改嫁给他。后来,秦穆公帮助重耳夺取了晋国的君位,就是晋文公。晋文公让自己的太子也娶了秦国的宗室女子做夫人。

秦国和晋国的国君几代都互相通婚,后来人们就把缔结婚姻称为"秦晋之好"。

【释义】

秦、晋两国君主几代通婚。后指两家联姻。

【出处】

《两世姻缘》

青出于蓝

南北朝时期,孔子的后人孔璠(fán)收了个弟子叫李谧(mì)。李谧聪明而且好学,不过几年,他的学识便突飞猛进,差不多已经赶上了老师孔璠。

孔璠见李谧如此好学钻研,自然喜在心里。他非常谦虚,当他遇到什么拿不准的问题时,也会向李谧请教。但是在李谧看来,孔璠是老师,故而当他回答老师的疑难问题时,很不自然。孔璠见状,便开导他说:我向你请教问题时,如果你知道如何作答,就不必吞吞吐吐,不好意思回答。凡在某些方面有成就、有见解的人,都可以是我的老师,你不必介意。李谧听了老师的这一席话,感动不已,以后遇到这种情况时,总能很好地应答。

孔璠虚心向弟子求教的消息一下子就传开了,人们非常佩服他的这种求知精神。

【释义】

青由蓝草提炼而来,却比蓝草颜色更深。用来比喻学生超过了老师,后人胜过了前人。

【出处】

《荀子·劝学》

青梅竹马

李白的诗想象丰富,风格豪放,不拘一格。有人曾说他像天上的神仙谪居人世间一般。他的作品中,有一首诗描述男女在孩童时彼此玩得很投契的情景,其中有两句:

郎骑竹马来,绕床弄青梅。

"青梅竹马"这个成语,就是从这首诗中得来的。

【释义】

形容男女小时候天真无邪,在一起玩耍。

【注释】

青梅:青的梅子。竹马,原意指小孩将竹竿骑在胯下当做马。

【出处】

《长干行》

倾国倾城

汉武帝有一位乐师,叫李延年,此人能歌善舞,能弹会奏,技艺不凡。有一次汉武帝在欣赏李延年的歌舞时听李延年唱道:

北方有佳人,

绝世而独立。

一顾倾人城,

再顾倾人国。

宁不知倾城与倾国,

佳人难再得。

汉武帝一听李延年如此形容女子美貌,不禁问道:"世上真有如此绝代佳人吗?"

汉武帝的姐姐在旁边笑道:

"李乐师的妹妹就是这样的佳人啊。"

汉武帝一听大喜,急忙命人召李氏入宫。一看果真是倾国倾城的佳人。于是将她封为夫人,让她陪伴左右。可怜李夫人红颜薄命,在汉武帝身边不久便病逝了。后来,汉武帝每每念及李夫人都伤感落泪。

【释义】

使全城乃至全国的人为之倾倒。用来形容女子美貌非凡。

【出处】

《汉书·外戚传下·孝武李夫人传》

请君入瓮

武则天做皇帝的时候,朝中有两位专管刑讯的官吏,一个叫来俊臣,一个叫周兴。他们二人用刑都十分残酷,犯人稍有不服,就鞭

抽棒打，甚至斩手削足、割鼻剜眼，什么残忍的方法都能想到。不少犯人一听到他俩的名字，就已吓得魂飞魄散了，哪里还需要上刑呀！就连朝中权势显赫的大臣，对他们二人都敬畏三分，不敢冒犯。

有一天，有人到武则天那儿状告周兴密谋造反。武则天勃然大怒，立即召来俊臣进宫，让他去审问周兴。

来俊臣接了这个棘手的案子，十分为难，思索了好几天。他知道，周兴阴险狡诈，决不会轻易服罪，搞不好自己反而会被他反咬一口，弄得身败名裂。于是，他决定设一个圈套，用计让周兴不打自招。

一天晚上，来俊臣邀周兴到家中饮酒。周兴已听到一点儿风声，预感到此次赴宴定是凶多吉少。所以两人见面，周兴异常警觉，小心谨慎地与来俊臣交谈。来俊臣见此情形，就装做闲谈的样子问周兴："周兄，我最近接了个案子，犯人死不认罪，你看用什么办法才能叫他开口招供呢？"周兴见来俊臣谈的话题与自己无关，就放松了戒备，不假思索地说："这事太容易啦！你只要拿一口大瓦瓮来，在它四周点燃木炭，把瓦瓮烧热了，叫犯人钻进去，还怕他不老实交代吗？"来俊臣听了，连声叫好："周兄的办法真高明啊！"说着，来俊臣吩咐手下狱吏，抬来一口大瓦瓮，照周兴说的办法在四周点上大火。瓦瓮渐渐烧红了，散发出阵阵热浪。周兴热得汗流浃背，气喘吁吁。他正想告辞离去时，来俊臣突然站起身来，拿出圣旨，对他呵斥道："宫里有状子告你，皇上命我审你，现在，就请周兄入瓮吧！"周兴这时方知中了圈套，吓得面如土色，忙跪倒在地，叩头认罪。

【释义】

比喻用他整治别人的办法来整治他自己。

【注释】

君:对人的尊称,相当于"您"。瓮:一种陶制的容器。

【出处】

《资治通鉴·唐纪·唐则天皇后天授二年》

孺子可教

秦朝末年,张良辅佐刘邦打败项羽,建立了汉王朝。张良用兵布阵的才能得益于他少年时期的一次奇遇。

一天,张良正在桥上散步,迎面走来一位老人。恰巧老人的鞋掉到了桥下,老人见张良走过来便说:

"小伙子,你下去把我的鞋捡上来!"

张良心中不悦,但转念一想,老人家这么大年纪了,为他捡个鞋也没什么,便下桥捡了鞋上来。这时老人又要求张良把鞋给他穿上。张良心中很不高兴,但转念一想,既然捡上来了,再帮老人家穿上也没什么大不了,于是就把鞋给老人穿上了。

老人起身便走,一句话也不说,张良很奇怪,继续散步,过了一会儿,老人返回来对张良说:

"你这个小孩子值得我教诲,五天以后到桥上

见我。"张良一想,这老人肯定大有来头,连声称是。

第五天早上,张良早早地赶到桥上,老人已站在那儿,很生气地说:

"小孩子不懂得尊敬老人,还让我等你,过五日再来。"

五日后,张良起了个大早,但老人又先到了,并说同样的话。张良心想,下次我半夜就来。第五日午夜,张良就到桥上等候。老人来后很高兴,交给张良一部《太公兵法》,要他努力钻研,日后定能辅佐帝王成就大业。张良道谢,老人转身而去。

张良发愤研读兵书,后来终于辅佐汉高祖刘邦成就了一番大业。

【释义】

指小孩儿能够被教诲,被塑造。

【出处】

《史记·留侯世家》

中国最大的盆地

塔里木盆地是中国也是世界上最大的内陆盆地,塔里木盆地从帕米尔高原一直延伸到甘肃、新疆等地,面积约56万平方千米。塔里木盆地早晚温差较大,"早穿皮袄晚穿纱,怀抱火炉吃西瓜"的谚语形象地说明了塔里木盆地的气候。塔里木盆地还有一个著名的"移动湖"——罗布泊。塔里木盆地里还富有石油、有色金属等矿产资源,是十足的"聚宝盆"。

入木三分

王羲之是东晋时期一位著名的书法家,他取众家之长,创造了一种具有独特风格的书法,被后人誉为"书圣"。

王羲之自小就很有书法天赋,七岁时就已崭露头角,写得一手好字。王羲之十二岁那年,偶然在父亲的书房里发现了一本讲解书法的好书,就偷偷拿出来阅读。从此他手不释卷地日夜攻读,一丝不苟地按书中讲的方法运笔练字,书法水平不断提高。王羲之每天练完了字,就到后花园的池塘边清洗笔砚,天长日久,整池水都被墨汁染黑了,由此可见王羲之练字是何等的勤奋刻苦!

一天清晨,王羲之独自一人在山下散步。忽然,他看见一位年老体迈的老妇人拿着十几把纸扇,要到集市上去卖。每把纸扇只能卖二十钱,王羲之见老妇人贫苦可怜,就借来笔墨,在每把扇子上题了字,老妇人哪里认识王羲之呀,见他在白白净净的纸扇上写了字,心中叫苦不迭。王羲之见状笑道:"您只要说这是王右军写的字,保你每把能卖一百钱!"老妇人接过纸扇,半信半疑地来到市场上,照着他的话叫卖了一番。人们听了,马上争先恐后地掏钱购买,一会儿工夫,十几把扇子都被抢购一空,老妇人这才欣慰地笑了。

相传王羲之曾给朝廷写过祭祀天地神明、祈求国泰民安、五谷丰登的"祝版"。晋成帝即位后,就命祝版工人更换祝版上的题词。谁知工人们在那块木板上削了好半天,也没能把王羲之原来的字迹刮掉。工人们拿起祝版仔细一看,都大吃一惊,连声赞叹。原来,王羲之写的每个字都入木三分,好像刀刻一般,哪里能轻易刮得掉呢?

【释义】

本来形容笔力强劲。后用来比喻见解、议论深刻。

【注释】

入木:(字迹)透入木板。三分:三分深。

【出处】

《书断·王羲之》

塞翁失马

古时候,北方边塞附近有个老头儿,他对事物常常有独到的见解,而且人缘很好。

有一天,老翁家的一匹马撒起野来,跑到老外胡地去了。他的邻居们得知此事,都替他惋惜,纷纷跑到他家里劝慰他。谁知老翁听了众人的话,满不在乎地说:"不就是丢了一匹马吗,没什么大不了的!依我看,马儿跑了,说不定会给我带来好处呢!"邻居们听得目瞪口呆,谁都不相信会有什么奇迹发生。

过了一段日子,老翁家的那匹马由于过不惯胡地的生活,自己跑了回来,并且还带来了一匹胡人的骏马。邻居们知道后,都不约而同地赶来向老翁道贺。他们拍着那匹胡马,交口称赞。可老翁并不为此感到高兴,皱着眉头叹息道:"这有什么值得庆幸的。没花分文得了一匹胡马,也许会给我家引来灾祸啊!"邻居们听了都不以为然,心想:"老翁肯定是老糊涂了,不然怎会连好事坏事都分不清呢?"

老翁的儿子很喜欢骑马,自从家里添了那匹胡马,就整天骑着它出去游玩。谁知那匹胡马未经驯化,很不服人管教。一天,老翁的儿子被胡马掀翻在地,摔断了一条腿,落得个终生残疾。

邻居们听到这个不幸的消息,都赶来向老翁表示慰问。可老翁一点儿也不难过,反而劝慰大家:"各位不必为我的孩子难过,他的腿瘸了,虽然很不幸,但也可能因祸得福啊!"

果然,一年之后,胡人挥戈南下,大举入侵边塞。边塞的所有青壮年男人都应征入伍,与胡人作战,其中大部分人都死在了战场上。老翁的儿子因身体残疾,就没有去当兵打仗,和年迈的老翁一起保全了性命。

【释义】

比喻坏事在一定条件下可以变成好事。

【注释】

塞:边界。翁:老头儿。

【出处】

《淮南子·人间训》

三顾茅庐

东汉末年,群雄割据,汉室衰微。皇族刘备痛感汉室没落,决心复兴汉室。听说隐居南阳卧龙岗的诸葛亮是个旷世奇才。于是刘备决定请诸葛亮出山。

刘备第一次去拜访诸葛亮,诸葛亮避而不见。第二次刘备又去拜访,诸葛亮仍然避而不见。当时,张飞气得哇哇大叫,但是刘备仍然不泄气。第三次,刘备又一次远路而来拜访诸葛亮。诸葛亮被刘备的诚意打动,亲自出迎。在诸葛亮的草庐中他们畅谈当前时局,探讨夺取天下的策略。刘备为诸葛亮的远见卓识所折服,于是拜孔明为军师,请他出山辅助自己复兴汉室,消灭曹操。

诸葛亮出山后不久,曹操出兵讨伐刘备、孙权。诸葛亮献策联合孙权,从而使孙刘联军团结一致,在著名的赤壁之战中,杀得曹操落荒而逃。不久,诸葛亮又辅助刘备占领荆州、益州,建立了蜀汉政权,形成了魏、蜀、吴三国鼎立的局面。

刘备死后,刘禅继位。在经过充分的准备后,诸葛亮打算继续伐魏。在他出师前给刘禅写了一篇《出师表》,其中写道:"先帝不以臣卑鄙,猥自枉屈,三顾臣于草庐之中……"

"三顾茅庐"即源于此文。

【释义】

指刘备三次到诸葛亮的草舍中拜访。后人常用此成语来形容诚心诚意地多次专程访问或多次邀请。

【出处】

《出师表》

三令五申

吴王集合了一百八十名宫女,交给孙武操练。孙武将宫女分成两队,叫吴王的两个宠姬担任队长。他站在指挥台上,高声发令:"我叫前,你们看前面;叫左,看左边;叫右,看右边;叫后,就向后转。"号令交代清楚了,孙武命人在一旁摆下铡(zhá)刀,然后又向宫女们讲了几遍号令,操练就开始了。

孙武击鼓传令:"右!"谁知宫女们把孙武的命令当做儿戏,不但没人听从号令,反而都哈哈大笑起来。看台上的吴王和那些王公贵族也大笑不已。宫女们见此情景笑得更加起劲了,一时间,操练场上笑声连成了一片。

孙武不动声色,说:"号令可能没交代清楚,这是我的过错。"于是他又复述了一遍,然后再次击鼓传令:"左!"那些宫女仍嬉笑不停,特别是吴王的两位宠姬,更是笑得前仰后合。

这下,孙武恼怒了,厉声喝道:"号令不明是为将之罪,可我已经三令五申了,你们却不遵命,这是队长之罪,按军法当斩!"说着他下令要将吴王的两位宠姬斩首示众。

吴王见孙武要斩两位宠姬,慌忙命人传令:"我已知道将军善于用兵了!那两位宠姬,将军就不要斩了。"孙武叫传令人回复吴王:"臣已受命为将,将在军中,君命有所不受!"说完,便下令斩了吴王的两个宠姬。

孙武重新击鼓传令,这回宫女们个个规规矩矩,服从指挥。

从此,孙武的用兵才能受到了吴王的重视。吴王授命孙武全权指挥吴军,终于使吴国成为春秋时期的强国。

【释义】

再三命令、告诫。

【注释】

令:命令。申:表达、说明。

【出处】

《史记·孙子吴起列传》

伤风败俗

唐宪宗将佛祖释迦牟尼的遗骨迎进宫中供奉，韩愈写了一篇《论佛骨表》呈给唐宪宗，以劝谏唐宪宗不要败坏当时的社会风气。

韩愈在《论佛骨表》中陈述了我国古代的圣人尧、舜、禹等不知什么叫佛教却把国家治理得很好，而且寿命也很长。但自东汉佛教传入中国后，宋、齐、梁、陈等各个朝代都信奉佛教，但这几个王朝都好景不长。他还举梁武帝为例，说他不吃荤、不杀生，而且三次出家做和尚，结果还是被叛军包围，活活饿死。最后韩愈写道："伤风败俗，传笑四方，非细事也。"意思是陛下您迎佛骨进宫，王公大臣争相施舍，民间也争相效仿，以表示对佛祖的忠诚，这样伤害社会风气、败坏风俗的事会被人当成笑话四处传扬，这可不是一件小事啊！

唐宪宗一听大怒，要立斩韩愈的头。后来在丞相的劝谏下韩愈性命得保，但被贬到潮州。

【释义】

指伤害和败坏社会风气。后人常用此成语谴责有损社会风气的不正当行为。

【出处】

《论佛骨表》

声东击西

楚汉争霸时期,汉王刘邦曾率军攻打楚都彭城,结果被项羽的楚军杀得大败,溃逃到了荥阳地区。

这时,许多已经归顺了刘邦的将士见势不妙,纷纷投降了项羽。刘邦的降将魏王豹一看苗头不对,也离开汉营,回到了他的封地河南。魏王豹一到河南,马上封锁了黄河西岸的临晋关,切断了汉军的退路,去与项羽谋和。

这样一来,汉军腹背受敌,形势十分危急。于是刘邦派部将郦生去说服魏王豹,动员他重新投靠汉王。可魏王豹一意孤行,坚决不允。刘邦恼怒万分,就派大将韩信去征讨魏王豹。

魏王豹闻讯,立即命柏直为将,率重兵严密防守在黄河西岸的蒲坂一带,以阻止汉军渡河。

韩信率领汉军来到了黄河东岸,他见蒲坂(bǎn)地势险要,易守难攻,而且对岸又有重兵把守,知道从这里强攻是难以取胜的。于是,韩信决定运用兵法上"声东击西"的战术,准备巧渡黄河天险。为了迷惑柏直,韩信就命少量兵马在蒲坂对岸扎下营寨,并让他们整日操练巡行,做出汉军要从这里强渡黄河的姿态,却暗中调兵遣将,把汉军主力转移到夏阳河口,准备从夏阳偷渡黄河,进攻魏王豹。

果然,柏直中了韩信的计,以为汉军真要从蒲坂渡河了,就向魏王豹报喜,说蒲坂防守得很严密,可谓坚如磐(pán)石,汉军休想越过黄河一步,魏王豹现在可以高枕无忧了。

　　韩信率精锐人马赶到夏阳后，立即命士兵砍树，做了大量木桶，然后三三两两捆在一起，再拴上木排，便制成了渡河用的木筏，乘着它们神不知鬼不觉地渡过了黄河。汉军一上岸，就直取魏王豹的老巢安邑，魏王豹慌忙召集起队伍，领兵迎战。可魏王豹的乌合之众哪里是汉军的对手呢？结果让汉军杀得惨败，魏王豹自己也被韩信活捉了！

【释义】

　　表面上声张攻打这一边，实际上却攻打那一边。

【注释】

　　声：声张。

【出处】

　　《淮南子·兵略训》

生灵涂炭

　　淝水之战后，前秦元气大伤，从此一蹶不振。两年后，前秦都城长安被后秦大军攻破，苻坚也被杀。

　　前秦的幽州刺史王永得知苻坚被杀，立即想办法拥立苻坚之子苻丕为新皇帝。第二年，王永被封为左丞相。王永上任后就写了一篇檄文，号召前秦的各路武装力量联合攻打后秦。在檄文中，他写道："先帝晏驾贼庭，京师鞠为戎穴，神州萧条，生灵涂炭。"意思是先帝已经在贼人控制的地方被杀害了，都城长安也已经被敌人占领,国家如此颓败,百姓生活在水深火热之中。

　　各路人马见到檄文后,立刻派兵会师,准备征讨后秦。但是后秦此时的力量已经非常强大,王永指挥的人马最终失败。前秦也于公元394年被后秦消灭。

【释义】

　　指老百姓处于水深火热之中,生活极端困苦。

【出处】

《晋书·符丕载记》

声名狼藉

　　秦始皇死后,赵高同秦始皇的小儿子胡亥密谋,假传圣旨,立胡亥为太子并立刻即位。同时伪造遗诏,赐死了秦始皇的长子扶苏。

　　赵高当上中车府令以后,又怂恿胡亥赐蒙恬、蒙毅死。秦二世非常昏庸,于是派人传下圣旨,赐死曾经立下汗马功劳的蒙毅。蒙毅觉得非常冤枉,愤怒地说:"以前秦穆公杀死三位忠臣殉葬,又杀了蒙冤的百里奚;秦昭襄王杀了武安君白起;楚平王杀了伍奢;吴王夫差杀了伍子胥,这四个国君都因为杀了良臣,铸成大错,最终遭到天下人的指责,以至于在各诸侯国中名声极坏!所以我奉劝你们不要滥杀无辜!"

　　但是使者最终还是杀了蒙毅。不久陈胜、吴广发动了大泽乡起义。在轰轰烈烈的起义中秦王朝灭亡了。

　　这个故事记载于《史记·蒙恬列传》,"毅对曰:'……此四君者,

皆为大失,而天下非之,以其君为不明,以是籍于诸侯。'"后来,史书在注解"以是籍于诸侯"时,用了"恶声狼藉,布于诸国"这句话,从而引申出"声名狼藉"这个成语。

【释义】

用来比喻某人或某团体名声极坏,人们一听到这个名字就感到厌恶。

【出处】

《史记·蒙恬列传》

盛气凌人

战国时,诸侯争霸,战事迭起。有一年,秦攻赵,赵危,求助于齐。

齐王接到求援信后,表示一定要让赵太后的小儿子长安君去做人质方肯出兵援助。赵太后一听,连声说:"那怎么行?"原来长安君是太后最宠爱的小儿子,所以无论大臣们如何劝谏,她也不同意让长安君去做人质。

前线战事已经非常危急了。这时,赵国的老臣触龙求见太后。太后怀疑他又是来劝谏的,于是"盛气而胥之",满脸怒气,等着触

龙一开口劝谏就训斥他。触龙进宫以后,先表示了深切的歉意,他说:"我年纪大了,身体也差了,所以没有能多多看望太后,心里非常内疚。"太后一听,原来他不是来劝谏的,心中怒气消了一大半。

触龙见太后脸色和缓下来,便和她谈起了自己如何疼爱小儿子的事儿。慢慢地将话题引到太后对儿子的态度上,使赵太后在不知不觉中接受了"爱孩子就应为孩子作长远打算"的道理。随即,赵太后答应了齐国要长安君做人质的要求,避免了赵国的一场灾难。

【释义】

骄横的气势威逼着别人的样子。

【出处】

《求阙斋语》

失之东隅,收之桑榆

冯异是东汉著名的将领,他精通兵法,足智多谋,跟随光武帝刘秀南征北战,立下赫赫战功,因而深得刘秀的器重。

冯异治军有方,因而屡建战功,但他为人谦虚,从不居功自傲。每次战斗结束,其他将领都围坐在帐中夸耀自己的功劳,只有冯异一个人悄悄地坐在大树下,一言不发。因此,三军将士都很钦佩他,暗地里称他为"大树将军"。

刘秀称帝后,封冯异为征西大将军,命他与邓禹、邓弘一同率军西进,讨伐占据在关中地区的赤眉军。

当时赤眉军屯兵二十万,兵势强大。冯异审时度势,建议先派人去赤眉军中诱降,涣散敌人军心,然后由邓禹、邓弘二将领军打击东边敌人,自己率军西进,对赤眉军两边夹击,以确保战斗的胜利。但邓禹、邓弘二将求功心切,不听冯异的劝告,仓促领兵攻打赤眉军,结果大败而归,损兵三千。

冯异闻讯,忙率军转移,等候战机。几天之后,冯异在渑(miǎn)池设下埋伏,让手下士兵换上赤眉军的装束,藏在路旁,诱敌深入。赤眉军进入包围圈后,冯异一声令下,顿时伏兵四起,杀得赤眉军人仰马翻,四散奔逃。

渑池一战,冯异消灭了八万敌军,大获全胜。这个捷报传到京城,刘秀立即写了一封诏书,送到前方表示慰问。刘秀在信中说:前方将士打了胜仗,非常辛苦。虽然开始时你们像斗败了的鸟儿,垂着翅膀逃到溪阪,但最终在渑池振翅高飞起来了。真可谓"失之东隅,收之桑榆"呀!

【释义】

比喻开始时在这一方面失败了,但最终却在另一方面取得了成功。

【注释】

东隅:日出的地方,也指早晨。桑榆:落日的地方,也指日暮。

【出处】

《后汉书·冯异传》

失之毫厘,谬以千里

西汉时,汉宣帝执政期间,皇帝派大将赵充国领兵去平定西北叛乱。

赵充国领兵出发后,派出探马刺探叛军的情报。根据情报,赵充国决定利用招抚的办法从叛军内部瓦解他们,因为叛军力量强大,要打起仗来双方都会有较大的伤亡;但叛军内部不团结,利用招抚的办法是最合适的。

赵充国于是一面向皇上报告招抚的想法,一面派人去招抚叛军,并取得了一些成果。正在这时,皇上命令赵充国立刻向叛军全面进攻以彻底消灭叛军。但赵充国经过深思熟虑,决定继续施行招抚政策,暂不出兵。

封建时期违抗圣旨是死罪。所以赵充国之子听说父亲违抗了圣旨,吓得赶紧派人劝父亲照皇上的意思办。

赵充国对来人说:"失此二册,羌人故敢为逆,失之毫厘,差之以千里,是既然矣。"意思是:皇上正因为做错了两件事,羌人才发动叛乱。真是失之毫厘,差之千里啊!

原来,皇上错下了两道命令才导致了今天的叛乱。

一是皇上不听赵充国的劝告采纳了丞相和御史们的建议,派了个文官镇守边疆,结果被匈奴人杀得大败。另一件事是有一年金城和湟中粮食大丰收,赵充国建议耿中丞下令收购谷子储存起来,军队粮食充足,乱军也就不敢轻举妄动,但皇上又没采纳他的建议。

后来,赵充国力谏皇上采用招抚政策,皇上最终同意了,不久,赵充国成功地平定了叛乱。

【释义】

只差那么一毫米一厘米,结果可能会偏差一千里。

【出处】

《礼记·经解》

食不甘味

苏秦连横的策略未被秦王采纳后,苏秦又说服赵国采取其合纵策略,共抗强秦。

在苏秦的努力下,韩、魏、齐三国分别加入了合纵。于是苏秦来到了当时相对比较强大的楚国。见到了楚威王以后,苏秦说:

"楚国地理位置优越,国力昌盛,兵强马壮,粮草充足,而且有您这样一位贤君,楚国有如此优越的条件正是称霸的基础。但现在楚国却打算侍奉秦国,那当今世上就没有哪个诸侯敢不侍奉秦国了。"

"是啊!"楚威王答道。

"实际上,秦国最怕的就是楚国,双方可以说是势均力敌。如果秦国联合了诸侯国,他就可以称霸,如果您联合了诸侯国,您就可以称王。称王称霸可以得到其他诸侯国的进奉,您愿意做扬眉吐气的霸主呢,还是愿意做俯首称臣的弱者呢?"

楚威王听罢,感慨地说:

"楚秦两国接壤,秦国一直有吞并我国的野心。我们又不能同韩、魏结盟,因为韩、魏一直受秦国的挟制,我每当想起光靠楚国难以抵挡秦国的进攻就睡不安稳,吃东西都没有味道,心就像是悬挂在天空中的旌旗一样摇摆不定,没有一天安定的时候,先生言之成理,我决定参加合纵,与其他诸侯国一致抗秦。"

最终,苏秦说服了各国,形成了合纵。

【释义】

指不知道吃的东西是什么味道,形容某人心中忧虑不安,挂念着某件事情,或者是因忙碌操劳,以至于吃饭都没有味道。

【出处】

《战国策·楚策一》

石破天惊

唐朝诗人李贺被誉为"诗鬼"。其诗诡谲(jué)、隐晦而又灵动,许多诗句传唱千古。

在李贺的名篇《李凭箜篌(kōng hóu)引》(箜篌是我国古代的一种乐器)中,他写道:"女娲炼石补天处,石破天惊逗秋雨。"意思是李凭所弹的箜篌是如此的激昂高亢,以至于震碎了女娲炼石补天之处的巨石,惊动了天公,引起一场绵绵秋雨。"石破天惊"即源于此诗,表示有惊天动地之势。

【释义】

原意指李凭所弹的箜篌气势恢弘，有惊天动地之势。后人用此形容文章或某一事件的发展非常惊人。

【出处】

《李凭箜篌引》

食言而肥

鲁哀公在位时，孟武伯实权在握，他是一个非常不守信用的人，令人厌恶。

有一次，孟武伯和季康子去五梧(今山东省费城县)西口迎接访问越国回来的鲁哀公。想到要见到言而无信的孟武伯，鲁哀公的随行人员郭重对哀公说："这个人，不知又胡言乱语些什么，不信你就听听吧。"

鲁哀公举行宴会。孟武伯向鲁哀公敬酒，看到一贯看不起自己的郭重，他讽刺地说："几日不见，你吃了什么好东西了，又胖了这么多。"

季康子立刻解围说："你怎么这么说话呢，该罚酒。鲁国的敌人就在身边，我们没有陪国君去完成重任，郭重不辞辛劳地追随国君，怎么说人家吃肥了呢。"

鲁哀公见他们这样唇枪舌剑地你来我往，非常生气。他冷冷地说："他这个人，恐怕把自己的诺言都吃掉了，怎么能不胖呢?"孟武伯知道鲁哀公是在影射自己言而不行，所以一时哑口无言。

宴会就这样不欢而散,从此鲁哀公和孟武伯的矛盾就深了。

【释义】

说话不算数,不守信用。

【出处】

《左传·哀公二十五年》

舐(shì)犊情深

杨修恃才傲物,屡次当众揭穿曹操心事,令曹操极为恼怒。

曹操的三儿子曹植在同曹操议事时,总能对答如流,曹操心中很奇怪。后来长子曹丕告密说是杨修同曹植关系极好,所以经常把许多问题的答案都准备好了给曹植。曹操心中更加恼火,因为杨修竟然猜出曹操要问曹植什么问题,可以说对曹操的心事了如指掌。所以他心中更加疑忌杨修。

后来在出兵伐蜀途中,曹操终于找了个借口杀了杨修。

不久,曹操见到了杨修的父亲杨彪,假惺惺地问道:"先生为何如此之瘦?"杨彪回答说:"愧无日磾(dī)先见之明,犹怀老牛舐犊之爱。"金日磾是汉武帝的近臣,匈奴的一个贵族,他有两个儿子受汉武帝宠爱,因而把他们养在宫中,但是这两个儿子在皇宫内淫乱,被他父亲察觉了,于是金日磾把他们杀了,为了免生后患。所以杨彪的意思是:"我很惭愧虽然没有金日磾那样有先见之明,杀了我的儿子,但是我毕竟还有老牛舐小牛那样的父子之爱啊!"

【释义】

像老牛舔小牛一样感情很深。后来常用来比喻父母非常疼爱自己的儿女。

【出处】

《后汉书·杨彪传》

拭目以待

东汉末年，群雄割据，天下大乱。曹操逐渐统一了北方。曹操率领号称百万的兵马，准备一举消灭刘备和东吴孙权的军队。

诸葛亮分析了当前的形势，劝刘备联合孙权共同抗曹。刘备于是派诸葛亮到东吴说服孙权建立联盟。诸葛亮事先已经了解到东吴内部有两种观点，一派以张昭为首，主张讲和；另一派以鲁肃等少数人为首，主张开战。孙权不甘祖辈的家业丧失，内心也是主战的，而周瑜当时因为在外领兵还没来得及赶回。孙权召见诸葛亮以后，便介绍诸葛亮同他的谋士们一一相见。等介绍到张昭时，张昭主动挑战："听说先生自比古代的管仲和乐毅，不知是不是确有其事？"

诸葛亮答道："这只不过是个小小的比喻罢了！"

张昭于是笑着说："先生的言和行恐怕不太一致吧？管仲辅佐齐桓公，使齐国称霸；乐毅率燕军一举攻下齐国七十多座城池！他们都是举世公认的人才啊！自从先生您出山以后，朝廷的老臣，山林里的隐士都拭目以待，希望您能辅佐刘玄德消灭曹操，复兴汉室！但是怎么曹兵一到，刘玄德便几乎无容身之地了？管仲、乐毅会如此吗？"诸葛亮听完朗声大笑，大声答道："大鹏一飞就是万里，它的志向,一般的鸟怎能理解？现在我主刘玄德兵马不足一千,大将只有三位,正处在最衰落的时候,但即使是如此,我们仍能大败夏侯惇(dūn),令夏侯惇和曹仁闻风丧胆,我以为管仲、乐毅也不过如此！"接着诸葛亮列举了当前的形势和刘备暂时失利的原因,驳得张昭哑口无言。接着,又有几位谋士向诸葛亮发难,全都被他驳得无话可说。诸葛亮舌战群儒一时被传为佳话。

【释义】

原意是擦亮了眼睛等待着。后人常用此成语来形容十分殷切地等待着某件事情的发生或某人的出现。

【出处】

《战国策·楚策一》

世外桃源

陶渊明是东晋著名的大诗人,他性情豁达,不贪求功名利禄。陶渊明早年曾做过彭泽令,但因不满官场的黑暗,弃官回家,过起了闲逸的隐居生活。

《桃花源记》是陶渊明的一篇代表作,在这篇文章里,他讲了这样一个故事:

晋朝太元年间,武陵郡有个以打鱼为生的人。一天,他外出捕鱼,划着船儿顺流而

下，忽然望见了一片茂密的桃花林。渔人从未见过这么美丽的风景，心里十分惊喜，就继续摇橹沿着桃花林向前划。不一会儿，小船划到了林子的尽头，前方出现了一座青山。只见山脚下有一个狭窄的山口，从里面透出来一丝光亮，渔人便系舟登岸，从山口向里走去。

刚走没几步，一片平坦宽阔的田野就映入他的眼帘。田野上，一些男女穿着奇异的装束在忙碌地耕作；田垄上，老人和孩子在无忧无虑地玩乐。

渔人正看得如痴如醉时，桃花源的人发现了他，忙问他是从哪里来的。渔人如实地告诉了他们。桃花源的人热情地把渔人邀请到村子里，杀鸡摆酒款待他。村里人全跑来看渔人，打听这打听那，并把自己的情况告诉了渔人。原来，桃花源人的祖辈为逃避秦朝的战乱，携带妻子儿女躲到了这个谁也不知道的地方，从此再也没出去过。

渔人在桃花源住了几天，就告辞了。临走之前，村里人再三叮嘱他：“千万不要把这里的情况对外人讲啊！”渔人走到山外，划船顺原路返回。一路上，他细心地做下了记号。一回到家，他就把这件事禀报了太守。太守派人随渔人去找桃花源，可他们迷了路，再也没能找到那个美丽无比的世外桃源。

【释义】

原指与现实社会隔绝、生活安乐的理想境界。后亦指环境幽静、生活安逸的地方。

【出处】

《桃花源记》

驷马难追

五代时期,石敬瑭(táng)起兵反后唐,为求契丹支援,认契丹主耶律德光为"父皇帝",后大败后唐兵,历史上称石敬瑭为"儿皇帝"。

天福七年(942年),高祖石敬瑭去世,他的儿子石重贵继位,史称出帝。石重贵不会料理国家政事,又遭遇蝗虫等自然灾害,人民生活困苦不堪,道路旁到处可见饿死的人。

开运元年(944年)春,契丹进犯后晋,出帝石重贵率军抵御,又派人致书耶律德光,请求重修旧好,被耶律德光拒绝。双方发生多次战争,而晋军则一再败退。耶律德光派降将张彦泽率领先锋骑兵二千人进入京城,屯兵于明德门外,京城陷入一片混乱。石重贵召来学士范质,对他说:"昔日先帝起兵太原时,想选择一个儿子留守太原,契丹皇帝看中了我,他应该比较了解我。你为我草写降表,说说过去的事,也许能让我们母子活下来。"

范质草写降表,石重贵自称"孙男臣",称呼耶律德光为"翁皇帝",表示自己全家低头认罪,等待处理。

范质又为太后草写降表,自称"晋室皇太后新妇李氏妾",上表说:"张彦泽率军进城,承蒙皇帝阿翁降书安抚,先皇帝当年处于危难时,皇帝阿翁亲自征战,挽救了石氏,立了我晋朝社稷。不幸先帝去世,嗣子继位,没有好好治理国家,兵连祸结,终于落到今天这个地步。事情已经发生,驷马难追。今蒙皇帝阿翁的抚慰,对我们有再生之恩,上表请罪。"

耶律德光接到出帝和太后的降表,回信说:"你们不必忧虑,保证你们有一个吃饭的地方。"石重贵投降耶律德光后,耶律德光并没有杀他,而是任命他为光禄大夫,封为"负义侯",并把他们全家送到黄龙府去居住。

【释义】

四匹马拉的车子,跑得很快。比喻既成事实,无可挽回。

【注释】

驷马:共拉一辆车的四匹马。

【出处】

《新五代史·晋高祖皇后李氏传》

守株待兔

从前,宋国有个农夫,他以种田为生。

有一天,他耕田耕累了,就坐在田垄上休息。忽然,有只兔子跑过来,一头撞死在树桩上。农夫非常高兴,上前拾起兔子,拿回家,美美地吃了一顿兔子肉。

从此,他不再干活,整天守在树桩前,等着捡撞死的兔子。

他等啊等,田地一天天荒芜了,可他连只兔子的影子都没看到。

【释义】

比喻不主动努力,而存在侥幸心理,希望得到意外的收获。

【注释】

株:这里指露在地面上的树桩子。

【出处】

《韩非子·五蠹》

四面楚歌

公元前202年,刘邦率领汉军将项羽的楚军重重包围在垓下,即有名的"垓下之围"。

楚军被围困了好多天,形势十分危急。一天深夜,项羽在帐中听见四面八方传来了阵阵楚地的民歌。项羽听了,不由大吃一惊,心想:汉军难道已完全占领了楚地?不然,汉军中怎么会有那么多的楚人呢?其实,汉军并没有完全占领楚地,是刘邦命令汉军用楚地的方言唱的,目的是为了涣散楚军的军心。果然,楚军士兵听到了汉军阵地上传来的乡音,都以为是自己的家乡被汉军占领了。这四面楚歌激发了他们的思乡之情,就跟着歌声哼唱起来,不少人一边唱,一边哭泣,一时间,楚营上空哭声一片。

项羽坐在帐中,眼看着军心涣散,不可收拾,不禁心乱如麻。这时,他所钟爱的妃子虞姬为安慰他,就一边舞剑,一边用凄楚的嗓音为楚王唱起楚歌。项羽忍不住泪流满面。虞姬为了不拖累楚王,唱完就刎颈自杀了。

当天夜里，项羽带领一支八百人的江东子弟兵，杀出一条血路，突围南逃。刘邦急忙派兵紧紧追杀上来。项羽逃到乌江边上，身边仅剩下二十余骑。

在这危急时刻，乌江亭长撑着小船赶到江边，他苦苦劝说项羽渡江，回到楚国重整旗鼓。项羽明白大势已去，自己没有面目再见江东父老，宁死不愿渡江逃生。他挥舞着宝剑，同追杀上来的汉军进行了殊死搏斗，一个人杀死数百名汉军将士，最后，他自刎在波涛汹涌的乌江边上。

【释义】

比喻处在孤立无援、四面受敌的困境之中。

【注释】

楚歌：楚国地区的民歌。

【出处】

《史记·项羽本纪》

太公钓鱼，愿者上钩

商朝末年，商纣王生性残暴，以杀人为乐，不知有多少朝臣和百姓在他的手上无故丧命。姜子牙曾在纣王手下任职，见纣王如此荒淫无道，不愿为这样一个暴君效命，又听说西伯姬昌招揽人才，便毅然放弃了官职,隐居到姬昌管辖的渭水河岸,等待时机。

平日,姜子牙常在渭水河岸垂钓,可钓鱼的方式却与众不同!他用的鱼钩是直的,上面又不放鱼饵,鱼钩离水面足有三尺之高,嘴里还念念有词:"姜太公钓鱼,愿者上钩。"天下哪有这样钓鱼的呢?他怪诞的举止很快传到了西伯姬昌那里。姬昌觉得这个隐士很古怪,想见一见,便派了个士兵去找姜子牙。姜子牙见了士兵理都不理,照旧钓他的鱼,一边钓一边自言自语道:"好玩儿,好玩儿,鱼儿不上钩,虾米却来瞎胡闹。"士兵坐也不是,站也不是,只得空手回去禀报。姬昌一听,觉得这人大概有点儿来历,于是当即派一名官员代表他去请姜子牙前来相见。姜子牙见到官员后,依然理也不理,照旧钓他的鱼,他一边钓一边自言自语道:"好笑,好笑,大鱼不上钩,小鱼却来瞎胡闹。"官员弄了个大红脸,连忙回去报告姬昌。姬昌心里又惊又喜,明白自己遇上了稀世人才,于是斋戒三日,沐浴更衣,带上厚礼,亲自到渭水河岸去拜访姜子牙,并把他请到了朝中。

姜子牙入朝后,姬昌拜他为军师,后来又封他为丞相。姜子牙不负众望,辅佐周文王、周武王讨伐纣王,建立了周朝。

【释义】

比喻心甘情愿地上圈套。

【注释】

太公:姜太公,是周朝初年帮助武王伐纣的功臣。

【出处】

《武王伐纣平话》

谈笑自若

三国时候,东吴大将甘宁据守夷陵,被曹军以五倍的兵力团团围住,形势十分危急。

当时,曹军筑起大土堆,并在上面设置高楼,高与城齐。然后从高楼上向城中守军射箭,一时万箭齐发,吴军死伤不少。大家都很害怕,唯恐被乱箭射中。只有甘宁将军跟平时一样,谈笑自若,满不在乎。同时,他派人收集曹军射来的箭,派神射手与曹军对射,以压制对方气势,逐渐使大家镇定下来。

结果,曹军始终无法攻破城池,东吴援兵赶到,曹军只好败退。

【释义】

指在危急的形势下也能镇定自如,跟平时一样地谈笑。

【出处】

《三国志·甘宁传》

探囊取物

后唐名士韩熙载为报父仇,决定到南唐寻求发展,好友李毂(gǔ)为他送行。

临别之际，韩熙载信心百倍地对李毅说："假如南唐用我为相，那么我必定亲率大军北上征伐，一举平定中原。"

李毅听了，也顿觉豪情万丈，不由立下誓言："中原的国家若用我为相，那么扫平江南各国就好像把手伸到口袋里拿东西一样容易。"

之后，两人踌躇满志地分手了。

然而结果却事与愿违：韩熙载在昏庸的南唐皇帝那儿不受重用。终日碌碌无为，只好借酒消愁，以与歌伎厮混打发时光，当初的誓言没一样得到实现；李毅的情况也一般，他虽然成为北方后周的大将，在南征过程中屡立战功，但也没有当上宰相，更没有扫平南方，誓言也等于没有实现。

【释义】

能够轻而易举地完成任务。

【出处】

《新五代史·南唐世家·李煜传》

螳螂捕蝉，黄雀在后

春秋时期，吴王欲攻楚，可根据当时两国间的形势，攻打楚国可谓有百害而无一利。但吴王执意如此，还下令如果有敢阻止其出兵者，一律处死！如此一来，众臣都不敢多言。一日，吴王在花园中看见一个年轻人站在草地上手执弹弓，目不转睛地瞄着树上的一

只黄雀,却久不发射。于是,吴王把这个年轻人叫到面前问其原因。只见年轻人缓缓答道:"我正在观察一件事:有一只蝉躲在树荫背后,贪饮着清凉的露水,这时候,一只螳螂悄悄向它靠近,没想到与此同时,一只小黄雀也正探着头,急不可待地要将螳螂啄食;可让黄雀想不到的是,我此时也早已在树下用弹弓瞄准了它——可见,如果都只顾眼前的利益,往往会给以后带来祸患哪!"吴王听了年轻人的话,恍然大悟,叹息道:"对呀,我不能做螳螂或黄雀呀!"于是取消了攻楚的计划。

【释义】

比喻目光短浅,一心图谋侵害别人,却不知自己也在遭人算计。

【出处】

《庄子·山木》

桃李不言,下自成蹊

汉朝初年的李广是一位杰出的军事将领。他擅长骑射,英勇机智,在担任上郡太守时,他和匈奴打过很多恶仗。有一次,他率部下百余人在追击匈奴的神射手时,和一支匈奴骑兵的大部队遭遇,敌人有数千名之多。部下见敌众我寡,都吓得大惊失色,准备快马加鞭转身撤退。李广却说:"慢!我军的大营离这里有数十里之远,现在我们要是转身逃跑,立即会被匈奴追上。不如留在原地不动,匈奴一定会怀疑我方有伏兵,反而不敢进攻我们。"于是他命令士兵全部下马卸鞍,装出一副悠闲自在的样子。匈奴人摸不透汉军葫芦里卖的什么药,不敢贸然上前进攻,就在远处守着。就这样两军相持到天黑,匈奴人怕中埋伏,就仓皇退去了。由于李广临危不乱,终于化险为夷,挽救了全体将士的性命。

李广作战时如同猛虎,但平时却沉默寡言。另外,他对士兵也特别爱护。他与士兵一个锅里吃饭,一个帐篷里睡觉;行军口渴遇上水源时,如果士兵们没喝够,他是不会去喝的;皇帝赏给他的物品,也总是与部下一同分享。为此,士兵们都非常爱戴他,跟随他作战都非常英勇。

李广一生和匈奴进行过大大小小七十多次战斗,立下了辉煌的战功,连匈奴单于也十分敬畏他的威名。可是汉朝的统治者始终没有重用他。他死的那天,全军将士都失声痛哭。老百姓听到消息,也无不悲伤流泪。

司马迁在他的巨著《史记》中,记叙了李广可歌可泣的一生。司马迁评价道:"李将军生性耿直诚实,不善言辞,看上去像个乡下的农民;但他死的时候,举国上下,无不为他默哀悲悼。俗话说:'桃李不言,下自成蹊。'这句话听起来很平常,其实却包含着很深刻的道理呀!"

【释义】

比喻自然而然地受到人们的尊敬和景仰。

【注释】

言:说话。蹊:小路。

【出处】

《史记·李将军列传》

天衣无缝

传说有个名叫郭翰的读书人,在一个夏天的夜晚,独自在院子里乘凉。

忽然,一阵清风拂面而来,郭翰抬头一看,惊奇得说不出话来。只见一位如花似玉的姑娘,从半空中飘然而至,落到了他的面前。郭翰心想,她一定是天上的仙女。一问果然不错,她是牛郎的妻子织女,织布织累了,到人间来散散心。

郭翰目不转睛地打量着织女,不禁被她的服饰吸引住了。这身衣裳色彩斑斓,闪烁不定。最令人叫绝的是,整套衣裳浑然一体,竟看不出一丝线缝。郭翰不禁纳闷:这衣服是怎么裁剪,怎么做出来的呢?什么人有这么好的手艺?

织女仿佛看出了郭翰的心思,抿嘴笑着说:"这是天衣。天衣和你们人间穿的衣服不一样,从来不用剪刀裁,也不用针线缝,当然找不到接缝的地方了(天衣无缝)。"

郭翰第二天把夜里的奇遇告诉了左邻右舍,人们不禁啧啧称奇。

【释义】

原意指神仙的衣服没有缝儿。比喻事物浑然天成，没有破绽。

【注释】

天衣：天上神仙穿的衣服。

【出处】

《灵怪录·郭翰》

铁杵(chǔ)成针

李白是唐代著名的诗人，有"诗仙"之称。传说他小时候很聪明，但是十分贪玩儿，不愿意学习。这天，趁没人注意，他又丢下书本，溜出去玩儿了。他四处闲逛，边走边玩儿，不知不觉，来到一条小溪边。这时他看见一位白发苍苍的老婆婆正在溪边吃力地磨着一根铁杵。李白觉得很奇怪，便走上前问道："老婆婆，你在干什么呀？"老婆婆抬起头，说："我要把它磨成绣花针！"李白吃了一惊，问："这么粗的铁杵能磨成针吗？"老婆婆意味深长地说："只要工夫深，铁杵磨成针！"望着老婆婆的身影，李白陷入了沉思。

李白很惭愧，赶紧走回家去，认认真真读起书来。后来，李白终于成了很有学问的人。他游历祖国的名山大川，写下了许多光耀千古的诗篇。李白的诗是中国文化的瑰宝，也是世界人民共同的财富。

"铁杵成针"的故事也从此流传下来，激励着后人奋发进取。

【释义】

比喻只要不断努力,持之以恒,就一定能达到目的。

【注释】

杵:捶衣服用的棒槌。

【出处】

《方舆胜览》

铁石心肠

隋炀帝时期,卫州司马敬肃办事老练而又忠诚老实,特别是他能够不畏权贵,秉公断案,司隶大夫薛道衡称赞他是:"心如铁石,老而弥笃。"

有一次,朝廷权臣宇文述的亲朋在家乡为非作歹,残害百姓,被人告到敬肃那里。敬肃立即派人调查,取得真凭实据后,马上把涉案的罪犯全部抓捕法办,根本没有顾及宇文述的面子,更不理会宇文述平时的拉拢。

这下可气坏了宇文述,他一有机会就在隋炀帝面前说敬肃的坏话,搞得隋炀帝半信半疑,一直也没有提拔敬肃。

【释义】

原作"心如铁石",指意志坚定,不易为感情所动。

【出处】

《宋璟集序》

投笔从戎

东汉初年,班超和班固是兄弟俩。哥哥班固的诗和文章写得很出色,而且他很早就做了官,是东汉著名的文学家与历史学家。弟弟班超从小就有远大志向,他做事勤奋,喜好读书,但不喜欢死钻经学,总希望能在军事方面有所作为。

在洛阳时,班家的生活很贫困,班超只好在衙门里帮公家抄写公文信件,赚钱贴补家用,供养老母。可是班超不甘心就这样庸庸碌碌地度过一生,他渴望驰骋疆场,为国建功。有一天,他腰酸背疼地抄完一件公文后,实在忍不住了,将笔猛地一扔,感慨地说:"男子汉大丈夫,应该学傅介子那样杀敌报国,像张骞那样到边疆建功立业、争取封侯才对,怎么能够老是在笔砚之间混饭吃呢?"周围的人听了,都嘲笑他:"穷小子饭还吃不饱呢,野心倒不小。"班超激动地说:"目光短浅的人,怎能够理解壮士的远大志向呢?"

公元73年,班超实现夙愿的时机终于来了。这一年,北匈奴频频出兵骚扰汉朝,汉明帝派大将军窦固带兵讨伐匈奴。班超投笔从戎,随军北征。他作战英勇,足智多谋,胆略过人,表现出非凡的军事才能,得到了窦固的赏识与重用,被提拔为将领。后来班超奉皇帝的命令,带兵镇守西域三十一年,多次平定匈奴贵族的叛乱,积极开发西域,促进了西域各族人民与汉民族的友好往来,成为功勋卓著的东汉名将。

【释义】

弃文就武。

【注释】

投：扔掉、放弃。从戎：参军。

【出处】

《后汉书·班超传》

推心置腹

西汉末年，王莽篡夺汉朝政权以后，各地爆发了农民起义，其中声势最大的是赤眉军和绿林军起义。公元23年，农民军在昆阳与王莽的四十二万大军展开决战，其中有一个叫刘秀的将领十分勇猛。在这次战役中，王莽惨败，几乎全军覆没。不久，农民军就攻进了京城，杀死了王莽。皇族刘玄被尊为天子，刘秀因为立了大功，被封为萧王。

然而，刘秀并不甘心让刘玄做皇帝。他一边在黄河以北与反对刘玄的零散农民军作战，一边扩充自己的势力。公元24年，刘秀在魏州和蒲阳大败赤眉军，收编了投降的部队，封降军的主帅为列侯，其他带兵的军官也都任命了官职。

可是这些投降的官兵很不放心，都担心自己将来会被刘秀消灭。刘秀看出他们的心病，便采取了一项出人意料的措施：下令每位降将仍回旧部，统率原来所属的兵马；他自己则只带很少的随从，到各投降部队去巡视，并不对他们加以戒备，以表示自己对他们的信任。这些投降的官兵看见刘秀把他们当做自己人,立即解除了心中的疑虑,互相议论说:"萧王把自己的心都掏出来,放在别人的腹中(推心置腹),我们还有什么可担心的?难道还不该为他赴汤蹈火吗?"于是,人们对刘秀都十分服从。

刘秀这种惯于给人以"推心置腹"感觉的本领,帮助他获得了帝位。他称帝后,没有像汉高祖刘邦那样诛杀功臣,而是赏给他们封地、钱帛与特权,然后劝他们一律回到自己的封地上,去过荣华富贵的生活,不要再过问朝政。他还不时派官员带着异域进贡给他的奇珍异宝去慰问这些隐退的功臣。这样,刘秀既巩固了皇权,又落得个不杀功臣的美名。

【释义】

原意指把自己的心放入别人的腹中。比喻赤诚对人。

【注释】

推:取出。置:放入。

【出处】

《后汉书·光武帝纪上》

退避三舍

晋公子重耳在流亡期间曾经沿街乞讨,饱受流离之苦。他在楚国滞留期间,楚成王十分慷慨,以招待诸侯的礼节招待他,两人非常要好。在一次宴会上,楚成王开玩笑似的对重耳说:"如果将来公

子您回到晋国做了国君,会怎样报答我呢?"重耳想了想,答道:"要是托大王的福,我能回国执政的话,我愿意跟贵国交好,让两国老百姓都过上太平日子。万一将来晋、楚两国非交战不可,两军对阵时,我一定命令晋军退避三舍,以报答您的大恩。"不久,重耳拜别了楚成王,应秦穆公的邀请去了秦国。在秦军的护送下,他终于回到晋国执掌了政权,后人称他为晋文公。

晋国在文公的治理下,很有起色。这时楚国也很强大,经常攻打别国。公元前633年,楚将成得臣率领四国联军攻打宋国,团团围住了宋国都城。宋国向晋文公求援,晋文公决定派兵救宋。

晋、楚两军相遇后,晋文公果然信守当年的诺言,下令晋军向后撤退。将士们想不通这件事,说:"我们的国君哪能向别国的臣子让路呢!"晋大夫狐偃说:"这是向楚成王表示谢意,怎么可以看成是向成得臣让路呢?出兵作战,贵在理直气壮。如果我们不信守国君当年许下的诺言,就是我军理亏。相反,如果我军退了,他们还不罢休,那就是他们理亏了。"

众将士觉得很有道理,一口气退了三十里,楚军则逼近了三十里;晋军再退,楚军再逼,总共退了九十里。成得臣以为晋军不敢交战,更加骄横轻敌,结果中了晋军的埋伏,被打得溃不成军,但晋文公没有下令挥师追击,从而使楚国的败兵得以活着逃了回去。

【释义】

主动退让九十里。比喻对人让步,回避冲突。

【注释】

舍：春秋时行军三十里为一舍。

【出处】

《左传·僖公二十三年》

完璧归赵

　　战国时期，赵国的赵惠文王得到了和氏璧这一珍宝，对它十分珍惜。秦国的秦昭王听说后垂涎三尺，很想把这件宝物据为己有。他派使者带着国书去见赵王，说愿意用十五座城池来换这块宝玉。

　　赵王知道这是秦王的诡计，是想来骗取美玉。可是，如果不把玉璧给秦王，又怕秦王以此为由，发兵攻打赵国。要知道，秦国早就想把进攻的矛头指向赵国了！赵王和大臣们商量来商量去，总想不出一个万全之策，赵王为此焦虑不安。

　　正在这时，有人向赵王推荐自己的门客蔺(lìn)相如，说此人有勇有谋，去秦国回复此事很合适。赵王立即召见蔺相如，问他有什么高见。蔺相如说："秦国用城池跟赵国交换玉璧，赵国如不答应，这是赵国理亏；赵国把玉璧送给秦国，秦国如不把城池交给赵国，便是秦国理亏了。如果陛下信任我，我愿带着玉璧去见秦王。假如秦国真的把十五座城池划归赵国，我就把玉璧留在秦国；要是秦国不把城池交出来，我就带着玉璧回国，保证玉璧完好无损。"

　　赵王一时也没有更好的办法，就派蔺相如带着玉璧出使秦国。

　　蔺相如到了秦国，进宫见了秦王，把和氏璧献给了秦王。秦王

接过去把玩半晌，爱不释手，连声喊"宝物！宝物！"他的大臣也都争相传看，齐声向秦王道贺。

蔺相如在旁等候多时，见秦王丝毫不提交割城池的事情，明白秦王并无诚意，便上前对秦王说："这块美玉有点瑕疵，让我指给您看看。"秦王信以为真，就把美玉还给蔺相如。蔺相如接过玉璧，紧紧抱在怀里，后退几步，靠着宫中的大柱子，怒发冲冠地对秦王说："平民老百姓交朋友，都知道以信义为重。可是您作为享有威望的大国君王，拿到了赵王派我送来的玉璧，却只字不提交付十五座城池的事情，所以我把玉璧拿了回来。您要是想从我手中把玉璧抢去，我今天就把脑袋和这块玉璧一块儿撞碎在柱子上！"

秦王怕损坏了美玉，知道不能硬夺，连忙好言劝阻，又假意命人取来地图，把十五座城指点给蔺相如看。秦王还答应了蔺相如的条件，同意斋戒五天后，在朝廷上举行盛典，正式交换和氏璧。

蔺相如看出秦王心中有鬼，料定他一定会背约。回到住处以后，当即派随从亲信，身着麻布短衫，化装成老百姓，连夜把玉璧送回赵国去了。

到了举行典礼的那天，蔺相如沉着地对秦王说："和氏璧已经送回赵国了，如果您有诚意，先把十五座城池交出来，我马上把和氏璧给您送来。不然的话，您即使杀了我也无济于事。我这么做，也是迫不得已，因为你们秦国自穆公以来，前后二十几位君主，从没有对别国讲过信义！"秦王又气又怒，但又无可奈何，最后只得放他回国。

蔺相如凭着他的机智勇敢，果然完璧归赵。

【释义】

战国时蔺相如把和氏璧完好地从秦国送回赵国。比喻把物品完好地归还原主。

【注释】

完:完好。璧:扁圆有孔的玉。

【出处】

《史记·廉颇蔺相如列传》

玩火自焚

卫国州吁弑兄篡位后,一方面残酷地搜刮百姓钱财,一方面拉拢宋、陈、蔡等诸侯国一起攻打郑国,借以树立自己的威望,转移国内百姓对他的不满情绪。

鲁隐公得知此事后,向大夫众仲问道:

"依你看,州吁这次夺权能够成功吗?他的地位能长久保住吗?"

众仲摇摇头,说:"州吁依靠武力兴兵作乱,给百姓带来灾难,百姓决不会支持他。他如此残忍凶暴,没有一个人愿意跟随他,众叛亲离。要想取得成功是不可能的。"

接着,众仲又换一个角度说:

"兵,就像火一样。一味地用兵而不加以节制,结果必然自己烧死自己。依我看,等待他的必将是失败的命运。"

果然,不到一年,卫国人忍受不了州吁的残酷统治,在陈国的帮助下,杀死了州吁。

【释义】

比喻做坏事,干害人的勾当,最终将自食恶果。

【出处】

《左传·隐公四年》

万事俱备,只欠东风

公元208年,曹操率领八十万大军驻扎在长江中游的赤壁,企图打败刘备和孙权,统一全国。于是,孙权和刘备组成联军,进驻赤壁的南岸,共同抗击北岸的曹军。

当时,孙权和刘备兵力都很少,而曹操兵多将广,占有优势。刘备的军师诸葛亮和孙权的大将周瑜多次在一起商讨作战方案,但总觉得每种方案都有不足之处。

驻扎在北岸的曹军士兵,多是北方人,乍到南方,很多人水土不服,陆陆续续地生起病来;没有病的士兵,也大都不习惯水上的风浪颠簸,晕船呕吐,失去了作战能力。曹操见状非常焦急。于是,有人献计把战船用铁链锁在一起,铺上木板,组成"连环船",这样水上的船只就能像陆地一样平稳。曹操十分高兴,采用了这个计策。

周瑜和诸葛亮得知曹操使用连环船的消息后,不禁拍手叫好。诸葛亮说:"连环船虽然四平八稳,但有一个致命的弱点,就是最怕火攻。"周瑜说:"火攻是个好主意,可怎么放火呢?得有个人去诈降,接近曹营,趁机放火才行。可这是件很危险的事情。"周瑜的部将黄盖说："我愿意去。就是粉身碎骨，我也要设法火烧曹营！"

几天以后，曹操接到黄盖要求投降的密信。曹操认为自己处在绝对优势，孙权内部出现分化是极可能的，因此丝毫未起疑心，还和黄盖约好了受降的日期和暗号。

黄盖准备了十条插着青龙旗的小船，船上装满了浇上油的枯柴干草，外边盖上帷布，请周瑜下作战命令。

周瑜为了做到万无一失，到江边进行战前的最后一次视察。他突然发现火攻曹军的作战方案有一处极大的疏忽，差一点导致全军覆没。原来，曹操的船只都停在大江的西北，而孙、刘联军的船只靠在南岸。这时正值冬季，天天刮西北风，如果用火攻，不但烧不着曹操，反而会烧到自己头上。只有刮东南风才能对曹军实施火攻，可是这个季节，风向怎么可能转变呢？眼看精心策划的方案即将前功尽弃，周瑜不禁急得口吐鲜血，回营后便卧床不起，请了几个名医诊治都不见效，手下的将士也不免慌乱起来。诸葛亮前去探望周瑜，问起他的病因。周瑜不肯说出实情，便搪塞道："人有旦夕祸福，谁能保证自己不得病呢？"

诸葛亮早猜透了他的心事，笑道："是啊，天也有不测风云，人哪能预料得到呢？"周瑜听罢吃了一惊：莫非诸葛亮知道我的心病？诸葛亮在扇子上悄悄写了八个字，递给周瑜，说："我这里倒有一剂良药，或许可以治好将军的病。"

周瑜接过扇子一看，脸色大变，只见上面写着：万事俱备，只欠东风。周瑜见隐瞒不住，索性全说了出来，他说："既然先生全知道了，该怎么办，请指教！"

诸葛亮学识渊博，通晓天文，近几日一直在观察天象，估计近期内肯定要变风向，而且不偏不斜，正是东南风。他故弄玄虚地对周瑜说："实不相瞒，我有呼风唤雨之术，借给你三天三夜的东南

风,怎么样?"

周瑜的病顿时好了,翻身而起说道:"不要说三天三夜,只一夜东南大风,便大功告成了!"

总攻前夕,诸葛亮登坛烧香,口念咒语,装做呼风唤雨的样子。到了半夜,忽听风响旗动,果真刮起了东南大风。周瑜一声令下,黄盖率领火船向曹营疾驶,当靠近曹军水寨时,士兵们点燃了火船上的柴草。这时东南风刮得正紧,风助火势,火借风威,把曹军的战船烧得烈焰腾空,如同一片火海。孙、刘联军趁势渡江拼杀,曹军淹死、烧死的士兵不计其数。曹操带着残兵败将,从小道狼狈地逃回了许昌。

【释义】

比喻一切都准备好了,只差最后一个重要条件。

【注释】

俱:全部。欠:欠缺,缺少。

【出处】

《三国演义》第四十九回

亡羊补牢

战国时期,楚怀王因为不听屈原的劝告,沦为了秦国的囚徒。楚怀王死后,他的儿子顷襄王继位,却仍是一个不成器的国君,丝毫未吸取父亲的惨痛教训,和楚怀王一样贪图享乐,不理国政。大臣庄辛心中十分焦急。有一次，他终于忍不住了，对顷襄王大声疾呼道："大王，您整天和州侯、夏侯、鄢陵君、寿陵君四个小人在一起，吃喝玩乐，不管国家的大事。照这样下去的话，国家必定灭亡！"顷襄王哪里听得进去？大骂庄辛糊涂，故意耸人听闻。庄辛说："既然您不愿听，就请允许我躲到赵国去，看我的话会不会变为事实。"

五个月以后，秦国果然出兵入侵楚国，接连占领了许多城池。最后，楚国国都也沦陷了，襄王流亡到城阳，这才相信了庄辛的话。于是，楚顷襄王派人到赵国把庄辛请了回来。他恳切地对庄辛说："过去我没有听先生的话，结果落到这步田地，我该怎么办呢？"庄辛见顷襄王确有悔过之意，便给他讲了一个故事：

从前有个牧民养了一群羊。一天早晨，他发现少了一只羊。他围着羊圈转了一圈，原来是圈栏上坏了个洞，夜间狼钻进羊圈，把羊叼走了。邻居劝他说："暂且把其他的活放一放，先堵上这个窟窿吧。"牧民气呼呼地说："羊已经丢了，还修羊圈干什么？"第二天早上，羊圈里又少了一只羊。牧民这才后悔未听邻居的劝告，赶快修好了羊圈。以后，狼再也不能钻进羊圈吃羊了。牧民感慨万分，逢人就谈"亡羊补牢"的道理。

庄辛讲完故事，对顷襄王说："牧人尚且知道亡羊补牢的道理，何况楚国还有几千里的国土，只要您肯改过自新，还怕治理不好国

家吗？"

【释义】

丢失了羊，赶快修补羊圈。比喻出了差错，就及时设法补救。

【注释】

亡：丢失。牢：牲口圈。

【出处】

《战国策·楚策四》

望梅止渴

曹操是个有谋略的政治家、军事家，他带兵作战时常会急中生智，出奇制胜。

有一年夏天，曹操率兵出征，去攻打张绣。这天，烈日当空，暑气逼人，将士们已半日滴水未进，许多人都渴得没了力气，行军的速度越来越慢。曹操见状，命令部队停止前进，派士兵四下找水。可这地方是一片荒野，没有河流，没有池塘，土地都干得裂开了口。

曹操焦急万分，怎样才能让部队走出这个死亡地带呢？他眉头一皱，忽然有了一个主意，便勒马跃上一个小土丘，高声对士兵们喊道："有水啦！有水啦！"

将士们一听说有水了，顿时来了精神，东张西望地问："在哪儿？在哪儿？"

曹操挥动马鞭往前面一指，说："我看见前面有一大片梅林，这个季节正是梅子成熟的时候,大家走到那里便可以大吃一顿了。"

　　一听说有梅子吃,将士们马上联想到梅子酸溜溜、甜滋滋的味道,嘴里的口水马上流了出来,顿时觉得不那么渴了。部队振作起精神,大步流星地往前赶,终于走出了这片荒野,来到了有水源的地方。

　　曹操凭着自己的机智,带领部队战胜了行军途中的艰难险阻,顺利到达了目的地。

【释义】

　　口渴时想到梅子而流口水,因而止渴。比喻借空想来自我安慰。

【注释】

　　望:想象中看到。

【出处】

《世说新语·假谲》

卧薪尝胆

　　春秋末年,吴越两国交战,吴军大胜,乘势攻破了越国的都城会稽。越王勾践为了复兴越国,假意投降了吴王。吴王夫差为了实现霸业,显示自己宽宏大度,决定不杀勾践,将他带回了吴国,让他做马夫。夫差每次坐车出去,勾践都得给他牵马,吴国的老百姓跟在后面指着勾践说:"瞧呀,咱们大王的新马夫!"勾践忍辱负重,就装做没听见。

就这么过了三年。勾践住在石屋里,整天干着喂马、扫马粪的脏活,百般小心地伺候夫差,尽力装得非常驯服,脸上从不流露怨色。

夫差见勾践如此忠诚,倒觉得过意不去了,对勾践说:"你待我不错,我放你回国吧。"

勾践被释放回国后,发誓要报仇雪恨。他唯恐宫廷里舒适的生活会磨掉自己的志气,下令把软绵绵的褥子揭去,换成硬柴草。他还在餐桌上方挂了一只苦胆,每到吃饭时,总要先尝尝苦胆的滋味。经过十年苦熬,越国的实力越来越强大,最终超过了吴国。

勾践卧薪尝胆、发愤图强之际,吴王夫差却穷兵黩武,纵情声色。公元前482年,他不听大臣的忠告,出兵攻打晋国,一时间国内怨声载道。勾践乘机攻打吴国,并攻进了吴都姑苏。夫差急忙派人求和,勾践估计自己的兵力一时还不能彻底消灭吴国,就答应了议和的条件。几年后,勾践再次率军进攻吴国,以破竹之势长驱直入,歼灭了吴国的军队,灭亡了吴国,从而得以一雪前耻。

【释义】

睡在柴草上,尝着苦胆。比喻刻苦自勉,发愤图强。

【注释】

薪:柴草。胆:苦胆。

【出处】

《史记·越王勾践世家》

乌合之众

　　王莽灭亡，刘玄称帝后，天下并不太平，企图称王称霸的大有人在。有一个汉家宗室的子弟叫刘林，拿出家产，招募壮丁，还找了一个算命先生王郎，冒充汉成帝的儿子，到处招摇撞骗。刘林自任丞相，扶持王郎为天子，向临近的州郡发出通告。远近的人因为不明真假，都把王郎当做汉家的天子，王郎的势力突然壮大起来，远远超过了大司马刘秀。王郎处心积虑要消灭刘秀的部队，四处围追堵截，悬赏要他的脑袋。刘秀见走投无路，准备暂且往南方避一避。

　　当时，有一个年方二十一岁的青年，叫耿弇(yǎn)，他善骑射，懂兵法，也带了一小股人马在外闯世界。一天，他们在行军路上忽然遇上了王郎声势浩大的部队，耿弇的部下孙仓、卫包顿时动了心，急忙与耿弇商议，要归顺王郎。孙仓说："王郎人多势众，咱们归顺他一定有前途。眼下放着这个千载难逢的机会，要是错过了会后悔的。"

　　耿弇火冒三丈，吼道："王郎是个江湖骗子！别看他眼下人多势众，可他的部队军纪败坏，完全是一帮乌合之众。如果我将来有了兵马，要打垮他的部队不过是摧枯拉朽而已！"

　　孙仓、卫包不听耿弇的话，去投奔了王郎。耿弇则投奔了刘秀，刘秀非常器重这个小伙子。后来，耿弇果然率兵打败了王郎的军队，被刘秀封为偏将军。

像乌鸦那样暂时聚集起来成一群。比喻仓促拼凑，无组织纪律的一群人。

【注释】

乌合：乌鸦聚合在一起。

【出处】

《后汉书·耿弇传》

洗耳恭听

许由名气很大，尧年老时想禅位于他，于是派人到箕山迎请他。

许由听完使者的来意，立刻跑了出去，一直来到山下的颍水岸边，舀水洗耳。

隐士巢父正巧在附近饮牛，觉得许由的举动有些奇怪，于是上前探问。许由说："尧派人请我接他的位子做九州长，这简直是在弄脏我的耳朵，所以赶快下山洗耳呀！"

巢父听了十分不屑，对许由说："你一向喜欢张扬招摇，贪图虚名，现在搞成这样，又来洗耳朵。快别让你洗耳的脏水玷污了我小牛的嘴！"说完，牵牛向上游走了。

【释义】

形容专心、恭敬地聆听人讲话。多用作敬辞。

【出处】

《楚昭公》

下笔成章

曹植是曹操之子,才华横溢,才高八斗。曹植在十几岁时,能够背诵文章几百篇,上至三皇五帝,下至时人名文全都倒背如流,如数家珍;自己也是提笔成文,洋洋洒洒,被当时的人视为奇才。

曹植的才干被曹操看在眼中,喜在心里,有一天,曹操看到曹植呈上的一篇文章,不禁拍案叫绝。但转念一想,十几岁的孩童能写出此等美文,该不会是别人代作吧?于是叫来曹植问:

"子建,你的文章我看过了,你说实话,是有人帮你写的吧?"

曹植双手贴身,恭敬地回答:"父亲,子建自有才秉,下笔成篇,何须别人代劳?"

不久,曹操新建了一座宫殿,落成那天请了很多文人学士题诗助兴,曹操特意把小儿子叫过来。曹植当场撰文,片刻即成,大家传阅一遍,无不称好。

【释义】

指人的文思好,文笔快,一挥而就。

【出处】

《王仲宣诔》

先发制人

秦朝末年,爆发了陈胜、吴广农民大起义。起义风暴席卷全国,秦王朝的统治摇摇欲坠。一些贵族宗室和地方官吏也趁机起兵反秦。

会稽太守殷通也想乘势起兵,但觉得单靠自己势单力薄,便把在吴中一带颇有威望的社会名流项梁请去商量。

殷通说:"现在长江中游两岸都造反了,这是上天要灭掉秦朝,机会不可错过。我听说,先动手可以制伏对方(先发制人),后动手就要被对方制伏。我想趁早宣布起义,请你和桓楚两人带兵,你意下如何?"

项梁觉得殷通无能,成不了气候,哪里肯当他的下属。但是他掩饰住内心的意图,不动声色地说:"很好,但是桓楚逃亡到外地,只有我的侄儿项羽知道他的下落,让他来同我们一起商量这件事吧。"殷通当即同意了。

不久,项梁把项羽带来了。进屋后,项梁向项羽使了个眼色,武艺超群的项羽立刻拔出佩剑,杀了殷通。叔侄俩取出殷通的太守官印,喝令殷通官府里的衙役投降。有不服从命令的,当即被项羽连斩数十人。其余的人见项羽勇猛,便归顺了。

项梁宣布自己继任会稽太守,收编了郡中的兵丁,招募了大批江东子弟。他组织起一支八千多人的军队,宣读了反秦声明,渡江西进,去争夺天下了。

殷通想"先发制人",不料却落了个人头落地、命丧黄泉的下场。

【释义】

先发动进攻者能制伏敌方。比喻战争中先争取主动权。

【注释】

发:发动。制:制伏。

【出处】

《汉书·项籍传》

弦外之音

史学家范晔在狱中写了一封书信——《狱中与诸甥侄书》,也就是后来的《后汉书·自序》,在信中范晔谈及了自己对音乐的体会。

他认为:"听音乐固然美妙,但是不如自己亲自演奏更能体会到其中的意境,可是我平生一大恨事就是不能精通那些高雅的乐曲。然而即使是通俗音乐,到了它最成功的程度,其美妙绝伦的感

受也和雅乐没有什么区别啊！其中体会到的妙趣是说也说不完的。琴弦演奏出来的乐声之外所蕴涵的意味，以及那似有似无的袅袅余音，都不知道是从什么地方来的。"不久，范晔被杀。

【释义】

指言外之意，即言语本义还有耐人寻味的引申意义。

【出处】

《狱中与诸甥侄书》

相煎何急

曹丕继承父位后，嫉妒曹植的才能，打算迫害他。

一次，曹丕叫来曹植，当着文武百官的面对曹植说："听说你总是感觉怀才不遇，对我这个当哥哥的很不满意。今天我就给你一个机会证实一下自己的能力，限你七步之内当众作诗一首，否则就要以妖言惑众的罪名处死！"说完，立即命令曹植开始。

曹植环视四周，在场百官都低头不语，无人敢为他鸣不平。曹植知道这是曹丕要借机杀他，悲愤之余也只有起步思索如何应对。

此情此景，使他灵机一动，片刻诗成，此时七步还没走完呢。

煮豆持作羹，漉菽(lǜ shū)以为汁，

萁在釜(fǔ)下燃，豆在釜中泣。

本是同根生，相煎何太急。

诗的大意是：煮豆子是把豆子的残渣过滤出去，留下豆汁做

羹。豆茎在锅下燃烧,豆子在锅里哭泣。原本生在同一个根上,为什么反而要这样着急地加害呢?

曹丕听了这首诗,感到很惭愧,立刻放了曹植,不忍加害于他。

【释义】

指骨肉之间相互残害。

【出处】

《世说新语·文学》

相敬如宾

春秋时期,晋国大臣郤芮(xì ruì)因罪被杀,儿子郤缺也被废为平民,以务农为生。郤缺不因生活环境和个人际遇的巨大变化而怨天尤人,而是一面勤恳耕作以谋生,一面以古今圣贤为师刻苦修身,德行与日俱增,不仅妻子深为仰慕,就连初次见面的人也无不赞叹。

有一次,郤缺在田间锄草,午饭时间妻子将饭送到地头,十分恭敬地跪献在丈夫面前,郤缺连忙接住,频频致谢。夫妻俩相互尊重,饭虽简单,倒也吃得有滋有味。

此情此景,感动了路过此地的晋国大夫臼季,一番攀谈之后,臼季认为郤缺是治国之才,极力举荐他为下军大夫,后来郤缺立了大功,升为卿。

【释义】

夫妻间相互尊重,如同对待宾客一样。

【出处】

《左传·僖公三十三年》

项庄舞剑,意在沛公

公元前206年,刘邦趁项羽在巨鹿与秦军主力决战的机会,抢先攻入咸阳,灭了秦朝。项羽十分生气:仗是我打的,功劳却让他给抢走了! 项羽急命部队开往咸阳,要跟刘邦算账。

当时项羽要想消灭刘邦,可以说是易如反掌。项羽的军队很快就打到了新丰县一个叫鸿门的地方。这里离刘邦驻军的地方只有四十里路。项羽的军师范增足智多谋,主张趁早下手,铲除刘邦。刘邦手下的奸细也向项羽报信,说刘邦有称王的野心。项羽大怒,决定第二天攻打刘邦。

项羽的叔父项伯和刘邦手下的张良是好朋友,他担心第二天打起来张良性命难保,就连夜赶到刘邦营中,叫张良赶快逃走。项伯走后,张良把项伯的话报告给了刘邦。刘邦自知力量不如项羽,决定暂时采取委曲求全的策略,第二天亲自到鸿门去向项羽谢罪。

第二天一清早,刘邦带着谋士张良、武士樊哙和一百多个随从赶到鸿门,拜见项羽。刘邦装出诚惶诚恐的样子对项羽说:"当初我和将军一起攻打秦军,您在河北作战,我在河南作战,自己也没料到能够先打进关中,攻破咸阳。我自从进关以来,什么东西都未敢动,只是清点了官民的户籍,查封了秦朝的国库,日夜盼望大王早日到来。我派军队把守关口,也只是为了维护秩序,防止盗贼,绝没有与项王分庭抗礼的意思。听说有些小人在大王面前造谣中伤,挑拨我们的关系,请大王不要轻信谣言。"

项羽是个大老粗脾气,见刘邦如此谦恭,心头的怒火很快就烟消云散了。他立刻换了语气,叫人摆上酒席宴请刘邦。

宴席上项羽举杯劝刘邦喝酒,态度变得越来越和气。范增几次给项羽使眼色,并举起身上佩带的玉玦作暗示,催促项羽杀掉刘邦。可是项羽觉得刘邦很真诚,不好意思下毒手。

范增急了,把项羽的堂弟项庄叫来,说:"项王心肠太软,你进去装做敬酒助兴,趁舞剑时杀了刘邦。否则,你我将来都得成为刘邦砧板上的鱼肉,任人宰割!"

项庄携剑进帐,敬酒完毕,便拔出长剑在酒席间舞了起来,那寒光闪闪的剑锋离刘邦越来越近。项伯见项庄来者不善,连忙起身,拔出长剑与项庄周旋,暗中保护刘邦,使项庄无从下手。

张良见情形危急,赶紧离席,把守候在帐外的樊哙(kuài)喊来,说:"项庄在里面舞剑,看样子是想对沛公下毒手啦!"樊哙听了急得跳起来,撞倒守门的卫兵,一头冲进帐里。

樊哙大声斥责项羽不该听信小人之言,要杀有功之人。项羽无话可答,赐给樊哙酒肉。樊哙乘势坐在刘邦身边。项庄看到没法再下手,只好收起了宝剑。刘邦这才松了一口气,假装要上厕所,溜了出去。张良、樊哙紧紧跟随出来,劝他马上离开鸿门。刘邦有点儿为难,说:"没有向项羽辞行,怎么能走呢?"樊哙说:"干大事的人,不必拘泥于小节。如今人家是快刀和砧板,我们弄不好就成了鱼肉,还告什么辞!"

刘邦留下带来的一双白璧和两只玉杯，要张良代表他分别送给项羽和范增，自己则在樊哙等人的护送下，一溜烟奔回了驻地。

张良估计刘邦已安全抵达军营了，才进帐去向项羽告辞。

范增怒气冲天，仰天长叹道："将来与项王争夺天下的，必定是刘邦啊，我们都等着做俘虏吧！"

果然，自鸿门宴之后，刘邦、项羽争夺帝位的斗争愈演愈烈了。

【释义】

项庄在宴席上假装舞剑，真意是想乘机杀死刘邦。比喻别有用心的举动。

【出处】

《史记·项羽本纪》

削足适履

楚灵王的弟弟弃疾是个野心勃勃、为达目的不择手段的人。在骗取了楚灵王的信任后，感觉当个陈蔡公已经不够了，于是在奸臣的怂恿下，突然带兵入都杀死了楚灵王的两个儿子，扫除了夺权的两块绊脚石。

可是弃疾还有两个哥哥，势力也很大，为了取得他们的支持，他假意拥立哥哥的儿子子比做国君，子皙为令尹，这样楚灵王就拿他没办法了。果然，楚灵王气得上吊而死。

弃疾一看楚灵王已死，就陷害并逼死子比，自立为国君，史称

"楚平王"。

对此,《淮南子·说林训》评述说:"这种伤害自己骨肉的事情,就好比把脚削去一部分,去适应鞋子的大小;把脑袋割掉一块去适应帽子尺寸一样愚蠢。"

【释义】

无原则地迁就不合理的要求。

【出处】

《淮南子·说林训》

奄奄一息

李密,字令伯,晋朝武阳县人。他曾在蜀汉担任尚书郎的职务,以文学才辩见称于世。蜀汉亡后,西晋一些地方行政首脑先后推举李密为官,他都以祖母无人供养为由推辞了。不久,晋武帝又征召他为太子侍从官。他不敢不从,更不愿离开年迈的祖母,就向晋武帝上表陈情,叙述自己的不幸身世,说明不能应征出仕的原因。李密在《陈情表》中说:臣命运坎坷,早年便连遭不幸。出

世刚六个月,父亲亡故。四岁那年,舅舅逼迫母亲再嫁他人。臣全靠祖母刘氏抚养长大。现在祖母年老,长年疾病缠身,久卧不起,犹如西山落日,气息奄奄,生命不长,朝夕难保。臣如无祖母抚育,难有今日;祖母如果失去臣的奉养,也无法度完余年。祖孙二人,相依为命。臣今年四十四岁,祖母今年九十六岁,因此,臣为陛下效力的日子长,而报答祖母的日子短呀!所以臣以这种乌鸦反哺其母的私衷,来乞求陛下准允臣为祖母养老送终。臣之辛酸困苦,乡邻官府共睹,天地神明可察。文章写得委婉恳切,真挚动人。直到祖母死后,李密才出仕晋朝,官至汉中太守。

【释义】

只剩下微弱的一口气,形容垂暮临终之状。

【注释】

奄奄:呼吸微弱,毫无生气的样子。一息:一口气。

【出处】

《陈情表》

掩耳盗铃

春秋时期,有个贪婪而又愚蠢的人,自己不愿劳动,见到别人的财物,总要想办法弄到手才心安。

有一天,他听说晋国的智伯灭掉了范氏,便急忙赶到范氏家去，想趁乱捞点儿油水。谁知范氏家所有值钱的东西都被洗劫一空，他好不懊恼，真后悔白跑这一趟。

突然，他发现院中柴堆里露出一片亮光，便走过去，扒开横七竖八的柴火一看，原来是一口大钟。他仔细审视了一番，断定这口大钟是用上等的黄铜做成的，不禁喜出望外，眼睛笑得眯成了一条缝。他迫不及待地去背钟，可是那钟又大又高，沉甸甸的，不要说背了，连移动一下都不可能。眼看快到手的东西不能据为己有，他急得团团转。

就在这时，他在院墙脚看见了一把大铁锤，心里顿时有了主意，高兴地自语道："真是天助我呀！"他忙不迭地抡起铁锤，狠狠地朝大钟砸下去，想把大钟砸成碎块，然后再用麻袋装回去。可是，大钟发出的巨响把他吓了一大跳，并且，那"嗡嗡嗡"的余音久久地在院子上空回荡，把他的耳朵都要震聋了。他很害怕别人听见了钟声会跑来抢他的钟，就赶快用双手紧紧捂住自己的耳朵。于是，他听不见钟声了。他以为自己听不见，别人也一定听不见，就放心大胆地砸起钟来。每砸一下，都要用双手捂住耳朵，待钟声响过后，才松开手再砸。

【释义】

捂住耳朵去偷铃。比喻欺骗不了别人，只能欺骗自己。

【注释】

掩：遮盖、捂。盗：偷。

【出处】

《吕氏春秋·自知》

偃旗息鼓

三国时期,魏、蜀两国争夺汉中,刘备和诸葛亮率兵攻打曹操。曹操因定军山一仗损失惨重,便决定先屯集粮草,然后再与蜀军决一死战。于是他率四十万大军来到汉水后按兵不动。他要等部将张郃把粮草运往汉水北山下,屯集好后,再出兵进攻蜀军。

诸葛亮分析了这一形势,说:"现在曹操粮草未齐,是不敢轻易出兵的。不如乘机派一支兵马深入曹营,烧掉他们现有的粮草,挫挫他们的锐气。"刘备点头称是,就派老将黄忠和大将赵云一同领兵前往。

黄忠争打头阵,赵云拗(niù)不过,便说:"那我就在后面接应你吧。明天中午,如果你胜利归来,我就按兵不动;否则,我就带兵去支援。"次日凌晨,黄忠领兵偷偷渡过汉水,来到北山脚下。黄忠的士兵正要放火烧粮草时,魏将张郃正巧率兵赶到,两军相遇,杀得昏天黑地。

赵云见黄忠在约定好的时间内没有回来,知道他遇上了麻烦,急忙带领几十名轻骑兵赶去察看。没想到半路正好碰上曹操率大军出击,双方一阵火拼,赵云终因寡不敌众,冲出包围圈,退回营地。

赵云回到营寨后,部将张翼主张关紧营门,以便死守。赵云却命令大开营门,他说:"当年大战长坂坡,我单枪匹马,都不怕曹操百万大军;现在我有兵有将,还怕他什么!"说完,下令偃旗息鼓,独自骑马提枪守在营门口准备迎敌。

天快黑时,曹军赶到。曹操见赵云单枪匹马立于营门,毫无惧色,又发现他身后的营地悄无声息,便怀疑此处有伏兵,立即掉头后撤。赵云乘虚而入,把枪一挥,埋伏的兵马一齐冲杀出来,一时战鼓齐鸣,喊声震天,雨点儿似的利箭飞向曹军。赵云紧追不舍。由于天色已晚,曹军弄不清赵云到底有多少兵马,惊恐万状,纷纷逃命,死伤不计其数。随后,赵云、黄忠合兵追杀残敌,吓得张郃弃营而逃,曹操也丢下北山的粮草,仓皇南去。赵云攻下了曹军营寨,黄忠夺下了北山粮草,两人打了一个大胜仗。

【释义】

原指放倒军旗,停擂战鼓,不露目标。后用来比喻休战或停止行动。

【注释】

偃:仰卧,引申为倒下。息:停止。

【出处】

《三国志·蜀书·赵云传》

扬扬得意

晏婴,字平仲,人称晏子,春秋时齐国人,他是齐灵公、齐庄公、齐景公三朝的相国,是当时一位著名的政治家和外交家。晏婴有一个车夫,他很为自己能替晏婴驾车而骄傲。他每次都替晏婴驾着有华丽的车盖,并有四匹马拉着的车外出神气十足,得意扬扬。

一次,他驾着车正好从自己家门前经过,他的妻子从门缝中看到了丈夫那种得意的样子,心中很不高兴。这天,当车夫回家的时候,他的妻子虎着脸说她要回娘家去,再也不回来了。车夫很惊奇地问:"你今天怎么啦?发生了什么事?"他的妻子哀怨地对丈夫说:"你今天驾车路过家门口,我看到你那副扬扬得意的样子,简直令人作呕。你看人家晏婴,他是一个相国,德高望重,虽然他身长只有六尺,但坐在车子里,看上去又稳重,又谦恭。可你呢?虽然身长八尺,仅仅做了一个车夫,就那样神气十足,好像你比晏婴还了不起似的。所以我不想跟你这样的人一起生活,情愿回娘家去。"车夫听了妻子的话后,感到妻子的话很有道理,就向妻子认了错,保证以后改正。他的妻子也就原谅了他。

【释义】

形容十分得意的神态。

【注释】

扬扬:得意的样子。

【出处】

《史记·管晏列传》

养虎遗患

远古的时候,地广人稀。那时的人们除了种地之外,靠山近水的大都以渔猎为生。每当北风吹来,大雪飘飘之际,人们便进山打猎。有一次进山他们收获不小,竟用陷阱连着捕获了一雄一雌两只猛虎。大家将两只猛虎绑住,一个猎人便循着猛虎的踪迹,在深山的洞穴里找到了一只小虎崽。这只小虎崽刚刚睁开双眼,连奶还没有断,它睁着双眼看着猎人,一点也不害怕。猎人看到小虎崽毛绒绒、胖乎乎的样子分外喜爱,一时高兴,便将小虎崽抱回了家中。猎人的妻子和小孩看到猎人带回一只小虎崽,觉得很好玩,小孩子去抚摸小虎崽,小虎崽更不怕他,就与他玩耍开了。

小虎崽在猎人家人的饲养下,随着时间的推移,慢慢长大,变成了一只大老虎。但它并不伤人,吃饱了便在村里村外闲逛,逛累了就找个树荫趴下睡一觉。这样,人虎处得十分融洽,虎见人不避,人见虎也不躲,都习以为常。春风吹拂,冰消雪化,河水解冻了,人们收起猎具,开始下河捕鱼了。

猎人沿河捕鱼,十几天后才回家,可到家一看,不禁大吃一惊,他发现家中饲养的那只老虎嘴角上残留着血渍,自己的妻子和孩子却都不见了。猎人被一种巨大的恐惧笼罩了。还没等他回过神来,那只老虎猛地向他扑去,只几口便将他咬死了。

【释义】

比喻纵容敌人,留下后患,自己反受其害。

【出处】

《史记·项羽本纪》

一败涂地

　　秦朝的时候，沛县县令叫亭长刘邦押送一批老百姓到郦山做苦工，不料走到半路上，百姓接二连三地逃走了很多，刘邦想：这样下去，不等到达郦山，人们就一定会逃光，自己免不了要被治罪，他想来想去，索性把没有逃跑的人都释放了，自己和一些不想走的人躲在芒、砀(dàng)二县交界的山泽中。

　　秦二世元年，陈涉在大泽乡起兵反秦，号为"张楚"。沛县县令想归附，主吏萧何和曹参建议说："你是秦朝县令，现在背叛秦朝，恐怕有些人不服，最好把刘邦召回来，挟制那些不服的人，那就好办了。"沛县县令立即叫樊哙去请刘邦。可是当刘邦回来时，沛县县令见他领有近百人，恐怕他不服从自己的指挥，又懊悔起来。于是下令紧闭城门，不让刘邦进城。刘邦在城外写了一封信，绑在箭上射给城里的父老，叫沛县父老们齐心杀了县令，共同抗秦，以保全身家。父老们果真杀掉县令，打开城门，迎接刘邦进沛县，并请他做县令。刘邦谦虚地说："天下形势很紧张，假若县令的人选安排不当，就会"一败涂地"，请你们选择别人吧！"但最后，刘邦还是当了县令，被称为沛公。

　　"一败涂地"本来是指一旦失败，就要肝脑涂地的意思。后人则一直借用它说明失败之后，而到不可收拾的地步。

【释义】
　　形容败到不可收拾的地步。

328

【出处】

《史记·高祖本纪》

一发千钧

　　韩愈,字退之,唐朝河南河阳人,是当时的大文豪,主张文以载道,以复古为革命,用散文代替骈文,对当时及后代影响非常大,所以有文起八代之衰的功劳。他反对佛教,唐宪宗派使者去迎接佛骨入朝,他上表谏阻,得罪了皇帝,被贬到潮州去当刺史,他在潮州结识了一个老和尚,这位和尚聪明达理,和韩愈很谈得来,而韩愈在潮州没有几个朋友,所以和这位和尚往来比较密切,因而人们都传说韩愈也相信佛教了。他的朋友孟郊,当时官及尚书,是最信奉佛教的,也因为得罪宪宗皇帝被贬谪到吉州去。到了吉州后,他听到人们的传言,说韩愈已经信起佛来,不禁感到疑惑,因为他知道韩愈是反对信仰佛教的人,为此,他特意写了一封信去问韩愈。

　　韩愈接到孟郊的信后,知道他与和尚的往来引起了别人的误会,马上回信向孟郊解释。而且,韩愈对当时在朝的一班大臣信奉佛教,不守儒道,一味拿迷信来蛊惑皇帝的行为大大加以抨击。他对皇帝疏

远贤人，使儒道中落的做法颇为愤慨。信中有这样的话："百孔千疮，随乱随失，共危如一发引千钧……"

一发千钧比喻一件事情到了极危险的地步，好像一根头发，系着千钧重的东西。现在的人们凡是遇到危险的事情，往往就用这句成语来形容。

【释义】

千钧的重量系在一根头发上，比喻极其危险。

【出处】

《汉书·枚乘传》

一箭双雕

南北朝时，北周有一个智勇双全的人叫长孙晟(shèng)，具有百发百中的射箭技艺，无人敢与他相比。北周的皇帝为了安定北方的少数民族突厥，决定把一位公主嫁给突厥王摄图。为了安全起见，皇帝派长孙晟率领一批将士护送公主前往突厥。他们历经千辛万苦，终于到了突厥。突厥王摄图对长孙晟非常敬重，留他在突厥住了一年，并经常让他陪着自己一块儿去打猎。有一次，他俩正在打猎，摄图猛抬起头，看见天空中有两只大雕在争夺一块肉。他忙送给长孙晟两支箭说："你能把这两只雕射下来吗？""一支箭就够了！"长孙晟边说边接过箭，策马驰去。他搭上箭，拉开弓，对准两只打得难分难解的大雕。"嗖"的一声，两只大雕便穿在一起掉落下来。

【释义】

发一支箭就射中两只大鸟。比喻做一件事达到两个目的。

【注释】

雕:一种凶猛的大鸟。

【出处】

《北史·长孙晟传》

一鳞半爪

白居易是唐代有名的大诗人,他的晚年生活十分安适,沉溺诗酒,醉心佛道,却也隐藏着一种不能匡时济世的苦闷。白居易在东都任职时,常常以酒自娱。当时的尚书卢简辞在伊水旁有一座别墅,曾在冬天和他的子侄登高远眺嵩山洛水。不一会儿,下起了小雪。他们看见两个身穿蓑笠的纤夫,拖着一只小船走来。船头上覆盖着青色帐幕,帐幕下有一个白衣人与僧人对坐。船后立一个小灶,灶上架着铜锅,水汽袅袅、香气扑鼻,显然在烹鱼煮茗。小船溯流而行,在卢尚书面前经过,只听到船上正尽情地吟诗说笑。卢尚书被眼前如诗般的情景吸引了,忙使人询问白衣人是谁。有人告诉他,这是白居易和僧人伟光正从建春门向香山精舍而去。"啊,这般情趣,何等高雅!"卢尚书十分感叹。到了香山精舍,早已有几位当世文人在等着白居易。白居易和众人见过,忙唤家人上菜、温酒。一切

备齐后,白居易起身道:"如此良宵,难得各位幸会,咱们还是以诗会友,赋了诗再饮吧。"

"好,好!客随主便。请你出题目吧。"众人齐声赞和。白居易略加思忖,道:"前次聚会,谈到了南朝兴废。不如以此为旨,每人作一首《西塞山怀古》可好?"

大家兴致勃起,个个援笔弄墨。却只有刘禹锡自斟一杯酒,一饮而尽。众人见了,急道:"喂,刘兄,诗未成怎可先饮?"刘禹锡听到众人的责怪,扯过纸来,顷刻之间写出一首七律。其中后四句是:

人世几回伤往事,山形依旧枕寒流。

而今四海为家日,故垒萧萧芦荻秋。

白居易读罢,竖指赞道:"真乃绝妙好诗!我们本欲一块下海探骊龙,你却先得了龙珠,剩下的一鳞半爪还有什么用啊?"意思是说,事物的主干和精华都被你捞去了,剩下的只是零星和片断而已,写出来也没什么味道了。众人随声附和,仰天大笑。随后收起笔墨,开怀畅饮,通宵达旦。

【释义】

比喻事物的一点、片段。

【出处】

《中兴间气集·苏涣》

一毛不拔

　　墨子名翟，是战国时期的大思想家，墨家学派的创始人，他主张"兼爱"，反对战争。差不多与墨子同一时期，有一位叫杨朱的哲学家，他反对墨子的"兼爱"，主张"贵生""重己"，重视个人生命的存在，反对他人对自己的侵夺，也反对自己对他人的侵夺。有一次，墨子的学生离滑厘问杨朱道："如果拔掉你身上的一根汗毛，能使天下人得到好处，你干不干？""天下人的问题，决不是拔一根汗毛所能解决得了的！"离滑厘又说："假使能的话，你愿意吗？"杨朱默不做声。当时的另一位大思想家、儒家学派代表孟子就此对杨朱和墨子作了评论："杨子主张的是'为我'，即使拔掉他身上一根汗毛，能使天下人得利，他也是不干的；而墨子主张'兼爱'，只要对天下人有利，即使自己磨光了头顶，走破了脚板，他也是甘心情愿的。"

【释义】

　　一根汗毛也不肯拔，比喻非常吝啬自私。

【出处】

　　《孟子·尽心上》

一鸣惊人

战国时代，齐国有一个名叫淳于髡(kūn)的人。他的口才很好，也很会说话。他常常用一些有趣的隐语来规劝君王，使君王不但不生气，而且乐于接受。

当时齐国的威王，本来是一个很有才智的君主，但是，在他即位以后，却沉迷于酒色，不管国家大事，每日只知饮酒作乐，而把一切政事都交给大臣去办理，自己则不闻不问。因此，政治不上轨道，官吏们贪污失职，再加上各国的诸侯也都趁机来侵犯，使得齐国濒临灭亡的边缘。齐国的一些爱国人士都很担心，但是，都因为畏惧齐王，所以没有人敢出来劝谏。其实齐威王是一个很聪明的人，他很喜欢说些隐语来表现自己的智慧，虽然他不喜欢听别人的劝告，但如果劝告得法的话，他还是会接受的。淳于髡知道这一点后，便想了一个计策，准备找个机会来劝告齐威王。

有一天，淳于髡见到了齐威王，就对他说："大王，为臣有一个谜语想请您猜一猜：齐国有只大鸟，住在大王的宫廷中，已经整整三年了，可是它既不振翅飞翔，也不发声鸣叫，只是毫无目的地蜷缩着，大王您猜，这是一只什么鸟呢？"

齐威王本是一个聪明人，一听就知道淳于髡是在讽刺自己像那只大鸟一样，身为一国之君，却毫无作为，只知道享乐。而他也不是一个昏庸的君王，于是沉吟了一会儿，便毅然决定要改过，振作起来，做一番轰轰烈烈的事业，因此他对淳于髡说："嗯，这一只大鸟，你不知道，它不飞则已，一飞就会冲到天上去；它不鸣则已，一鸣就会惊动众人,你慢慢等着瞧吧!"

从此齐威王不再沉迷于饮酒作乐,而开始整顿国政。首先他召见全国的官吏,尽忠负责的,就给予奖励;腐败无能的,则加以惩罚。结果全国上下很快就振作起来,到处充满蓬勃的朝气。另一方面他也着手整顿军事,加强武力,提高国家的威望。各国诸侯听到这个消息以后都很震惊,不但不敢再来侵犯,甚至还把原先侵占的土地都归还给齐国。齐威王的这一番作为,真可谓是"一鸣惊人"。所以后来的人便用"一鸣惊人"来比喻一个人有不平凡的才能,只要他能好好运用,一旦发挥出来,就会令人震惊。

【释义】

比喻平时没有特殊的表现,一下子取得惊人的成绩。

【出处】

《史记·滑稽列传》

一诺千金

秦朝末年,在楚地有一个叫季布的人,性格耿直,为人侠义。只要是他答应过的事情,无论有多大困难,都会设法办到,因此受到大家的赞扬。

楚汉相争时,季布是项羽的部下,曾几次献策,使刘邦的军队吃了败仗,刘邦当了皇帝后,想起这件事,就气恨不已,下令通缉季布。人们敬慕季布的为人,都在暗中帮助他。不久,季布经过化装后

到山东一家姓朱的人家当佣工。朱家明知他是季布,仍收留了他,后来,朱家又到洛阳去找刘邦的老朋友汝阴侯滕公说情。刘邦在滕公的劝说下撤消了对季布的通缉令,还封季布做了郎中,不久又改做河东太守。

有一个季布的同乡人曹丘生,专爱结交有权势的官员,借以炫耀和抬高自己,季布一向看不起他。听说季布又做了大官,他马上去见季布。

季布听说曹丘生要来,就板着脸,准备发落几句话,让他下不了台。谁知曹丘生一进厅堂,不管季布的脸色多么阴沉,话语多么难听,立即对着季布又是打躬,又是作揖,要与季布拉家常叙旧,并吹捧说:"我听到楚地到处流传着'得黄金千两,不如得季布一诺'这样的话,您怎么能有这样好的名声传扬在梁、楚两地呢?我们既是同乡,我又到处宣扬你的好名声,你为什么不愿见到我呢?"季布听了曹丘生这番话,心里顿时高兴起来,留下他住了几个月,作为贵客招待。临走,还送给他一笔厚礼。

后来,曹丘生又继续替季布到处宣扬,季布的名声也就越来越大了。

【释义】

一句许诺就价值千金,比喻说话算数,讲信用。

【出处】

《史记·季布栾布列传》

一窍不通

　　商朝的末代帝王殷纣王，是一个被老百姓所怨恨的暴君。他整日胡作非为，并不关心朝政，沉湎于酒色，轻信宠妃妲己的谗言，过着荒淫无耻的生活。纣王有一个臣子叫比干，是一位忠心的良臣。他看到纣王如此昏庸，心中十分着急，多次苦口婆心地劝谏纣王改邪归正，为民多做好事。

　　有一次，纣王听信了妲己的话，下令杀害了无辜的梅伯，并要把梅伯剁成肉酱。比干知道此事后，又急忙劝谏纣王，希望他不要听信妲己的谗言，错杀无辜，并说这样下去是要亡国的。比干一连几天极力劝谏纣王，引起了纣王的极大不满。纣王愤怒地嚷道："我早就听说圣人的心有七窍，我要把他杀了，取出心来看个究竟！"纣王果真杀了比干，并挖出了他的心。孔子说起这件事，感叹道："纣王心窍不通，如果通了一窍，那么比干就不会被杀害了！"

【释义】

　　七窍中没有一个窍是通气的，比喻对事物不理解，一点也不懂。

【注释】

　　七窍：通气的窟窿，古人把两眼、两

337

个鼻孔、两个耳朵和嘴称为七窍。

【出处】

《吕氏春秋·过理》

一丘之貉

汉朝时有一个名人叫杨恽(yùn)，他的父亲是汉昭帝时的丞相杨敞，母亲是文史学家司马迁的女儿。他自幼便受到良好的教育，未成年时就成了当朝的名人。汉宣帝时大将霍光谋反，杨恽最先向宣帝报告，事后被封平通侯。当时在朝庭中做郎官的人，贿赂之风极盛，有钱的人可用钱行贿，经常在外玩乐；无钱行贿的人，甚至一年中也没有一天休息。杨恽做中郎将后，便把这些弊病全部革除，满朝官员都称赞他的廉洁。但他因少年得志，又有功劳，便产生了骄傲自满的情绪，结果与太仆戴长乐(长乐是宣帝旧友，最得信任)产生了矛盾。

有一次，杨恽听见匈奴降汉的人说匈奴的单于被人杀了，杨恽便说："遇到一个这样不好的君王，他的大臣给他拟好治国的策略而不用，使自己白送了命，就像我国秦朝时的君王一样，专门信任小人，杀害忠贞的大臣，结果国亡了。如果当年秦朝不如此，可能到现在国家还存在。从古到今的君王都是信任小人的，真像同一山丘出产的貉一样，毫无差别呀！"戴长东将杨恽所说转告宣帝，趁机挑拨。就这样，杨恽被免职了。后来的人用这个成语来比喻同类没有差别，像在同一个山丘里生长的貉一样，形体都是相同的。

【释义】

同一个山丘上的貉，比喻彼此相同，没有差别。后亦比喻都是一样的坏人。

【出处】

《汉书·杨恽传》

一日千里

战国时期，燕国太子丹在赵国做人质时，与同在赵国，尚未做秦王的嬴政相处得很好。后来，嬴政回国做了秦王，太子丹也在秦国做人质，嬴政不但没有顾念旧情，加以特别照顾，反而处处冷落、刁难他，太子丹见此状况，便找了个机会，逃回了燕国。回国后，太子丹一直耿耿于怀，想报复嬴政。但由于国家小，力量薄弱，难以实现自己复仇的愿望。

不久，秦国出兵攻打齐、楚、韩、魏、赵等国家，渐渐逼近了燕国。燕国国君害怕极了，太子丹也忧愁万分，就向他的老师鞠武求教能够阻挡秦国侵吞的好办法，鞠武说："我有一个好朋友，名叫田光，他很机智，有谋略，你可跟他商讨一下。"

田光请来了，太子丹非常恭敬地招待了他，并说："希望先生能替我们想个办法，抵挡秦国的进攻。"田光听了，一言不发，拉着太子丹的手走到门外，指着拴在大树旁的马说："这是一匹良种马。在壮年时一天可以跑千里以上，等到它衰老时，劣马都可以跑在它的前面。您说这是为什么呢？"太子丹说："那是因为它精力不行了。"

"对呀！现在您听说的关于我的情况，都还是我壮年的事，您不知道我已年老了，精力不行了。"田光停了停又接着说："当然，虽然有关国家的大事我已无能为力，但我愿向您推荐一个人，我的好朋友荆轲，他能够承担这个重任。"

后来，太子丹结交了荆轲，派他去行刺秦王，但最后行刺以失败告终。

【释义】

指马跑得很快，一天能跑一千里，现在形容人进步很快或事情发展极其迅速。

【出处】

《史记·刺客列传》

一丝不苟

明朝时候，皇上下令禁止宰杀耕牛，就是信奉回教的人也不例外。一天，乡绅张静斋与举人范进相约去拜访高要县知县汤奉，汤知县置酒招待他们。席间有位老者给汤知县送来了他与其他几个信奉回教的人拼凑起来的五十斤牛肉。汤知县一向贪赃受贿，而且他也是信奉回教的人，但是上面有禁令，一时也不知该不该收下这份礼。于是他问张静斋："你是做过官的，有关禁止宰杀耕牛的事正该与你商量。刚才有几个信奉回教的人为了开禁，送来五十斤牛肉，请求我对他们稍微宽松些。你看我是接受还是不接受？"

张静斋摇头道："这可千万使不得。你我都是做官的人，心中应当只有皇上，哪里顾得上信奉同一教的人？想起洪武年间的刘老先生(刘伯温)，洪武私访到他家，正巧江南张王(张士诚)送来一个菜坛子，当面打开一看，是一坛金子。皇上大为恼火，第二天就把刘老先生贬为青田县知县，后来又用毒药把他毒死了。"汤知县见张静斋说得头头是道，不由得不信，于是急忙请教该如何处置为好。张静斋说道："世叔可在这件事上大做文章，把那位老者抓起来，打他几十板子，再用一面大枷枷了，把送来的牛肉堆在大枷上面，并且在旁边出一张告示，说明他们大胆妄为，知法犯法。如果上司知道你办事这样一丝不苟，那么你升官发财就指日可待了。"

【释义】

连最细小的地方也不马虎，形容办事认真、仔细。

【出处】

《儒林外史》

一问三不知

公元前468年，晋国的大夫荀瑶率大军讨伐郑国。郑国在春秋初年是个强国，后来日渐衰落，成为一个弱小的诸侯国。郑国君王抵挡不住晋军的进攻，于是派大夫公子般到齐国去求救。

齐国的君主平公不能容忍晋国吞并郑国而更加强大，构成对

齐国的威胁，就派大夫陈成子率军前去救援。陈成子率军到达淄水河岸的时候，天下大雨，士卒们不愿意冒雨过河。郑国的向导子思说："晋国的兵马就在敝国都城的屋子底下，所以前来告急，敝国的君臣，正焦急地盼望齐军早日到达。如果再不行进，恐怕要来不及了。"陈成子披着雨篷，挂着兵戈，焦急地站在山坡上指挥齐军过河。战马见了滔滔的河水吓得嘶叫，齐军就用鞭子狠抽，硬逼它们过河，经过一番努力，齐军安全地渡过了淄水，准备与晋军交战。

晋军统帅荀瑶见齐军军容严整，心里有点害怕，便对左右的部将说："我占卜过攻打郑国，却没有占卜过和齐国作战。他们的军队排列得非常整齐，我们恐怕打不过他们。"部将们也赞成他的看法，主张撤兵。荀瑶一边下令撤军，一边派一位使者去齐军营地拜见陈成子。使者说："我们的统帅让我向您解释：这次晋国出兵，其实是为了替您报仇。陈大夫这一族，是从陈国分出来的。陈国虽然是被楚国灭掉的，但却是郑国的罪过。所以，敝君派我来调查陈国被灭的原因，同时问问您是否在为陈国忧愁。"

陈成子听了使者的话，知道这是荀瑶编造出来的谎言，十分生气地说："欺压别人的人绝没有好下场，像荀瑶这样的人难道能够长久吗？"齐国的使者走后，有个名叫荀寅的部将报告陈成子说："有一个从晋军来的人告诉我说，晋军打算出动一千辆战车来袭击我军的营门，要把齐军全部消灭。"陈成子听了严肃地说："出发前国君命令我说：'不要追赶零星的士卒，不要害怕大批的人马。'晋军即使出动超过一千辆的战车，我也不能避而不战。你方才竟然讲出壮敌人威风、灭自己志气的话！回国以后，我要把你的话报告国君。"

荀寅自知失言，后悔地说："今天我才知道，自己为什么总是得不到信任而要逃亡在外了，君子谋划一件事情，对事情的开始、发展、结果这三方面都要考虑到,然后向上报告。现在我对这三方面都不知道就向上报告,怎能不碰壁呢?"几天后晋军撤兵,陈成子也率军回国。

原意是对某一事情的开始、发展、结果都不知道,现在用来表示对实际情况一点也不知道。

《左传·哀公二十七年》

一叶障目

从前,楚国有个书呆子,家里很穷。一天,他正在看书,忽然看到书上写着:"如果得到螳螂捕捉知了时用来遮身的那片叶子,就可以把自己的身体隐蔽起来,谁也看不见。"于是他想:如果我能得到那片叶子,那该多好呀!

从这天起,他整天在树林里转来转去,寻找螳螂捉知了时藏身的叶子。终于有一天,他看到一只螳螂隐藏在一片树叶下捕捉知了,他兴奋极了,猛地扑上去摘下那片叶子,可是,他太激动了,一不小心把叶子掉在地上,与满地的落叶混在一起。他待了一会儿,拿来一只簸箕,把地上的落叶全都收拾起来,带回家去。回到家里他想:怎样从这么多叶子中拣出可以隐身的叶子呢?于是,他举起一片树叶,问他的妻子说:"你能看见我吗?""看得见。"他妻子回

答。"你能看得见吗？"他又举起一片树叶说。"看得见。"妻子耐心地回答。他一次次地问，妻子一次次地回答。到后来，他妻子厌烦了，随口答道："看不见啦！"书呆子一听乐坏了。他拿了树叶，来到街上，用树叶挡住自己，当着店主的面，伸手取了店里的东西就走。店主惊奇极了，把他抓住，送到了官府。县官觉得很奇怪，居然有人敢在光天化日之下偷东西，便问他究竟是怎么回事，书呆子说了原委，县官不由得哈哈大笑，把他放回了家。

【释义】

比喻被眼前细小的事物所蒙蔽，而看不到事物的真实情况以及主流和本质。

【出处】

《鹖冠子·天则》

最早的女将军

据历史记载，商王武丁的妻子妇好是最早的女将军。妇好文武全才，深受武丁宠爱。妇好统兵为将，为商王朝江山社稷的稳固立下汗马功劳。传说有一次北方边境发生战争，双方势均力敌，战局僵持不下。妇好领兵出征，最后击败强敌凯旋而归。妇好不仅善于统兵，还能主持重大的宫廷祭祀。妇好经常受命主持祭天、祭神、祭祖，为此武丁任命她为占卜之官。由于操劳过度，妇好英年早逝。为了祭祀妇好，武丁特意为其修筑享堂，以示纪念。

一衣带水

隋文帝杨坚取代北周称帝，建立了隋朝。隋文帝有志于统一中国，在北方实行了一系列富国强兵的政策，国力大增。而当时长江南岸的陈后主陈叔宝却十分荒淫，不理朝政。他虽然知道隋文帝有意征伐，却倚仗长江天险，并不把这件事放在心上。

一次，隋文帝向尚书左仆射高颎(jiǒng)回答说："江南的庄稼比江北成熟得早，我们在他们的收获季节，扬言出兵，他们一定会放弃农时，屯兵防守；他们作好了准备，我们便不再出兵。这样来几次，他们便不会相信。等他们不作准备，我们突然真的出兵渡江，便可打得他们措手不及。另外，江南的粮食不像我们北方屯积在地窖中，而是屯积在茅、竹修建的仓库中，我们可暗地差人前去放火烧毁它，如果连烧几年，陈朝的财力就大大削弱了，灭掉它也就容易多了。"

隋文帝采取了高颎的计策，经过七年的准备，在588年冬下令伐陈。出发前，他对

高颎说:"我是天下百姓的父母,难道能够因为一条像衣服带子一样狭窄的长江的阻隔,而不去拯救那里的老百姓吗?"隋文帝志在必得,派晋王杨广为元帅,率领五十万大军渡江南下,向陈朝的都城建康发动猛烈的进攻,并很快攻下了建康,俘获了陈后主,灭掉了陈朝。

【释义】

像一条衣带那样狭窄的水域。原指窄小的水面间隔,后泛指地域相近,仅隔一水。

【出处】

《南史·陈后主纪》

一意孤行

西汉时期,有个叫赵禹的人,是太尉周亚夫的属官,一个偶然的机会,汉武帝刘彻看到了他写的文章文笔犀利,寓意深刻,认为在当时很少有人及得上他。汉武帝对他大为赏识,便让赵禹担任御史,后又升至太中大夫,让他同太中大夫张汤一同负责制定国家法律。

为了用严密的法律条文来约束办事的官员,他们根据汉武帝的旨意,对原有的法律条文重新进行了补充和修订。当时许多官员都希望赵禹能手下留情,把法律条文修订的宽松些,能有个回旋的余地,便纷纷请他和张汤一起做客赴宴,但赵禹从来不答谢回请。

几次以后，不少人说他官架子大，看不起人。

过了一些时候，赵禹和张汤经过周密的考虑和研究，决定制定"知罪不举"和"官吏犯罪上下连坐"等律法，用来限制在职官吏，不让他们胡作非为。消息一传出，官员们纷纷请公卿们去劝说一下赵禹，不要把律法修订得太苛刻了。

公卿们带了重礼来到赵禹家，谁知赵禹见了他们，只是天南海北地闲聊，丝毫不理会公卿们请他修改律法的暗示，过了一会儿，公卿们见实在说不下去了，便起身告辞。谁知临走前，赵禹硬是把他们带来的重礼退还了。

这样一来，人们才真正感到赵禹是个极为廉洁正直的人，有人问赵禹："难道你不考虑周围的人因此对你有什么看法吗？"他说："我这样断绝好友或宾客的请托，就是为了能自己独立地决定和处理事情，按自己的意志办事，而不受别人的干扰。"

【释义】

原意为谢绝请托，按照自己的意见去处理案件。现指顽固地按照自己的想法，独断专行或不采纳他人的意见。

【出处】

《史记·酷吏列传》

一字千金

战国末期，秦国有一个大商人，名叫吕不韦，他因在赵国经商

时，曾资助过秦庄襄王(子楚)，又把他的妾赵姬送给子楚为妻，等到子楚继承王位后，便把他封为文信侯，官居相国。庄襄王在位仅三年便病死了，由他十三岁的儿子政(赵姬所生)继承王位，这便是历史上有名的秦始皇，他尊吕不韦为仲父，行政大权全操控在吕不韦和赵姬的手中。

当时养士之风甚盛，有名的战国四公子都养有门客数千人，吕不韦也养了三千门客作为他的智囊，想出种种办法来巩固他的权势。这些门客三教九流无所不包，他们各人有各人的见解和心得，都提出来写在书面上，汇集起来，成了一部二十余万字的巨著，题名《吕氏春秋》。吕不韦把这部书作为秦国统一天下的经典。当时吕不韦把此书在秦国首都咸阳公布，并悬了赏格，如果有人能在书中加一字或减一字，就赏赐千金。

这段记载，见于《史记·吕不韦列传》。后人根据这个故事，引申出"一字千金"这句成语，用来形容一篇文章的价值很高，或者称赞一篇文章在修辞上特别出色，字字珠玑(jī)，不可多得。

【释义】

用来称赞文辞精妙，价值极高。

【出处】

《史记·吕不韦列传》

以卵击石

有一年,墨子前往北方的齐国。途中遇见一个叫"曰"的人,他对墨子说:"您不能往北走啊,今天天帝在北边杀黑龙,您的皮肤很黑,去北方是不吉利的呀!"墨子说:"我不相信你的话!"说完,他继续朝北走去。但不久,他又回来了,因为北边的淄水泛滥,无法渡过河去。名叫"曰"的那个人得意地对墨子说:"怎么样?我说你不能往北走嘛!遇到麻烦了吧?"墨子微微一笑,说:"淄水泛滥,南北两方的行人全都受阻隔,行人中有皮肤黑的,也有皮肤白的,怎么都过不去呀?""曰"听后支吾着说不出话来。墨子又说:"假如天帝在东方杀了青龙,在南方杀了赤龙,在西方杀了白龙,再在中央杀了黄龙,岂不是让天下的人都动弹不得了吗?所以,你的谎言是抵不过我的道理的,就像拿鸡蛋去碰石头,把普天下的鸡蛋全碰光了,石头还是毁坏不了。""曰"听后羞愧地走了。

【释义】

原意指用鸡蛋碰石头,比喻自不量力,自取灭亡。

【出处】

《墨子·贵义》

有备无患

　　春秋时,晋悼公当了国君以后,想重振晋国的威名,像他的先祖晋文公一样,称霸诸侯。这时,郑国是一个小国,一会儿和晋结盟,一会儿又归顺楚国,晋悼公很生气。公元前562年,他集合了宋、鲁、卫等十多个国家的军队出兵伐郑。郑简公兵败投降,给晋国送去大批礼物,计兵车一百辆,乐师数名,一批名贵乐器和十六个能歌善舞的女子。晋悼公很高兴,把这些礼物的一半赏赐给魏绛,说:"魏绛,是你劝我跟戎族和好,又安定了中原各国,八年来,我们九次召集各国诸侯会盟。现在我们和各国的关系就像一曲动听的乐曲一样和谐。郑国送来这么多礼物,让我和你同享吧!"魏绛说:"能和戎族和平相处,这是我们国家的福气,大王做了中原诸侯的盟主,这是凭您的才能,我出的力是微不足道的。不过,我希望大王在安享快乐的时候,能够多考虑一些国家的未来。《书》里说:'在安定的时候,要想到未来可能会发生的危险;您想到了,就会有所准备,有所准备,就不会发生祸患。'我愿意用这些话来提醒大王!"

【释义】

　　事先有了充分的准备,就不会产生祸患。

【出处】

　　《尚书·说命中》

有恃无恐

春秋时，中原霸主齐桓公死后，他的儿子齐孝公继承了王位。鲁僖公二十六年夏天，鲁国遇到了严重的灾荒，齐孝公乘人之危，亲率大军，浩浩荡荡地向东进发，去讨伐鲁国。鲁僖公得知消息，知道鲁军无法和齐军对抗，便派大夫展喜带着牛羊、酒食去犒劳齐军。这时，齐孝公的军队还没有进入鲁国国境，展喜日夜兼程，在齐鲁边界上遇到了齐孝公。展喜对齐孝公说："我们鲁国的君王听说大王亲自到我国，特地派我前来慰劳贵军。""你们鲁国人感到害怕了吗？"齐孝公傲慢地说。展喜是个能言善辩的人，他不卑不亢地回答说："那些没有见识的人可能有些害怕，但我们鲁国的国君和大臣们却一点儿也不害怕。"齐孝公听了，轻蔑地说："你们鲁国国库空虚，老百姓家中缺粮，地里没有庄稼，连青草也看不到，你们为什么不感到害怕呢？"展喜胸有成竹，不慌不忙地说："我们依仗的是周成王的遗命。当初，我们鲁国的祖先周公和齐国的祖先姜太公，忠心耿耿、同心协力地辅佐成王，废寝忘食地治理国家，终于使天下大治。成王对他俩十分感激，让他俩立下盟誓，告诫后代的子子孙孙，要世代友好，不要互相侵害，这都是有案可稽的。我们的祖

先是这样友好,大王您怎么会贸然废弃祖先的盟约,进攻我们鲁国呢?我们正是依仗着这一点,才不害怕。"齐孝公听了,认为展喜的话很有道理,就打消了讨伐的念头,班师回朝了。

【释义】

因有所依靠而无所顾忌,无所畏惧。

【出处】

《左传·僖公二十六年》

有志者事竟成

有一次,刘秀派耿弇去攻打占据山东青州十二郡的豪强张步。张步兵强马壮,是耿弇的一个劲敌。张步听说耿弇率兵来攻,就派大将军费邑等分兵把守历下、祝阿、临淄,准备迎击。耿弇先攻下祝阿,然后用计相继攻下历下和临淄。张步着急起来,亲自带兵反攻临淄,于是在临淄城外进行了一场生死搏斗的大血战。在战斗中,耿弇大腿中了一箭,可是他勇敢地用佩刀砍断箭杆,带伤坚持战斗。刘秀闻讯,亲自带兵前来支援。在援兵还未到达的时候,部下陈俊认为张步兵力强大,建议暂时休战,等到援兵到来后再发动进攻。可是耿弇却认为不能把困难留给别人,经过一场激烈的战斗,耿弇终于把张步打得大败。几天后,刘秀来到临淄慰劳军队,他在许多将官面前夸奖耿弇说:"过去韩信开创基业,现在将军攻克祝阿,连战连捷,两功相仿,从前你在南阳曾建议请求平定张步,我当时以为你口气太大，恐怕难以成功，如今才知道，有志者事竟成啊！"

【释义】

只要有坚定的意志和决心，事情最终就能成功。

【出处】

《后汉书·耿弇传》

运筹帷幄

张良是汉朝的开国功臣。他本是韩国人，韩国被秦国灭掉后，张良立志为韩国报仇，他变卖家产，四处结交英雄好汉。后来，他果然认识了一位勇士，就请他去刺杀秦始皇。遗憾的是，这次刺杀行动失败了，张良受到通缉，便逃到下邳。他在下邳隐姓埋名，一面钻研兵法，一面等候时机。

下邳距刘邦的家乡沛县很近。刘邦起兵后，张良就参加了他的部队。张良身体不好，从未带兵作战。但他足智多谋，为刘邦出了许多妙计。因此，他和萧何、韩信被称为"汉初三杰"，成为刘邦的主要谋士。

公元前202年，刘邦正式当上皇帝，史称汉高祖。汉高祖举办了一次盛大的庆功宴会，席间他对大臣们说："我们今天欢聚一堂，说话不要有顾忌。你们说说，我是怎样得天下的？项羽又是怎样失天下的？"

大臣王陵等说:"皇上对将士有封有赏,所以大家肯为皇上效力;项羽嫉贤妒能,打了胜仗,就忘了人家的功劳,所以失去了天下。"

汉高祖笑了笑,说:"你们只知其一,不知其二。要知道,是成功还是失败,全在用人是否得当。运筹帷幄之中,决胜千里之外,我不如张良;镇守国家,安抚百姓,供应军饷,不绝粮道,我不如萧何;统领百万大军,无战不胜,无城不克,我不如韩信。这三个人,都是当代的人杰,我能用他们之所长,正是我取得天下的根本原因。项羽连一个范增都不能用,还谈什么拥有天下呢?"大家都佩服汉高祖的高见。后张良被封为"留侯"。

【释义】

在帐幕中谋划军机。常指在后方决定作战策略。

【注释】

筹:谋划。帷幄:古代军中帐幕。

【出处】

《汉书·高帝纪下》

斩草除根

据《左传·隐公六年》记载:卫国与陈国想联手伐郑。郑庄公获悉后,旋即派出使者前往陈国,晓以利害,要求和谈,但陈桓公拒绝了。

五父（文公子佗）听说此事后，进宫劝陈桓公说："我们与郑国是邻国，应该与邻国和睦相处，这样才有利于国家的稳定，并抵御威胁我国的强敌，所以，我们还是应该与郑国和谈。"

陈桓公听后勃然大怒，说："宋国、卫国都比我们强大，我们不是他们的对手，不与他们开战还情有可原，可郑国是个弱小的国家，我们怎么不可以攻打它？"

一意孤行的陈桓公，率大军攻打郑国去了。由于郑国上下一心，共同抵抗，陈桓公此次讨伐郑国没有讨到任何好处，反而死伤不少人马，花费不少钱财，使国库空虚。

各国纷纷指责陈国说："这是陈国自讨苦吃，做恶事必然引火烧身。前人说过，作为一国之君，对待恶事要像农夫对待杂草一样连根拔掉，决不让它们再长出来。这样，正义才能够真正得到伸张。"

【释义】

除草时要连根除掉，使草不能再长。比喻除去祸根要彻底，以免后患。

【出处】

《左传·隐公六年》

朝三暮四

战国时期，宋国有一位老人非常喜欢猴子，家里养了好大一群猴子，这些猴子整天围着他转悠，同他闹着玩儿，就像他的孩子一样。所以，左邻右舍都称他"狙（古书里指猴子）公"。狙公很会揣摩

猴子的心理,猴子也听得懂狙公的话,他们和睦地生活在一起,十分快乐。

狙公的家境不太好,口粮也不多,而猴子们吃东西时总是狼吞虎咽,一个比一个胃口大。狙公宁愿自己勒紧裤腰带,也不忍心让猴子们挨饿,就这样,斗里吃完了,吃瓮里的;瓮里吃完了,吃罐里的……眼看一个个装粮食的容器都底朝天了,这可怎么办呢?

狙公犯了愁,想来想去只有忍痛减少猴子们的粮食了。但他又担心猴子们不乐意,就哄骗它们说:"以后,给你们吃橡栗,早上三颗,晚上四颗。够吃了吗?"猴子们听说早上只吃三颗,都生气了,"吱吱"乱叫,左蹿右跳,有的去抓狙公的手指,有的去拽狙公的胡子,有的去挠狙公的痒痒,还有的干脆把狙公的鞋子藏了起来,弄得狙公哭笑不得。

狙公琢磨了好一会儿,灵机一动,有了主意。他和颜悦色地对猴子们说:"好了,好了,别吵啦,我改正还不行吗?以后给你们吃橡栗,干脆早上四颗,晚上三颗,这样总可以了吧!"说完,还亲切地拍了拍一只小猴子的脑袋。

猴子们一听,早上增加了一颗,非常满意,摇头摆尾,特别开心。老猴子一声召唤,群猴一齐伏下身子,不住地给狙公磕起头来——它们是在向狙公谢恩哩。狙公看着这情景,也捋着长胡子高兴地笑了。

【释义】

原指使用诈术进行欺骗,后多指反复无常。

【注释】

朝:早上。暮:晚上。

【出处】

《庄子·齐物论》

众志成城

　　周朝末年,周景王继位以后,为了个人行乐,下令把全国的好铜收集起来,铸造两口大钟。单穆公劝谏说:"大王,你两年前铸大钱废小钱,使百姓受到很大损失,现在又要造大钟,这不仅劳民伤财,而且用大钟配乐,声律也不会和谐的。"但周景王仍不听,下令继续铸造。过了一年,两口大钟铸成了,一口叫"无射",一口叫"大神"。

　　一个敲钟的人为了奉承景王,谄媚地说:"新铸的大钟,声音非常好听。"

　　于是,周景王就命他敲击,他听了后,对司乐官州鸠(jiū)说:"你听,这钟声多和谐呀!"

　　州鸠深知景王铸钟给百姓带来的苦难,便回答说:"这算不得和谐。如果大王铸钟,天下的老百姓都为这件事高兴,那才算得上和谐。可是,您为了造钟,弄得民穷财尽,老百姓人人怨恨,所以我不知道这钟好在什么地方。俗话说:'众志成城,众口铄金。'大家万众一心,什么事情都能办成;相反,如果大家都反对,就是金子,也会在大家口中消熔。"

【释义】

　　形容大家一条心,就像筑起坚固的城堡一样不可摧毁。现在常用来比喻

众人齐心合力,事情一定会办成功。

【出处】

《国语·周语下》

郑人买履

郑国有一个人,他想买一双鞋子。去集市前,他特地用一根麦秸量了脚的尺寸,然后高高兴兴地出了门。

集市上人来车往、热闹非凡,郑人好不容易才穿过人群来到鞋铺。他对卖鞋的伙计喊道:"掌柜的,我要买鞋!"

伙计低下头看了看郑人的脚,拿起一双鞋递过去。郑人接过鞋后,就到怀里去掏麦秸,想把鞋子的大小量一量。但是,他东摸摸西摸摸,什么也没摸着。

伙计很奇怪,就问:"你把什么弄丢了?"

郑人也不回答,只是一个劲地在身上寻找麦秸,脸都急红了。忽然,他一拍脑袋,对伙计说:"对不起,我把鞋的尺码忘在家里了,等我回去把尺码拿来再买。"说罢转身就朝家里跑去。

郑人回家后,果然在床上找到了那根用来量尺码的麦秸。他拿上便又匆匆朝鞋铺赶去,可是集市已经散了,鞋铺也已关门了。他白白跑了一天的路,累得气喘吁吁、汗流浃背,却还是没有买到鞋子。

路上有个行人看见郑人站在那里发愣,就停下来问他出了什么事。郑人把事情的经过说了一遍,行人问他:"你是替自己买鞋,还是帮别人买鞋?"

郑人回答:"当然是替我自己买。"

行人忍不住笑道:"既然是买自己的鞋,那你为什么不自己穿上试一试呢?"

郑人认真地解释道:"不行,我只相信量好的尺码,不相信自己的脚!"

自此,"郑人买履"的事便被传为笑谈了。

【释义】

讽喻那些只相信教条、不顾客观实际的人。

【注释】

履:鞋子。

【出处】

《韩非子·外储说左上》

止戈为武

公元前597年,晋国为了救援被楚国围困的郑国,派出以荀林父为首的军队前去与楚国作战。晋国大军刚刚到达黄河边,郑军因抵挡不住楚军的围攻而投降了。此时,晋国内部出现了分歧。以中军主帅荀林父为首的一部分将领认为应撤军回国,避开楚军锋芒;以中军副帅先毅为首的一部分将领认为应维护晋国霸主地位,与楚军交战。

荀林父约束不住先毅,他单独率领自己的军队渡过黄河,准备

与楚军决战。荀林父陷入了进退两难的境地。进,恐怕要打败仗;退,就等于把先毅送进虎口,他一时不知该如何处置。司马韩厥说:"先毅如果失败,主帅您的过失就大了。既损失了军队,又丢掉了郑国,那太严重了。我看不如干脆进军,如不能胜利,失败的责任,众将也可分担一些,总比您一个人承担好些。"

荀林父无奈只得指挥全军渡过了黄河。楚军此时正在黄河边上休整,准备回国。听说晋国大军已渡过黄河,楚庄王就想早点撤离,避免同晋国交战。可是他的大臣伍参认为,与晋军交战,一定会取胜。他说:"晋军的将领都是新换的,不能行使命令,尤其是荀林父的副手先毅,刚愎自用,不听指挥,所以晋军有令不行,一定会失败的。再说您是君王,同对方的大将作战而逃却,也是一种耻辱。"

楚庄王听从了伍参的意见,下令军队做好一切迎战晋军的准备。楚军利用谣言诱使先毅出击,然后又袭击了晋军的中军,荀林父事先防御不充分,又见楚军来势凶猛,不可抵抗,就下令赶紧渡

过黄河,企图以天险来摆脱困境。可是由于时间仓促,为了抢船渡河,晋军内部自相残杀。楚军趁机掩杀,晋军大败,损失惨重。

　　楚军大获全胜,将士们欢欣鼓舞。大夫潘党建议楚庄王说:"大王,我们获得这次胜利,意义重大。我听说战胜了敌人要建一个纪念物将来给子孙看,以使他们不忘先人的武功。我看您也该这样做,将晋军尸首堆积起来,封土为丘,以示纪念。"

　　"不,不能这样做。"楚庄王若有所思地说,"战争不是为了宣扬武功,而是为了消除强暴,给百姓带来安定的生活。你认识这个'武'字吗?在甲骨文里'武'字是由'止'和'戈'两个字组成的,'止戈'才是'武'!止息兵戈才是真正的武功。武功应该具备七种德行:禁止强暴、消除战争、保持强大、巩固基业、安定百姓、团结民众、增加财富。现在晋、楚两国交兵,士卒皆有死伤,百姓生活不能安宁,这七种德行,我一种也没有,用什么留给子孙!晋国的军卒为了执行命令而战死,他们也没有错。我们还是先在黄河边上祭祀河神,然后回国。"楚庄王没有修筑纪念物以表彰这次战功,很快就班师回国了。

【释义】

原意指止息兵戈才是武功。后人用它表示通过正义的战争平息战祸,求得和平。

【出处】

《左传·宣公十二年》

指鹿为马

秦始皇死后,宦官赵高想乘机图谋不轨,篡夺朝中大权,因此他隐瞒了秦始皇的死讯,并且假传圣旨,立次子胡亥为太子,然后才宣布国丧。这以后,赵高就扶助胡亥当上了皇帝(即秦二世),而他自己,则当仁不让地做上了丞相,掌握了秦朝的军政大权。

赵高的野心越来越大,逐渐起了篡夺皇位的歹念。但他尚存顾虑,唯恐朝中百官不服从于他。于是他绞尽脑汁,想出了一个坏主意。

有一天上朝的时候,赵高牵来一头鹿,对秦二世说:"我将这匹马献给皇上。"秦二世笑道:"丞相在跟我开玩笑吧,明明是一头鹿,怎么说是一匹马呢?"

赵高严肃地说:"谁敢同皇上开玩笑呀!这明明就是一匹马嘛。皇上如果不信,可以问问朝廷上的百官,看我说得对不对。"

秦二世胡亥这一下可真的怀疑起自己的眼睛来了。他用征询的目光扫了一圈殿下的大臣们,然后问道:"你们看这究竟是鹿还是马呢?"

赵高的亲信和许多趋炎附势的臣子迭声答道:"丞相说得对呀,这的确是一匹马!""没错,就是一匹马嘛!"另一些正直的臣子,不愿说昧良心的话,却又怕得罪了赵高会惹出大祸来,便干脆不做声。只有少数不惧怕赵高的大臣,敢于当场戳穿赵高"指鹿为马"的谎言。赵高恨得咬牙切齿,暗暗记下了他们的名字,后来就千方百计地整治、陷害他们,把他们一个一个地除掉了。

【释义】

指着鹿,说是马。比喻故意颠倒黑白,混淆是非。

【出处】

《史记·秦始皇本纪》

纸上谈兵

　　赵奢是战国时期赵国的著名将领,他曾为赵国立下过汗马功劳。赵奢的儿子叫赵括,从小就熟读各种兵书,常与父亲谈论如何用兵,夸夸其谈,头头是道。赵括的母亲见儿子这样,很高兴,赵括更是得意,自以为天下无敌。然而赵奢却很替儿子担心,认为赵括只不过是纸上谈兵,还说:"将来赵国不用赵括便罢,若用他为将,一定大败无疑!"因此,赵奢临终前,特意把赵括唤到床前训导:"你不是当大将的材料,千万不可勉为其难。"又嘱托妻子说:"日后如果赵王想叫赵括当将军,你一定要推辞,否则会败军辱国!"

　　公元前259年,秦军出兵攻打赵国,赵军由廉颇指挥,在长平坚持抵抗。廉颇虽已年老,但作战经验丰富。他见秦军实力强,不能硬拼快攻,就采取以守为攻的策略,任凭秦军怎样挑衅,也不应战。秦军怕这样长久相持下去难以应付,便派出奸细,到赵国去散布廉颇的谣言,说廉颇老了,胆子小了;秦军最怕的人是赵括,别的将军都不行……赵王信以为真,就把廉颇召了回来,改派赵括去统领军队。蔺相如当时正在病中,听说此事很着急,说:"赵括只不过死读了一些兵书,并无实战经验,更不懂得灵活运用,派他统率三军,怎

么行呢！"

赵括的母亲也亲自上殿面见赵王，说她的儿子不能当大将。然而赵王主意已定，不管别人怎么反对，他都听不进去。就这样，赵括终于当上了赵军的主将。

赵括威风凛凛地来到长平，立刻改变了廉颇持久战的策略，又更换了大批将官。然后，他率领三军主动出击，杀出了赵营。秦将白起非常高兴，设下圈套引诱赵括。两军对阵时，秦军佯装失败，赵括率兵猛追，结果被秦军团团围住。接着，秦军又截断了赵军的粮道。一个多月后，赵军粮绝，赵括被迫突围，被秦军乱箭射死，四十多万赵军全部阵亡了。

【释义】

在纸上谈论如何用兵。比喻夸夸其谈，不切实际。也比喻只是空谈而不能成为现实的事物。

【出处】

《史记·廉颇蔺相如列传》

最早的编年体史书

孔子周游列国，政见不被接受。68 岁返鲁后，孔子著书立说，以寄托自己的政治理想和主张。《春秋》是孔子晚年的呕心沥血之作。《春秋》是我国最早的编年体史书。该书约有 1.7 万字，以时间为经，以史事为纬，主要记载了春秋时期统治阶级的政治活动，例如诸侯国之间的会盟、战争、朝聘等；还记载了日食、月食、地震、星变、水灾、山崩等自然现象。此外还记载了祭祀、婚丧、狩猎、建筑等活动。《春秋》史料价值很高。

自相矛盾

很久以前,楚国有一个卖兵器的人,到市场上去卖矛和盾。

好多人都来看,他就举起他的盾,向大家夸口说:"我的盾,是世界上最最坚固的,无论怎样锋利尖锐的东西也不能刺穿它!"围观的人都凑上去看他的盾,想研究一下他的盾究竟是用什么做的,居然什么东西都刺不穿。

接着,这个卖兵器的人又拿起一支矛,大言不惭地夸起来:"我的矛,是世界上最最尖利的,无论怎样牢固坚实的东西也挡不住它一戳,只要一碰上,嘿嘿,马上就会被它刺穿!"他一边不住地夸口,一边还不停地舞动着他的矛,发出"呼呼"的响声,显出十分威武的样子。这一下,果然又吸引来好多好多的行人。

他一见,十分得意,便又大声吆喝起来:"快来看呀,快来买呀,世界上最最坚固的盾和最最锋利的矛!"这时,一个看客上前拿起一支矛,又拿起一面盾牌问道:"如果用这矛去戳这盾,会怎样呢?""这——"围观的人先都一愣,突然爆发出一阵大笑,便都散了。那个卖兵器的人,灰溜溜地扛着矛和盾走了。

【释义】

比喻语言、行为前后不一致或互相抵触。

【出处】

《韩非子·难势》

走马观花

孟郊是唐朝中期著名的诗人。他出身在一个贫穷的家庭,但从小就养成了勤奋好学的习惯,品学兼优,才华出众。但是,他的仕途却一直很不顺利,从青年到壮年,好几次参加进士考试都名落孙山。

他虽然穷困潦倒,甚至连自己的家人都养不起,但他性情耿直,不阿附权贵,决心用自己的真才实学,叩开仕途的大门。

唐德宗贞元十三年(公元797年),孟郊又赴京参加了一次进士考试。这次,他终于考中了,而此时,他也已经46岁了。几十年的拼搏,终于如愿以偿,孟郊高兴极了。他穿上崭新的衣服,扎上彩带红花,骑着高头大马,在长安城里尽情地游览。京城美丽的景色使他赞叹,考中进士的喜悦又使他万分得意,于是,他写下了这首著名的《登科后》诗:

昔日龌龊(wò chuò)不足夸,

今朝放荡思无涯。

春风得意马蹄疾,

一日看尽长安花。

这首诗的意思是:过去那种穷困窘迫的生活是不值得再三提及的,今天我考中了进士,才真正感到皇恩浩荡;我愉快地骑着马儿奔驰在春风里,一天的时间就把长安城的美景全看完了。

这首诗把诗人中了进士后的喜悦心情表现得淋漓尽致，其中"春风得意马蹄疾，一日看尽长安花"成为千古名句。

也有人从这首诗中引申出"走马观花"这句成语。

【释义】

骑在跑着的马上看花。原形容得意、愉快的心情。现喻匆忙而不深入细致地观察事物。

【出处】

《登科后》

图书在版编目（CIP）数据

成语典故大全 / 崔钟雷主编.—哈尔滨：哈尔滨
出版社，2018.1
　　（课外讲堂：专供版）
　　ISBN 978-7-5484-3671-3

　　Ⅰ.①成… Ⅱ.①崔… Ⅲ.①汉语–成语–典故–青
少年读物 Ⅳ.①H136.3-49

中国版本图书馆CIP数据核字（2017）第225906号

书　　　名：成语典故大全
- -
作　　　者：崔钟雷　主编
责任编辑：杨　磊　韩金华
责任审校：李　战
封面设计：上尚装帧设计
- -
出版发行：哈尔滨出版社（Harbin Publishing House）
社　　址：哈尔滨市松北区世坤路738号9号楼　　邮编：150028
经　　销：全国新华书店
印　　刷：哈尔滨报达人印务有限公司
网　　址：www.hrbcbs.com　　　www.mifengniao.com
E-mail：hrbcbs@yeah.net
编辑版权热线：（0451）87900271　87900272
销售热线：（0451）87900202　87900203
邮购热线：4006900345　（0451）87900345　87900256
- -
开　　本：880mm×1230mm　　1/32　　印张：11.5　　字数：300千字
版　　次：2018年1月第1版
印　　次：2018年1月第1次印刷
书　　号：ISBN 978-7-5484-3671-3
定　　价：29.80元
- -
凡购本社图书发现印装错误，请与本社印制部联系调换。
服务热线：（0451）87900278